构建"多维度"
校本研修机制
助力教师专业发展

温艾玲 ◎ 主编

中国出版集团　现代出版社

图书在版编目（ＣＩＰ）数据

构建"多维度"校本研修机制　助力教师专业发展 /
温艾玲主编. -- 北京：现代出版社，2023.10
ISBN 978-7-5231-0537-5

Ⅰ. ①构… Ⅱ. ①温… Ⅲ. ①高中—中学教师—师资
培养—研究 Ⅳ. ①G635.12

中国国家版本馆CIP数据核字（2023）第179835号

作　者	温艾玲
责任编辑	刘全银

出 版 人	乔先彪
出版发行	现代出版社
地　址	北京市安定门外安华里504号
邮政编码	100011
电　话	(010) 64267325
传　真	(010) 64245264
网　址	www.1980xd.com
印　刷	北京政采印刷服务有限公司
开　本	710mm×1000mm　1/16
印　张	16.25
字　数	281千字
版　次	2023年10月第1版　2023年10月第1次印刷
书　号	ISBN 978-7-5231-0537-5
定　价	58.00元

编　委　会

目 录

英语组论文篇

语文组论文篇

办学思想

振兴县域高中，行进在健雅教育的路上

新丰县第一中学　温艾玲

作为县重点高中的新丰一中，近年来，出现了"升学率低、上名校难""缺投入、缺资源，优秀教师被挖""学生厌学、教师厌教，透支时间和精力"等困局，质量滑坡，发展遇到瓶颈，深陷"县中塌陷"的焦虑。要走出困境，步入顺途，除了坚持一中优良传统，吸收外校先进的管理经验，还必须推陈出新，创造出自己的管理思路和方法。

一年来，新丰一中深入学习贯彻党的二十大的教育部署，秉承"让学生个个成才，让教师人人成功，使学校持续发展"的办学理念，以"把常规不断地做向极致就是创新，把创新不断地做向常规就是发展"为工作信条，以"强健雅文化、育健雅师生、办人民满意的高中"为发展目标，砥砺奋进，积极进取，使学校办学水平取得了长足的进步。

强健雅文化

学校不断完善健雅文化体系，努力走特色学校发展之路，充分利用"健雅"教育所依托的体育与音乐两个重要载体，培养师生健康的身心和高雅的人格，引领学校教育教学工作的全面开展，进而打造师生喜欢的学校。学校在健雅文化内涵的解读上，围绕"健身、健心、健习、雅言、雅行、雅趣"不断摸索以健育智、以雅育德的育人途径，同时积极打造健雅高效课堂，实现了高效课堂和健雅文化的有机融合。

围绕"健雅"特色，学校积极利用好校报《一中之声》，并通过周前例会、座谈会、五四或元旦晚会、科技文化体育艺术节等多种形式、场合、机会对全体教师进行健雅文化的引领、熏陶和要求，倡议教师在生活中增加健康、雅致元素，如健身、读书、练书法等，做一名健康、高雅、文雅、优雅、有品位的教师。同时，通过校刊《新苗》《女生之窗》，利用国旗下讲话、每周之星、主题班会、广播站等多种平台向学生宣传健雅理念，并通过"我为健雅代言"及"争做最美健雅少女"女生节等活动引领学生在活动中体验、成长。学校利用学校网站、学校官方微信等多种平台向社会宣传健雅文化，使健雅文化蓬勃生长，成为学校发展的不竭动力。

育健雅师生

教师篇

学校重视师德建设，将师德表现作为教师考核、聘任和评价的首要内容。加强师德师风，突出思想铸魂。新丰一中不断强化学校党建工作，把提高教师思想政治素质和职业道德水平摆在首要位置。在校内打造党建文化廊、党员、团员活动室等重要场室，以"党建引领发展，文化涵养师德"为主题，开展明德、养德、护德、成德、立德"五大行动"，提出"干部就是先干的一部分人"，强化了学校领导干部的服务意识，并提出了"班子为教师、家长和学生服务，后勤为前沿服务，教师为学生和家长服务"的要求；开展了教师承诺宣誓活动并签订了师德师风责任书；评选了功勋教师（2022 年 9 月评出 12 位功勋教师），设立了"党员先锋岗"，树形象，做表率，做到"平时看得出来，关键时刻冲得上去"，在推动学校教育事业不断发展中当标兵、做模范。通过"领学、帮学、助学、导学"等方式，邀请身边的榜样市县"四有好教师"李碧娟、黄永红、布文胜等，省市劳模陈初航、李细娟，杰出校友李先笋、吴新华等宣讲党的二十大精神和劳模精神等，引导广大教师用习近平新时代中国特色社会主义思想武装头脑，增强自己的价值判断、选择、塑造能力，树立正确的历史观、民族观、国家观、文化观、教育观。

学校通过强化师资培训，提升内涵，苦练内功，大大加强了教师队伍的建设。一是坚守"给教师最好的福利即培训"这一理念，学校拿出足够资金用于师训。二是做好两项工程："名师引领工程"与"青蓝工程"。学校现有 1 个省级名教师工作室，3 个市级名师、名团干、名班主任工作室，充分发挥其辐射带动作用；同时，扎实有效地做好"青蓝工程"。学校在每学科都设立几名骨干教师作为导师，然后发动想要快速成长的青年教师自愿报名，组建成"青蓝工作室"。通过优先派工作室成员外出培训、定期组织同课异构等活动对工作室成员进行重点培养，花大力气培养学校名师，打造了一批在全县范围内享有一定知名度、教育教学技艺精湛、成绩优异的好教师。另外，拓宽渠道，采用"引进来"的策略，聘请杰出校友、广东省特级教师吴新华校长为振兴县域高中教学指导专家，邀请华南师范大学九大学科专家及省内名校一线 9 位备课组长指导我校高三备考及三年体系化集备，返聘退休教师余伦技、张卫红为数学、物理学科指导顾问，与中山壕头中学结为姊妹学校等，多措并举助力教师专业成长，使教师的整体素质得到了提升。三是学校常年坚持开展书香校园、健雅论坛活动。通过多种论坛、竞赛活动的开展，有效提升了教师的业务水平。四是加强对健雅课堂的课题研究。学校坚持以研促教，引领教师进行校本课题研究，以"聚焦核心素养，打造健雅课堂"为主题，借助集体备课、一周二研、课外活动等平台，将劳动课、排球课、书法练字课编入课表，打磨精品健雅课堂，开发精品课程，从多个角度、多个层面对健雅课堂进行解读、完善、升华，让教师开阔视野、智慧共享、提升能力。教师边研究边实践，更好地为全面推进健雅教育服务。

学校着力构建和谐的人际关系环境，做有温度的教育。管理采用走动式管理，多与教师交流，让大家更好地理解、把握学校的决策、意图，更好地贯彻学校的工作思路。在党建引领下，学校融情共建和谐温馨的幸福校园，创建了教工子女活动室，组建了教工社团等，丰富了教师业余生活，满足了教师身心健康发展需要。学校持续关爱教师，利用特殊时间节点，开展女神节、班主任节、点赞教师、教师生日会、教师荣退仪式等各种暖心活动，使教师之间、师生之间的关系更加融洽。

全体教师不断强化服务意识，以平等的身份对待学生，关注教学质量，关注课堂，关注细节，不歧视任何学生，放下架子，蹲下身子，与学生交朋友；充分发挥教育力量，关心关爱留守少年、特殊群体学生；主动与家长联系，构建了社会、学校、家庭及学生多方参与、齐抓共管的温馨管理格局。办学条件日臻完善，人际关系更加温馨，新建教工子女之家等，升级改造心理咨询室、校医室……我们的校园，幽雅明净，四季皆美，学风浓郁，优雅清新，处处洋溢着温馨的气息。

学生篇

学校坚持立德树人的教育之本，以党的二十大精神为指引，践行社会主义核心价值观，重点把握"信、心、活、全"四方面，五育并举，培养能担当民族复兴大任的时代新人。

"信"是信仰，学校利用校会、班会、团课和每周一国旗下讲话，以及五四、七一、八一、教师节、十一等重大节庆日，开展"学党史、强信念、跟党走"等思政活动，加强师生爱党爱国教育；已成功举办"喜迎二十大，青春心向党""学习党的二十大""社会主义核心价值观"等手抄报比赛活动；开展了经典诵读、主题思政演讲比赛等活动，组织学生收看《新闻联播》等，激励学生争做核心价值观的践行者，厚植爱党、爱国、爱社会主义情怀。

"心"是心理，学校非常重视师生的身心健康，被评为广东省心理健康教育示范校，有 3 位专职心理教师，有 125 位在职教师取得了心理健康教育 ABC 证。心理组制定了学生心理危机预防干预和应急处置预案，各班增设了心理委员，开展团体凝聚力团辅活动，开设心理社团，举办了校园 525 心理活动月，就心理问题的识别和预防处理及心理健康工作的方式方法对全校班主任、心理委员进行培训……多途径进行心理健康教育和心理知识的宣传，进一步提高了师生的心理素质和社会适应能力，营造了健康、阳光、快乐的校园心理文化氛围。

"活"是生活、活动。学校精心策划"每周一星""身边的榜样"评选活动，使之成为常态，促使同学们在榜样的引领下，学会为人处世。学校打造了"新苗文学社""翰墨书法社""太极拳（剑）社""志愿者协会""排（足）球队""合唱团""朗诵队""围（象）棋社""舞狮队"等十几个精品健雅社团，搭建学生成长平台，发展学生专长，努力营造学生学有所得、快乐成长的校园环境和文化氛围，培养学子雅趣；坚持"一月一主题""一月一活动"的德育工作模式，每周开展一次"爱劳动，爱校园"等的社会实践活动；每学年组织开展一次农耕节、女生节、读书节、学科节、525 心理活动月、春（秋）季远足研学、科技体育文化艺术节系列活动等，为学生提供发现自我、展示自我的舞台，举办红色故事我来讲、"唱响红歌，牢记使命"主题艺术节、观看红色革命影片、国学经典之旅等一系列特色活动，在学生心中播下了红色的种子，使其不断传承中华优秀传统文化，获得了新颖的道德体验，增强了学生的社会责任感、创新精神和实践能力，进一步实现了学校立德树人的根本目标。

新丰一中是广东省排球传统学校，学校男女排球队连续十二年蝉联韶关市排球赛第一名，捧回了英东杯，代表韶关市出战省中学生运动会，曾获得省第四名、第六名、第八名的好成绩；在排球方面除了开展竞技体育外，每学期还开展班（校）际排球赛等活动，大力弘扬和传承女排精神、客家人传统，紧紧围绕"立德树人"根本任务，激发学生爱国主义情怀、培养艰苦奋斗精神，弘扬社会主义核心价值观；同时用女排精神去教育感染学生，努力培养出更多具有攀登精神、健雅特色、德智体美劳全面发展的社会主义建设者和接班人。

"全"就是全员、全过程、全方位，将德育工作渗透到每个学科、每个课堂、每个活动、每个班级以及校园每个角落，同时建立了学校、家庭、社会三位一体的协同育人体系。学校以"自能教育"理论为指导，让学生在情境中感悟、体验、反思和矫正，通过自探、自悟实现学生的自我教育和自我发展。学校努力拓宽学生创造的空间，开展丰富多彩的实践活动，在活动中发挥学生的自主性和能动性，让学生在体验中实现自主学习和自我管理。用好六个"学生自治组织"：早读监督岗、卫生监督岗、间操监督岗、纪律监督岗、升旗集会监督岗、广播站；坚持每天进行六次例行检查，实现学生的自我管理。学校通过健雅课程落实各项常规要求，促进学生全面发展，使学校国家、地方、校本课程体系日臻完善，帮助学生实现多元化个性发展，促进学生德智体美劳全面发展。

办人民满意的高中

在对教师管理中，学校力求保证最大限度的公平公正，凡重大决定均由校委会及教代会集体讨论确定，对教师教学水平的量化等事项，一律组建专家评委组，这些做法都极大地调动了教师工作的积极性。同时，创建了各种丰富多彩的活动来搭建全体教职工锻炼、展示自己才华的舞台，使教师充满自信，从而促进教师内驱力的提高，使其潜能得到持续释放和发挥，并在全校形成一种良性竞争氛围。

学校利用多种途径丰富教师的精神生活。学校专门为教师设立了书吧，并征订了大量的报纸杂志，为教师营造了高雅的读书场所，温馨、惬意的感觉使人流连忘返；运动会上设置教师比赛项目，一展教师的健康风采；在三八、五

四、七一、十一、元旦期间，学校举行盛大的以"做健雅教育的践行者"为主题的活动，教师积极参与……

学校开创多元评价机制赏识激励学生，巩固健雅文化的成果。落实健雅少年系列之星——"文明之星""环保之星""阅读之星""智慧之星""艺体之星""进步之星""勤奋之星""管理之星"的评比，使每学年各个层次的学生都能获得表彰。因为学校实行达标表彰机制，孩子只要能达到标准，就能获得奖项，无名额限制。丰富多彩的活动以及这种赏识激励让孩子们兴奋快乐，给了他们一段幸福学习成长的校园生活。

在教师和学生收获成长的同时，学校也收获了一个又一个沉甸甸的硕果，一项接一项的优异成绩在带给全体师生喜悦的同时，更多的是鞭策与鼓励。成绩只代表过去，今后，我们将继续秉承"严勤全创"的校训，继续推进健雅教育，尽最大努力办好人民满意的教育，以更加积极的态度推进"三新"教育改革，加压奋进，开拓进取，为开创一个崭新的局面而不懈努力！

教育之道，在明明德：试论人才培养须"知行合一"

——读方明编著的《陶行知教育名篇》所思

新丰县第一中学 温艾玲

陶行知先生曾说："因为道德是做人的根本。根本一坏，纵然使你有一些学问和本领，也无甚用处。"然而，"三观"扭曲、道德失范、损人利己、漠视生命甚至背弃国家的现象在生活中比比皆是。这些现象的存在，究其原因，是思想情操的滑坡，是人格养成的短板，说到底还是家庭、学校思想品德教育的缺失导致的。

一个人可能在受过教育后，依然缺少教养，就像一个人不停地吃东西，但他的肠胃不吸收，竹篮打水一场空，到头来还是瘦骨嶙峋。人生成功三部曲为：太上有立德，其次有立功，其次有立言。这也是人生的三个最高标准。其中，"立德"在"三立"中排在首位，指的是人要注重自己的道德品行。由此可见，一个人最好的资本，不是立了多大的功勋，做了多深的学问，而是拥有良好的品性。

在大力实施素质教育的今天，作为高中学校，作为山区教师，我们真正、最应该教给学生的是什么？教师的职责是教人求真，学生的职务是学做真人。"真人"是陶行知先生的培养目标，真人就是真善美的人，真人就是智仁勇俱全的人，真人就是知行合一的人，真人就是"德智体美劳全面发展的社会主义建设者和接班人"。

一、坚持立德树人，"使各个学生读书明理，并愿为国鞠躬尽瘁"

教师不应该只教书，他们还有一个更为重要的责任是教人做人；学生不应该专读书，他们的责任是学习人生之道。

长期以来，我们在教育教学中存在着许多弊端，如重"明理"，轻"导行"；重"灌输"，轻"感悟"；重"接受"，轻"体验"；重"书本"，轻"生活"。这是典型的说教式教学，是以教师为主角进行的单一说教和灌输，因而无法取得良好的育人效果。

把公民和读书的精神化合在一处，以培植学生做国民的能力。作为高中语文教师的我们要在教学中适时对学生进行德育渗透，通过文化传承和文化熏染，渗透式地催化学生心灵的完善，以提升学生的内在文化品格和精神境界，使学生争做"心中有阳光，脚下有力量"的新时代优秀的青少年。

（一）让学生树立崇高的理想，心中充满阳光

我们深信健康是生活的出发点，也是教育的出发点。

在阅读教学过程中，教师要根据教学目标，从学生的年龄、心理特征、知识基础、认知结构等实际出发，采用各种生动活泼的方法，引导学生的积极思维，启发学生发现文本中的人文因素。当学生与文本在思想、情感上产生共鸣的时候，教师要及时指导学生畅谈感想，阐述认识，以促进学生思想认识的升华、思维活动的活跃和人生内涵的提升。

例如，我们在学习毛泽东的《沁园春·长沙》时，可以通过让学生理解"问苍茫大地，谁主沉浮"启发学生，让学生理解作者寄托于词中的伟大理想及抒发的豪情壮志，使学生情不自禁地萌发"以天下为己任"的豪情并用"承担大任舍我其谁，革命前途系于我辈"的壮志来激励自己，同时，让学生明白青少年只有将自己的人生与国家民族的命运紧紧相连，与国家共振、与人民共舞，才是有意义的人生，鼓励青少年树立"为中华之崛起而读书"的坚定意志和为"实现中华民族的伟大复兴"而读书的爱国主义精神。

又如，粤教版必修1第一单元的《北大是我美丽羞涩的梦》是一篇自述文，作者王海桐当时的年龄、生活背景与学生相仿。作者是一个被奶奶歧视的女孩儿，她的父亲因为她是女孩儿而在床上躺了两个星期。她希望在奶奶面前证明自己，却因奶奶的去世而永远也没有机会改变奶奶的看法。这样一位曾经一直被别人否定的不美丽也不灵巧的女孩，最终以713分的优异成绩考上了理想的学校——北京大学！我们可以引导学生分析作者的成长经历，作者从小就有美丽羞涩的梦，"常常在别人的暗示与判定下肯定自我的价值""我相信某些话对人生的影响力"，思考作者实现理想的原因，从而引导学生应该学会理性地对待别人的"暗示与判定"，不能一味地活在他人的"暗示与判定"中，要相信自已的潜能，相信态度决定一切，笑对生活，乐观地接受生活中的一次次磨炼和打击，勇敢地经历人生中的一次次考验，成长为自己想要成为的人。

在语文教学中，语文教师除了在智育方面着力外，还要在育人方面多下功夫，充分利用好教材，实施启发式教学，重点突出地对学生进行点拨，让学生树立崇高的理想，心中充满阳光。

（二）让学生坚持艰苦奋斗，心中充满阳光

深化教育是国家万年根本大计，我们深信教育应当能培植出学生的活力，使学生向上生长。

联想力与想象力是创造力的重要因素，在语文阅读教学中应让学生顺着人物性格发展的逻辑、事物发展的必然结局、作者创作的思路，运用内引外联的思维方式，培养学生的健康人格。

例如，在史铁生的《我与地坛》中有一段话："最后事情终于弄明白了：一个人出生了，这就不再是一个可以辩论的问题，而只是上帝交给他的一个事实；上帝在交给我们这个事实的时候，已经顺便保证了它的结果，所以死是一件不必急于求成的事，死是一个必然会降临的节日。"让学生朗读这段话后结合听乐曲《命运》产生思考和体会：和史铁生相比，每位同学都是幸福的，因为大家都是完整而健康的人，所以，一定要珍爱生命、珍爱健康。假如有一天遇上了苦难，也请记得史铁生曾经说过："无论多么痛苦，也要勇敢地活着，而且要活得有意义！"

又如，学习苏东坡的《定风波》时，让学生结合《苏东坡传》和苏东坡的《自题金山画像》来读，才能体会出"谁怕？一蓑烟雨任平生"的不畏坎坷的精神，才能理解历经沧桑的东坡接续奋斗的可贵。同样，我们的同学，要不驰于空想，不骛于虚声，在奔跑中奋力逐梦，争做新时代的追梦人！

中国特色社会主义事业是面向未来的事业，需要一代又一代的青年接过接力棒，持续不断地建设社会主义事业。语文教师要引导学生多元解读文本，这不但能激发学生的学习兴趣，而且能让学生身心健美，乐观向上，以积极的心态投入生活。

二、重视知行合一，"教人做主人""以贡献于民族与人类"

陶行知先生说："我们研究学问，非只为增加一点个人的幸福，目的总是要改造社会。"学校生活是一种社会生活，是社会的缩影。学校生活是与社会生活一致的，因此，行为的原则也应该是一致的。学校应担负起在社会方面的责任，把学生看作社会中的一员，并对其进行相关的教育。

（一）让学生具有高尚的道德品质，心中充满阳光

语文探究性教学的目的之一就是在挖掘文本的人文精神的同时要引导学生把正确的道德认知、自觉的道德养成、积极的道德实践紧密结合起来，使学生自觉树立和践行社会主义核心价值观，带头倡导良好的社会风尚。

具体实施时，可抓住"问题"引发探究，因此，教师除具有"问题意识"外，更重要的是要指导学生发现问题，鼓励学生敢于提出问题，让学生通过感悟文本陶冶情操，保持积极的人生态度、良好的道德品质、健康的生活情趣。

例如，在学习《"布衣总统"孙中山》后，让学生对比那些理想信念完全丧失、党性原则荡然无存、擅权妄为、腐化堕落、道德败坏、生活奢靡等"老虎""苍蝇"，使学生较好地理解并传承"布衣总统"的为人民着想、甘于淡泊的高尚品质。

又如，在学习《鸿门宴》一文时，我除了让学生利用工具书自主理解和掌握文言基础知识外，还引导学生进行自主探究，提高学生的语文素养和思想情操。在延伸阅读时，我让学生探讨一个问题：从司马迁的角度看，一个最优秀的国家领导人应该具备什么样的品质？由于学生对课文已进行了翻译、理解，大多数学生能从知人善任、民心所向等角度提出自己的看法，并对自己心目中理想的领袖有了期待和认同。然后，我适时播放习近平总书记视察广东的视频，启发学生，让他们谈谈自己的感受：领袖担当、远见卓识、亲民爱民的情怀、大国领袖的风范……最后，师生小结：习近平总书记是全党拥护、人民爱戴、当之无愧的党和国家的领袖。由此，学生对中国特色社会主义共同理想产生无限憧憬，对领袖的爱戴之情也油然而生。合作探究，可以调动学生的热情和积极性。

为人师表应该积极倡导良好社会风尚并努力践行，给学生起一个模范作用，要引导学生在学习、讨论中，自觉树立和践行社会主义核心价值观。

（二）让学生具有无畏的责任担当，心中充满阳光

同人民一道拼搏，同祖国一道前进，服务人民、奉献祖国，是当代中国青年的正确方向。语文教材中的许多课文都蕴含着丰富的人文精神，这为教师在教学中对学生进行人文教育提供了很好的教育资源。但是，我们对学生的教育不能仅仅停留在思想上，还应体现在行动上。我们要以课文为基础，进行拓展延伸，培养学生树立"以青春之我，创建青春之国家，青春之民族"的意识，让学生具有无畏的责任担当，具有逢山开路、遇水架桥的意志，能为创新创造而百折不挠、勇往直前。

例如，《与妻书》一文是作者林觉民写给妻子的一封绝笔信，林觉民用文字诚挚地表达了对革命事业的热忱和对妻子的挚爱，深刻地阐明了个人爱情和幸福同革命事业和全体人民幸福紧密相连，深情表白自己愿为天下谋永福而勇于就义的责任担当。

在学习《与妻书》后我们又学习了《留取丹心照汗青》《报任安书》等。通过学习《留取丹心照汗青》，学生看到文天祥在狱中不畏敌人的威逼利诱，感动于他的崇高的民族气节和"威武不能屈，富贵不能淫"的硬骨头精神，同时更真切地感受到一代名臣文天祥的"人生自古谁无死，留取丹心照汗青"的不屈不挠的政治理想和强烈的使命感。通过学习《报任安书》，学生了解了司马迁为完成巨著《史记》而甘受凌辱，充分表现了司马迁坚韧不屈的精神。

在群文学习之后，我给学生布置了一项作业，让他们以"承担责任"为题写一篇作文。在学生的每篇文章里都洋溢着对司马迁、文天祥、林觉民等古今勇于担当责任的先贤的赞美和崇敬之情，他们表示自己也要见贤思齐，为了实现个人理想和"中国梦"而百折不挠、勇往直前。比如学生在作文中写道："人生是一种担当，承载起那一切的勇气是一种人格的迸发……""担当，是为他人，那一种情真意切，感动天地……""担当，是接受并负起责任。无论个人还是国家、民族都应该勇于担当。唯有如此，国家才能兴盛，民族才能强大。"我相信，勇于担当责任的思想已经根植于他们的脑海，他们不但能以此教育自己，而且会以此来影响别人。

陶行知先生说："智仁勇三者是中国重要的精神遗产，过去它被认为'天下之大德'，今天依然不失为个人全面发展的重要指标。"语文教师要不失时机地通过适当的拓展延伸，把文本的情感、审美体验和人文精神内化为学生的情感和人文素养，外化为行动，以实现陶行知先生说的话："把自己的私德健全起来，建筑起'人格长城'来。由私德的健全，而扩大公德的效用，来为集体谋利益……"

三、国家、学校、家庭合力培植，"引导他们对民族人类产生更高的自觉的爱"

育人是一项伟大且专业性很强的工作，需要教育者充满耐心与智慧。陶行知先生说："不运用社会的力量，便是无能的教育；不了解社会的需求，便是盲目的教育。倘使我们认定社会就是一个伟大无比的学校，就会自然而然地去运用社会的力量，以应济社会的需求。"

（一）国家层面

早在一千多年前，白居易就响亮地提出了"文章合为事而著，歌诗合为事而作"。近年来高考语文命题均能紧扣时代脉搏，弘扬中国精神，引导当代青年坚定理想信念、厚植家国情怀、培养奋斗精神、增长知识见识，落实立德树人根本任务，促进学生德智体美劳全面发展。比如 2020 年新高考一卷作文题是"以'疫情中的距离与联系'为主题写一篇文章"，该文题旨在引发学生深入思考中国青年的历史使命、责任担当、价值选择。又如全国Ⅱ卷的作文题，基于全球抗疫的大背景，设置"世界青年与社会发展论坛"的情境。该问题引导学生思考人类命运共同体，学生应该从互帮互助入手，思考人类的危机应对之道，感受青年在危机情境下的责任与担当，展现出当代中国青年的精神风采。再如北京卷作文"每一颗都有自己的功用"以北斗三号最后一颗卫星成功发射为切入口，引导学生思考个人在集体、社会、国家、世界发展中的责任和使命。

陶行知先生说："教育是什么？教育就是力的表现，力的变化。我国的传统教育和现行的教育，只能造成少数人的力，空谈的力，散漫的力，被动的力，头脑的力。我们从此要改造教育，使教育普及于大众；使受教育者都能实践力行，从行动上去求得真知识；并使大众组织起来，自动去做他们的事；而仅用脑的知识分子，要使他们变成兼用手的工人，仅用手的工人、人人等都变成兼用脑的知识分子。这才能把少数人的力，变成多数人的力；空谈的力，变成行动的力；散漫的力，变成组织的力；被动的力，变成自动的力；仅用脑和仅用手的力，变成脑手并用的力；于是我们就可以造成极伟大的民族力量，来解除一切国难。"

（二）学校层面

陶行知先生说："教育必须是科学的。这种教育是没有地方能抄袭得来的。我们必须运用科学的方法，根据客观情形继续不断地把它研究出来。而且，这种教育的内容也必须包含并注重自然科学与社会科学，否则不得前进。"

一个人的品德是由思想品德方面的知、情、意、行四个心理要素构成的，德育就是培养学生知、情、意、行统一的过程。知是情的基础，情又影响着知的提高，行是知、情、意的外部表现，知是行的先导，行是知的目的。

本文开篇提到的几个案例，无论是抄袭、冒名顶替，还是从事乱港活动、散布"辱华"言论……这些失信、欺瞒、危害祖国等违法犯罪的行为，说到底就是其人品问题。

白岩松曾经说过："人品是最高的学位，德与才的统一才是真正的智慧、真正的人才。"人品，就是人生的方向盘，把控好方向，才能把控好自己的人生。因此，我们实施教育教学要做到知行统一，深入开展弘扬和培育民族精神教育活动，加强诚信教育和民主法制教育，以优良的班集体为载体，大力推进文明习惯的养成教育，晓之以理，动之以情，导之以行，辅之以奖罚，持之以恒，让学生在生活上能自理，学习上能自强，情感上能自控，思想上能自立，知行合一。

上文说到"辅之以奖罚"，这里提出一个问题来进行探讨：为什么现在青少年学生违法犯罪的比例越来越高，以致连教师也成了他们的牺牲品？个人认为，这和现在的教师不敢管或管不了学生的现状是密切相关的。

习近平总书记说"国运兴衰，系于教育"，陶行知先生说"在教师手里操着幼年人的命运，便操着民族和人类的命运"。这些都说明了教师十分重要。这就要求教师做到"要想学生好学，必须先生好学。唯有学而不厌的先生才能教出学而不厌的学生""要学生做的事，教职员躬亲共做；要学生学的知识，教职员躬亲共学；要学生守的规则，教职员躬亲共守"。这些都是教育好学生的前提，十分重要。但有一点不能遗漏了，教育不能一味地对孩子让步，应赋予教师和学校一定的惩戒权。

（三）家庭层面

目前，中国有不少父母有比拼心理，对孩子的家庭教育非常狂热、焦躁，更加关注教育所呈现出的相当显著的工具性特征：希望通过教育为孩子获得一些"有用"的技能，使他们能通过竞争激烈的考试，增强他们在就业市场上的竞争力，进而使他们获得更高的社会地位和物质财富。我们中有不少父母为了功利目标而毫不犹豫地抛弃了教育。

我们总希望孩子学习高精尖的东西，损失的却是家教和素质，是做人的常识与底线。许多父母忘记了，忘记了他们的孩子最后是要进入社会的。如果他没有被自己的父母管教，如果漠视别人的存在，那么最终社会会来管教他。

偶然中看到网上一篇《全国 68 个高考学霸，家庭教育方式惊人相似！父母不可不知！》的文章。

孩子们说得最多的是爸妈行动上的感染。安徽学霸董吉洋说："偶尔我也会厌学，不想看书，爸妈注意到了，也不说什么，就把电视关掉，坐下来看书，看到他们在看书，我也就不好意思不看书了。"比起分数，这些爸妈更看重的是孩子的习惯与素养。

其实，教育的目的不应该只是掌握书本的知识，还应该学会适应社会和规划人生。父母要认识到我们之所以送孩子上学，并不是因为孩子必须上学，而是因为他们要为未来的生活做好充分的准备。接受教育，是一个人为了实现人生目标而必须经历的过程。在这个过程中最重要的内容是：认识到你未来会成为一个什么样的人。事实上，一旦一个孩子认识到自己未来想成为什么样的人，就会从内心激发出无穷的动力去努力实现自己的目标。就像陶行知先生所说："如果生活、工作和学习都是自动的，那么教育的效果肯定会增加一半。因此，我们特别注重自动化的培养，使其关注整个生活、工作和学习。自动化是有意识的行动，而不是自发的行动。自我意识的行动需要适当的训练才能实现。"

参考文献：

[1] 方明．陶行知教育名篇［M］．北京：教育科学出版社，2015．

[2] 习近平总书记．在北京大学师生座谈会上的讲话［M］．北京：人民出版社，2018．

[3] 习近平总书记．心中有阳光　脚下有力量．学习中国，2016－05－04．

[4] 人民日报评论员．我们都是追梦人：习近平总书记2019年新年贺词启示录②．［N］．人民日报，2019－01－02．

地理组论文篇

新丰县高中地理研学课程开发现状及对策研究

新丰县第一中学　李国超

一、课程开发的背景与意义

《普通高中地理课程标准（2017 年版 2020 年修订)》解读提出，高中地理课程资源要深入开发校本课程和地方课程，丰富地理课程资源的开发，突出地理田野调查。研学课程是地理课程的重要组成部分，乡土地理研学课程是落实地理学科核心素养的重要且有效的途径。高中地理研学课程可以对现有教材内容进行延伸和提升，是培养和检验学生学习的重要方式，且地理学科是一门实践应用性很强的学科，因此，高中地理研学课程应在高中地理学习中占据一定的地位。2019 年以前，国内相关文献主要侧重于探讨研学旅行的组织开展与教育意义，对研学课程的开发涉及较少。随着研学旅行在全国推广实施，各地逐渐对研学活动有了系统、专业的课程规划。

新丰县境内地形复杂，河流地貌广布，农业资源优越，结合新丰县乡土地理资源进行研学课程开发，培养学生用生活中的实际案例主动发现、解决问题，获得知识和技能，对高中地理教学及德育均能起到非常好的作用且可行性很高。但新丰县研学课程在国家推行研学旅行五年后却仍是一片空白，因此，对新丰县研学旅行进行系统规划、开发研学课程显得尤为紧迫。

二、新丰县高中地理研学课程开发现状与存在的问题

笔者通过访谈、问卷调查、数据分析等方法对新丰县高中地理课程开发现状进行了调查，现状及问题分析如下。

（一）选科原因与课程价值体现

自 2018 级新入学高一学生开始实行新高考政策以来，新丰县高中学生选考地理学科的人数呈现逐年增长的态势，这与旧高考政策选考文科的学生相比，

比例有大幅提高。通过组织 2020 级 107 位及 2018 级 97 位不同层次选考地理的学生进行问卷调查有如下发现。

如图 1：不同年级学生选考地理的原因差异较大，但学生普遍认为高中地理有趣，说明高中地理学科对学生有很强的吸引力。

对数据分析得出：2018 级学生由于已经高三，更了解高考选科要求及高考试题的难度，认为高中地理不好学且大学对高中地理选科要求不高；而 2020 级学生由于新丰县高中大力推广校本课程和情境化教学，所以学生更多地认为地理有趣、有用。

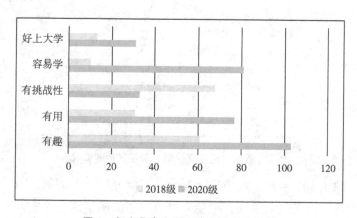

图 1　新丰县高中学生选考地理的原因

不难发现，我校学生选考地理科目的比重大且呈上涨趋势，但学生选考地理更多地出于地理有趣、其他科难度更大等原因，忽视了地理课程本身的价值。因此，开发高中地理研学课程，丰富高中地理课程体系，突出高中地理育人价值尤为迫切。

（二）教师教学现状与问题

新丰县现有在职在岗高中地理教师 20 人（2021 年），其中 50 岁以上 3 人，30～40 岁 11 人，30 岁以下 6 人，教师年龄结构偏年轻。对教师进行问卷调查和访谈发现：教师普遍认为研究性学习材料对学生地理学科的学习和地理成绩的提高有作用（73%），而且研究性学习材料能很好地激发学生的求知欲，尤其使用新丰本地的研究性学习案例能充分吸引学生的注意力并使学生产生解决问题的胜负欲，课堂效果较使用教材探究案例好。

虽然教师均认为研究性学习课程材料学习效果好，但根据调查和访谈结果（如图 2 所示）发现，只有 50 岁以上的教师会使用新丰乡土研究性学习案例。出现这种差异主要由于年轻教师多为外地教师，对新丰本地乡土地理了解较少，基本认为自己没有能力带领学生开展乡土研究性学习案例研究。而 50 岁以上的教师均为本地教师，对乡土案例非常熟悉，能将与所授知识相关的乡土研究性学习案例很好地结合在一起进行授课。使用研究性学习课程材料的仅有 3 位"90 后"教师偶尔会借助研学手册、地质公园考察手册等资料给学生进行相关知识的专题拓展研究，但均认为由于学生空间认知和知识储备的限制，即使指导学生进行研究也不能很好地达到预期效果。

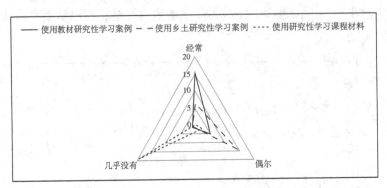

图 2　教师使用研究性学习课程材料的情况

调查反映出新丰县高中地理教师充分认可研究性学习的教学效果，但不管是开展次数还是效果都不乐观，即使有使用专门的研学课程，但是由于教师对所使用课程缺乏足够的知识储备和技能，依然不能达到研究学习的目标，对研学课程的具体实施方法和教学目标把握不到位。

（三）新丰县高中地理课程资源使用问题

据调查，新丰县高中地理现行课程的开展几乎全部依靠国家教材，没有进行二次课程开发；高中地理教研组曾于 2014 年开发过校本复习教材，但并未投入使用；2019 年高中地理教研组开发了 4 本校本教材，其中有 2 本与乡土地理有一定关系，但依旧没有投入使用；2021 年新丰县高中地理教研组在 2020 级组织开展了校本课程选修，地理教研组开设的课程却是高中地理国家教材选修部分的内容。所以，新丰县高中地理课程几乎未进行独立的课程开发，尝试开发的校本课程却未被投入使用。

当下国家强调深入开发校本课程和地方课程，新丰县高中地理课程资源却依旧单一，但新丰县高中地理教师对研学课程已经有一定的接触，还有 3 位教师主动参加过研学课程开发及使用的培训（如图 3 所示）。

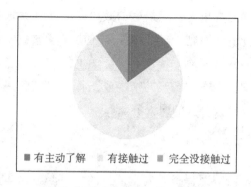

■ 有主动了解　　■ 有接触过　　■ 完全没接触过

图3　教师对研学课程的了解情况

综上所述，目前新丰县高中地理研学课程开发存在以下主要问题。①学生选科积极性高，但选科时忽视了地理课程的价值。②高中地理课程资源单一，教师对研学课程资源的态度和使用情况不容乐观，研学课程开发得不到有力的支持。③教师自身教学水平有限，缺乏专业的研究人员指导，且年轻教师对新丰县乡土地理素材了解少，不能很好地进行体系化的课程资源开发。

三、新丰县高中地理研学课程开发策略

段玉山等认为研学课程应以全面落实立德树人根本任务为宗旨，以真实问题情境为学生素养培育的课程内容，以引导探究和合作学习为课程教学方式，以思维品质的培养作为重要的课程目标。

基于以上定位和基本理念，新丰县研学课程开发应注意以下问题。

（一）开发原则

1. 教育性原则

研学旅行是学科课程内容的延伸、综合、重组与提升，既是对学科课程基础知识、基本原理的应用，也是对学生各学科核心素养养成的实践检验、各学科领域学习成果的拓展和加深。研学课程属于国家教育教学课程体系，是国家育人的重要载体，教学目标、教学内容、教学过程等各个环节都应该紧紧围绕"立德树人"这一核心进行设计，将德育与智育融合于实践课程；突出对核心素养和关键能力的培养考核，渗透高中地理学科价值，围绕主干知识辅助教学，引导学生将所学知识用于实践，用于家乡发展建设，让学生认识到地理是一门来源于生活又指导生活实践的学科，在实践中锻炼他们解决问题的能力和素养。

2. 经济性原则

由于教研经费有限，场地教学资源不足，新丰县高中地理研学课程的开发

和实施要尽量用最少的支出，追求最好的效果。经济性原则包括开支时间、空间以及学习上遵循经济性原则。经济性原则还应注意取材要符合当地经济、文化、社会发展的需要，体现地方特色，符合学生的身心特点。这样能在学生了解自己的家乡的基础上，通过真实的情境或图片资料理解一些地理概念，用尽可能低的成本创造能有效育人的课程资源。

3. 选择性原则

从现状来看，新丰县高中学生对自己感兴趣的科目有更大的学习兴趣和动力，而教师利用乡土研究课程资源的主要目的也是激发学生的学习兴趣，但仅仅激发学生的学习兴趣不足以实现地理课程的理念和价值。在开发高中地理研学课程时，既要选择与教材内容有紧密联系的，还要选择能让学生感兴趣的课程资源；既要融合现实问题，体现跨学科性，也要选择贴近学生生活实际，能激发学生探究的兴趣，能使学生掌握基本地理知识和技能的地理课程资源。这对教师提出了更高的要求，尤其外地年轻教师需要熟悉新丰县乡土地理，能做到随时随地地对乡土地理课程资源进行收集、挖掘、筛选和更新。

经过调查访谈，笔者拟选定农业产业化、河流地貌、山地垂直地带性综合考察、旅游业的发展、产业转移园发展等角度先尝试进行研学课程开发（如图4所示）。

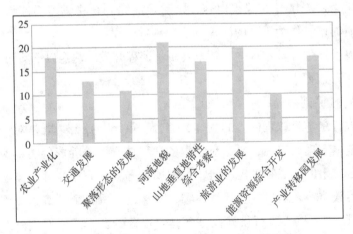

图4　新丰县高中地理研学课程拟定开发角度

4. 因地制宜原则

因地制宜是地理学科的核心思想，不同地区的自然环境与人文景观存在显著差异。因此，对新丰县进行高中地理研学课程开发时，对课程资源的选择会有所侧重，还需要根据教学尽量切合学生已掌握的背景知识，为其学习创设能通过探究解决问题的真实情境；还要注意开展课程的方式和调查手段，避免对研学环境造成破坏和污染。既要因地制宜也要因时而异，尤其是社会经济方向的课程资源要注意根据发展阶段和水平更新课程数据。

5. 注重知识迁移原则

由于研学课程的跨学科特征和真实情境特征，高中地理研学课程要注重迁移，注意知识跨学科迁移、跨情境迁移、跨空间迁移、跨时间迁移，这样才能更好地让学生从理解知识上升到应用知识的层次，提高学生的学习能力和生存能力，更好地做到能力立意、素养立意，为国家培养合格的建设者和接班人。

开设新丰县高中地理研学课程在让学生了解家乡的同时掌握高中地理的基础知识、基本技能，还要注重培养学生对已学知识的迁移应用能力，让学生运用所学地理知识去认识区域自然环境和社会环境不断发展变化的过程。

（二）改善高中地理研学课程使用的策略

1. 教育主管部门及学校支持高中地理研学课程的开发及实施

在开发和实施高中地理研学课程的过程中，少不了人力、物力以及财力的支持，且课程的开发建设和实施是一个漫长而艰巨的过程，仅仅依靠地理教师的微小力量无法做好课程资源建设，因此教育主管部门及学校的支持非常关键。自 2016 年国家将研学旅行纳入中小学教育教学计划以来，全国各地研学旅行及课程开发快速推进。就在近日，广东省研学旅行协会编写出版了义务教育阶段广东特色的研学旅行课程《中小学研学活动手册》，珠三角及部分粤东地市有序地开展了研学活动，但新丰县乃至韶关市，对研学活动都没有进行大范围开展，对真实的区域情境材料挖掘和课程开发仍停留在起步阶段。所以，教育主管部门及学校支持新丰县高中地理研学课程开发及实施也是对推进教育教学改革的积极响应。

2. 加强培训，提高教师课程资源意识和利用技能

从现状分析可以看出，大部分的高中地理教师对地理课程资源的概念和理论都只是有一点了解，他们接受的相关新课程培训的次数很少，培训的效果不明显。因此，教师应该充分利用好继续教育学习和省市县各级培训加强学习，同时自己要主动了解研学课程开发建设和实施的策略，深入了解新丰县县情民情，提高地理教师的课程资源意识和掌握开发利用课程资源的技能，深入挖掘区域真实的地理课程素材，根据情境设置恰当的探究活动，有效提高课程资源开发和利用的效果。

3. 教师在日常课堂教学中多使用新丰县研学课程资源进行授课

由于研学旅行外出涉及学生安全，高中地理教学任务重、课时紧等问题，要想经常进行户外研学旅行实地探究的可能性不大，这就决定了研学课程资源所能利用的范围多局限于课堂中。将研学课程资源与国家教材的内容紧密结合设置课堂活动进行授课，是最常见且经济实用的一种方法。地理教师要采用案例探究、渗透教学的方法，将新丰县研学课程资源尽可能地融入高中地理课堂教学中。

四、结论

新丰县高中地理研学课程资源使用情况不容乐观，且缺乏专门的研学课程教材，同时教师开发和使用地理研学课程资源的能力不足，但无论是从学生选科还是从教师意愿来看，师生都对研学课程有了很高的认可和期待。针对这些问题，笔者认为开发新丰县高中地理研学课程应注意把握教育性、经济性、选择性、因地制宜、注重知识迁移五个主要原则，还要争取教育主管部门和学校的最大支持，通过各种培训，多途径提高教师课程资源意识和利用技能，并使教师在日常课堂教学中多使用新丰县研学课程素材，将研学课程根据教学需要转化成教学案例进行授课。

参考文献：

[1] 段玉山，袁书琪，郭锋涛，等．研学旅行课程标准（一）前言、课程性质与定位、课程基本理念、课程目标［J］．地理教学，2019（5）：4 – 10.

[2] 陈书敏．黑龙江省地理研学旅行课程资源的开发和应用研究［D］．哈尔滨：哈尔滨师范大学，2019.

基于地理实践力培养的研学旅行活动设计

——以《新丰江流水地貌研学活动》为例

新丰县第一中学　王俊华

一、关于研学旅行的思考

2016 年教育部等 11 部门提出要将研学旅行纳入中小学教育教学计划。其旨在倡导、号召师生走出校门，走向野外真实的自然情境，激发学生爱国爱家乡之情，落实立德树人任务，推动素质教育全面发展。所谓"研学"，不仅是带学生到户外走一圈，看一看，也不是单纯的旅游、游学等形式，而是让学生探寻大自然事物发生发展的过程及演变的研学方式，是一种积极的科学态度，能激发并培养学生的思考力、行动力和学习内驱力。因此，研学旅行应该具有比较强的目的性，是有计划、有深度、有组织的野外真实情境学习模式，一般包括明确的主题、细化的研学任务、实践探究与求证分析、完成研学总结、成果汇报交流等活动，整个流程下来，能在各方面提高学生的动手实践能力与综合思维能力，同时为学生提供一个新的学习方式。

二、基于地理实践力培养的研学活动设计

（一）研学活动设计的指导标准

《普通高中地理课程标准（2017 年版 2020 年修订)》从学科育人价值的层面确定地理核心素养包括人地协调观、综合思维、区域认知和地理实践力。其中，地理实践力是指人们在考察、实验和调查等地理实践活动中所具备的意志品质和行动能力。

"纸上得来终觉浅，绝知此事要躬行。"地理课程具有很强的实践性，培养学生的地理实践力，重在让学生身处真实的生活情境中，亲自参与和体验，并

在整个过程中，学以致用，将课堂所学知识内化成个人的认知和能力。高中地理课程是唯一将实践力作为学科核心素养的高中课程，地理实践力表现为考察、调查和实验，需要通过研学旅行来实现。

（二）研学活动设计的原则

研学活动的设计要遵循四个原则。①安全性原则。②课程性原则。③实效性原则。④可操作性原则。遵循以上四个原则，全方位做好充足准备，为研学活动顺利开展保驾护航，既有安全保证这个大前提，也有具体的考察点，操作性强，时效性高。

本次新丰江流水地貌研学活动的设计旨在让学生在了解流水地貌的同时，感受大自然的独特之美，提升学生的地理实践力。

（三）研学活动的准备工作

本次研学活动，笔者主要从以下五个方面进行开展。①确定研学主题，并对研学地点进行实地考察，获取尽可能多的信息，再根据研学主要活动内容，科学合理地设计研学线路，如具体流水地貌的最佳观察点。②制订研学活动计划，按照考察线路合理设计研学任务，做好前期各项准备工作。③召开学生专题讲座、会议，布置落实使学生提前了解研学内容，让学生明确将涉及的考察点（含研学任务）、研学后的成果展示方式等。④确定人员分工，这里包括带队教师与学生的分工，每个小组 6~8 人为宜，选出小队长，进行前期培训和业务指导。⑤做好后勤保障准备，要求每个学生带双肩背包，带上纸质笔记本、笔、A4 板、A4 纸、相机（每小组保证有一台）、米尺、雨具、防晒物品、饮用水、常用药等物品。

三、研学设计与实践案例

（一）选择研学主题

该校位于新丰县城城南郊区，毗邻新丰江南畔，附近为城乡接合地带，河流两岸的自然景观保存得较为完好，为研学考察活动提供了良好场所。结合本地区实际，笔者将本次研学主题定为"新丰江流水地貌研学活动"（具体研学考察范围如图 1 所示，地图来源于天地图截图；图 2 为考察点 A – B 河段景观图）。

选择新丰县城沿江西路河段进行考察，主要考虑两方面原因：①新丰一中与该河仅一路之隔，学生出校门即可到达，确保学生安全；②该河段流水地貌较为典型，有蛇曲（河流凹凸岸）、河漫滩、河流阶地、江心洲等。

图1　新丰江流水地貌研学活动范围

图2　新丰江 A－B 河段景观图

（二）确定研学目标与任务

1. 研学目标

本次研学的重点是考察新丰江流水地貌及对其相关地理知识的实践运用。为充分挖掘新丰江河段的乡土地理资源，培养学生热爱家乡的美好情感，特拟定研学目标如下：研学活动主要涉及三个部分，即美拍家乡母亲河、手绘新丰江纵剖面、脚步丈量新丰江，具体内容如表1所示。

表1　新丰江流水地貌研学活动的内容与实施

研学主题	研学点及内容	研学过程	研学解读	设计意图	成果呈现
美拍家乡母亲河	手绘新丰江纵剖面	研学点①：新丰江观景台	观察河流两岸河流流速及河道深浅变化特征，并绘制此河段的流向和水流偏转方向简图	由于地球自转，水平运动的物体受地转偏向力影响会导致其运动方向发生偏转	要求每个学生能绘制研学点河流受力状况（见图4），主要考查学生在生活实际中运用地理知识的能力	成果表达：研学点河流受力分析图。成果交流：汇报展示

研学主题	研学点及内容	研学过程	研学解读	设计意图	成果呈现
美拍家乡母亲河	手绘新丰江纵剖面 用脚步丈量新丰江	研学点A—B河段：沙江桥远眺	观察A—B河段地势起伏状况，并绘制剖面图	地形剖面图是高中地理常见的专题地图，课堂中这部分内容主要通过教师讲授与图例展示完成，本组活动有助于提升学生判读、推测地理事物的能力	以小组形式开展活动，激发学生合作意识，培养学生的实践探究能力	成果表达：剖面图，成果交流：汇报展示
		研学点A—B河段：河流阶地	观察新丰江两岸河流阶地的分布情况	河流下切侵蚀，原来的河谷底部超出一般洪水位之上，呈阶梯状分布在河谷谷坡上，成为河流阶地。随着地壳抬升，河流下切，侵蚀过程中不同时期形成多个阶地，河流带来肥沃的土壤，因此阶地往往成为耕种的理想之地	以小组为单位，考察该河段阶地分布情况，并思考A处成为当地居民进行耕种的原因	成果表达：总结汇报；成果交流：小组交流
		研学点②：江心洲	观察新研学点②河床中部露出陆地位置，并思考其成因	在洪水期当水流漫过浅滩或心滩时，大量悬沙与黏性泥沙沉积在浅滩上，使浅滩上河漫施的沉积层不断加厚。随着浅滩不断加高，陆地出露部分高出水位以上，浅滩面积不断扩大，形成江心洲	首先让学生实地考察后，指出江心洲位置；其次尝试分析说明其成因，从而提高其实践能力并培养其综合思维能力	成果表达：展示照片、口头表述成因；成果交流：研讨会
		研学点③：河漫滩	观察河流凸岸处堆积形成的河漫滩	河漫滩是指丰水期被淹没，而枯水期出露的陆地部分	观察河漫滩地貌，识别河流的凹凸岸，比较两岸景观特点，并分析该段河流地貌成因，考查学生判读地理事物、理论联系实际的能力	成果表达：在图1中指出其位置，分析成因；成果交流：研讨会

续 表

研学主题	研学点及内容	研学过程	研学解读	设计意图	成果呈现
美拍家乡母亲河	用脚步丈量新丰江	研学点④：蛇曲	远眺新丰江在此处形成的近300°的大回环，用相机拍下两岸美景	蛇曲（也叫"河曲"），主要形成于河流中下游地区。在河流的发育过程中，由于受到地转偏向力的影响，河流两岸受到侵蚀的强度会有差异，表现在一侧侵蚀强，另一侧侵蚀弱。侵蚀强的一侧被侵蚀下来的泥沙就会被水流带到另外一侧，加之流速减缓，泥沙就会逐渐沉积，形成受侵蚀一侧向陆地凹陷、堆积一侧向河流突出的现象，这样的现象连续发育就会形成河流曲流	让学生欣赏美，对塑造地表形态的内外力因素有更准确的理解	成果表达：展示照片，口述蛇曲之美；成果交流：小组交流

2. 研学任务

本次活动面向高二年级学生，他们具有比较系统的地理知识与充分的生活经验，且全部学生均选择地理作为等级考试科目，因此对地理学习的主动性较强，也展现出较为浓厚的学习氛围和探究意识。活动前先布置学生复习地球自转的相关知识（尤其是地转偏向力部分内容）、地形剖面图、流水地貌内容，让学生以学习小组的形式进行活动，接着组织学生前往考察初始地点（龙围新桥），开展研学活动，具体活动实施方案已在表1展示。

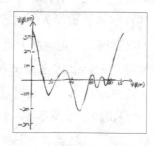

图3 新丰江 A－B 河段剖面图（学生习作）

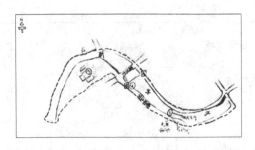

图4　研学点①处河流受力分析简图（学生习作）

（三）研学成果及汇报总结

1. 研学成果展示

（1）以"新丰人的母亲河"为主题开展图片展。

（2）以"新丰江流水地貌研学活动"为主题，在课堂上由小组代表对相关研学内容进行成果汇报，讲述活动②③④流水地貌的成因。

（3）师生对本次研学活动进行评价，结合小组汇报结果进行评优表彰。

2. 研学活动总结

本次户外研学活动中，学生的参与积极性非常高，对研学点的研学实践也做好了充分调研，获取了一手资料。汇报课上的讨论气氛热烈，组内分工明确，组员表达条理清晰，总体来说研学任务完成效果较好，这比在课堂上的纯授课更能激发学生的主观能动性、学习积极性。

3. 主要收获与不足

主要收获：本次研学活动给学生创造了生活化地理课堂的学习机会，拉近了人与自然之间的距离，强化了现实生活与课本理论知识的有机联系（如图4研学点①河段的河流受力分析），不仅促进了学生对知识的理解，更进一步培养了学生的科学探究精神、实践能力以及综合思维表达能力，极大地提高了学生学习地理的兴趣，使学生真正将学习到的有用的地理知识运用到实践当中，同时也响应了教育部关于基础教育落实立德树人、培养社会主义现代化国家接班人的要求。主要不足如下：①研学河段一定程度上受到了当地居民的人为改造，流水地貌景观并不是"原汁原味"的。②因考虑安全因素，学生并未下河前往研学地点 A－B 河段，而是站在沙江桥远眺，通过观察、参照周边事物对比绘制地形剖面图（见图3），绘制得出的剖面图不够科学严谨。③研学结束后的成果汇报，主要以小组为单位进行展示，但具体到每个学生的量化评价还不够细致。④个别小组学生纪律性不够强，小组长的组织能力有待提升，后期需要教师进一步培养提高。

通过本次研学活动，学生走出课堂，思维和视野得以开阔，唤起了他们对身边地理事物的感知与热爱之情，进而促进他们对知识的深入理解，使他们学会思考地理事物之间的相互联系，以及人类如何在利用和改造自然环境中与自然和谐共生，建立起更加完善的人地协调观念。总之，地理研学活动的开展，能使学生切身体会、深入认识家乡的自然环境状况，增进他们热爱家乡、热爱祖国的情感，增强他们学习的内驱力。

参考文献：

[1] 中华人民共和国教育部．读万卷书也要行万里路：教育部等 11 部门印发《关于推进中小学生研学旅行的意见》 [EB/OL]．http://www. moe. gov. cn. /jyb _ xwfb/gzdt _ gzdt/s5987/201612/t20161219 _ 292360.

[2] 中华人民共和国教育部．普通高中地理课程标准（2017 年版 2020 年修订）[M]．北京：人民教育出版社，2020.

[3] 段玉山，袁书琪，郭锋涛，等．研学旅行课程标准（一）：前言、课程性质与定位、课程基本理念、课程目标 [J]．地理教学，2019（5）：4-7.

[4] 孙青，张力．基于地理实践力培养的高中地理研学活动设计：以陕北流水地貌研学为例 [J]．中学地理教学参考，2020（1）：17-19.

基于地理核心素养的中学地理教学与评价研究

——以《河流地貌的发育》为例

新丰县第一中学　向燕平

一、绪论

1. 研究背景

2012 年 11 月，中国共产党第十八次全国代表大会在北京人民大会堂顺利举行。会议上提出了关于深化课程改革、落实立德树人根本任务的新时代要求。为落实这一要求，2014 年教育部及时印发了《关于全面深化课程改革落实立德树人根本任务的意见》，并且明确提出了"教育部将组织研究提出各学段学生发展核心素养体系，明确学生应具备的适应终身发展和社会发展需要的必备品格和关键能力"。在此背景下，各教育部门纷纷组织教育工作者开展关于各学科核心素养的探讨和学习。

2. 研究目的和意义

研究地理学科核心素养，可以让地理教师更加理解教育的目标以及教育实施的途径，进而能深刻体会我们作为教育工作者究竟需要"立什么德、树什么人"。

以往地理教师更加注重学科知识的容量和难度，虽然对所教学科的知识点有丰富经验，但对地理学科的本质和地理教育价值却不太熟悉，而对于学生通过学习地理要形成哪些地理核心素养以及怎样才能形成这些地理核心素养则更为陌生，这显然不符合新课改的要求。反观，现如今提倡的地理学科核心素养，能有效体现地理学科的本质和教育价值观，和新课改的要求一致。因此，只有抓住地理学科核心素养，才能抓住地理学科教育的根本，才能正确引领地理学科教育的深化改革，使地理学科教育真正回到服务于人的发展方向和轨道上来。

3. 国内外研究现状

自20世纪末国际经济合作与发展组织启动"核心素养"研究项目以来，许多国家及地区纷纷效仿，基于自身的发展视角和实际情况，构建本国或本地区的核心素养框架体系，对核心素养的实质与内涵进行了详尽细致的研究（见表1）。在此背景下，我国研究者也积极参与了对核心素养的研究。地理教育工作者们主要围绕地理核心素养的实质、内涵等方面展开了广泛的交流与探讨，大家普遍认可了地理核心素养，并肯定了其对地理学科发展、教育教学发展、个体成长发展及生态环境发展等方面的积极作用。

表1 不同国家或地区核心素养框架体系

国家或地区	核心素养框架体系
国际经济合作与发展组织（OECD）	一是能互动地使用工具，包括三项素养：互动地使用语言、符号和文本，互动地使用知识和信息，互动地使用（新）技术。二是能在异质群体中进行互动，包括三项素养：了解所处的外部环境，预料自己的行动后果，能在复杂的大环境中确定自己的具体行动；形成并执行个人计划或生活规划；知道自己的权利和义务，能保护及维护权利、利益，也知道自己的局限与不足。三是能自律自主地行动，包括三项素养：与他人建立良好的关系，团队合作，管理与解决冲突
欧盟（EU）	核心素养包括母语、外语、数学与科学技术素养、信息素养、学习能力、公民与社会素养、创业精神以及艺术素养，每个领域均由知识、技能和态度三个维度构成
联合国教科文组织（UNESCO）	核心素养包括身体健康、社会情绪、文化艺术、文字沟通、学习方法与认知、数字与数学、科学与技术七个维度
美国	2002年美国制定了《"21世纪素养"框架》，2007年发布了该框架的更新版本。该框架以核心学科为载体，确立了三项技能领域，每项技能领域下包含若干素养要求。一是学习与创新技能，包括批判性思维和问题解决能力、创造性和创新能力、交流与合作能力；二是信息、媒体与技术技能，包括信息素养、媒体素养、信息交流和科技素养；三是生活与职业技能，包括灵活性和适应性、主动性和自我指导、社会和跨文化技能、工作效率和胜任工作的能力、领导能力和责任能力

4. 研究方法

本文主要研究基于地理核心素养下的中学地理教学与中学地理评价。首先，通过文献查阅法系统地了解地理核心素养的基本概念；其次，运用深入访谈、实地调研等多种方法，深入地探讨在地理核心素养下，地理教师应该如何"教"，以及怎样引导学生更好地"学"；最后，基于地理核心素养下，以《河流地貌的发育》为例，重点讲解教师和学生对中学地理的"教"与"学"。

二、地理核心素养下中学地理教学

1. 地理核心素养基本概念

（1）人地协调观

人地协调观，顾名思义，是指人们对人类本身与地理环境之间的关系所持的正确价值观。从古到今，人地关系经历了人类由一开始的崇拜自然，到工业化的征服自然，再到现如今提倡的人与自然和谐相处三个阶段。工业化时期的种种惨痛教训时刻提醒我们要树立正确的人地协调观。而面对日益严峻的人口、城市、环境、资源等问题，我们更应该居安思危，防患于未然。

（2）综合思维

地理学科是一门综合性学科，既包括对人口、城市、交通、农业、工业等社会经济要素及这些要素之间的相互关系的综合研究，也包括对气候、地形、土壤、水源、生物、资源等自然要素及它们之间的综合研究。这决定了我们要用综合思维来学习地理学科。

（3）区域认知

区域认知，是指人们要具备对不同区域有不同的自然环境和社会经济环境、有着不同的发展特点、存在不同的问题等的认知和分析地理现象的能力。学生掌握区域认知方法，有助于其从区域的视角更好地认识和分析地理现象。

（4）地理实践力

地理实践力指人们在考察、调查、模拟实验等地理实践活动中所具备的行动能力和品质。野外考察与室内试验、模拟相结合，是研究现代地理学的重要方法，也是高中地理课程特有的学习方式。对新教材有所研究的地理教师不难发现，现如今教材出现了越来越多的"情境"，越来越要求地理教师要学会"情境教学"。因此，具备地理实践力有助于学生更好地在真实情境中观察、感悟、理解地理环境，在加深其对知识点的理解的同时使其学会知识迁移。

2. 基于地理核心素养下中学地理教学研究

（1）教学目标

俗话说，目标导学。目标规定了人类一切有意识活动的基本行为取向。教学活动作为人类有意识活动的一种特殊形式，教学目标就是一切教学行为的最终取舍依据。因此，随着课程的不断改革，地理的教学目标也在不断与时俱进地改进。地理教学目标的设计，由一开始的二维目标到三维目标，再到现在的基于地理核心素养下来制定目标，可见教学目标对中学地理的教学发挥着重要作用。

以粤北山区学生学习《河流地貌的发育》为例，在新课标的指导下，基于地理核心素养，本节课的学习目标如下：一是通过观看视频，让学生了解一般河谷发育的过程；二是让学生通过实地考察、区域对比分析，认识在流水作用下形成的各种地形地貌，并综合思考和分析其形成原因；三是通过大量图片展示，让学生结合实际说明河流地貌对聚落分布的影响，进而认识到人类的生产生活离不开大自然，要学会与大自然和谐相处。

（2）教学策略

在传统的地理教育教学中，教师经常采用"替代式"教学策略。"替代式"教学策略，更多地倾向于给学生提出教学目标，组织、提炼教学内容，安排教学顺序，一步步地指导学生学习。这种教学策略，虽然能让学生的学习效率提高，让学生在更短的时间内学习更多的内容，但是这容易让学生养成依赖性的不良学习习惯。随着教育的不断改革，现如今，"产生式"教学策略也应运而生。"产生式"教学策略，就是让学生以个人或者小组合作的方式，借助辅导资料，对教材进行解读。这种教学策略可以激发起学生的学习积极性，培养学生形成独立思考的良好学习习惯，但也存在花费时间较长、成效增长不明显、学生两极分化严重等弊端。

基于地理核心素养下的中学地理教学，我觉得，应该兼顾"替代式"教学策略和"产生式"教学策略。以粤北山区学生学习《河流地貌的发育》为例，教师通过播放视频，让学生了解一般河谷发育的过程，进而可以让学生以小组为单位，制作以"河谷发育的过程"为主题的手抄报。为了让学生认识在流水作用下形成的各种地形地貌，粤北山区新丰县的教师可以亲自带领学生进行实地考察。这次课外考察学习，从新丰江的源头之一——云髻山开始，一路沿河谷而下，一直到黄陂桥。短短的路程，却能让师生直观感受流水作用下形成的各种地形地貌，对其成因的分析学习也会更加印象深刻。当然，这个过程中也大大培养了学生的地理实践力。而至于河流地貌对聚落分布的影响，教师可以在课室堂上展示大量的图片，通过不同河流地貌的图片的对比，营造良好的情境氛围，然后让学生结合图片和实际情况来分析不同河流地貌对聚落分布的影响。这样兼顾"替代式"教学策略和"产生式"教学策略的教学方式，既能让教师的嗓子"减减负",也能吸引学生的注意力,让学生在课堂中充分参与课程的学习,提高他们的学习效果。

（3）教学媒体

传统教学媒体一般指黑板、粉笔、教科书等,而现代教学媒体主要指电子媒体。有效地利用教学媒体,有助于提高教学质量和教学效率,激发学生的学习兴趣和学习动机等。

在新课标的指导下,基于地理核心素养,以粤北山区学生学习《河流地貌的发育》为例,教学媒体需要用到书本、板书、投影仪、多媒体等。通过用投影仪展示河流地貌图片,用多媒体播放河谷发育视频等,极大地提高了学生学习《河流地貌的发育》的兴趣,而实地考察更是扩大了教学范围和规模。

（4）教学过程

中国古代教育家在《礼记·中庸》中提出"博学之,审问之,慎思之,明辨之,笃行之"是对学习过程最早的概括。随着"新课改""新课标"的到来,教学过程显得越来越重要。一般课堂教学过程包括引入新课、讲授新课、总结归纳、课后作业、板书设计五个环节。重视教学过程,有利于发展学生思维,促进学生多元思考,有利于对学生创新思维的培养。以粤北山区学生学习《河流地貌的发育》为例,一开始便通过展示同一条河流不同河段景观的差异,引出问题:"同一条河流为什么景观差异如此大?"极大地引发了学生的学习兴趣。接着便进入正文学习,详细地和学生用区域对比、综合思考等方法探讨河流的侵蚀地貌、堆积地貌,以及不同河流地貌对聚落分布的影响,而课后通过实地考察,让学生对本节课知识点加深理解的同时,也培养了学生的地理实践力,使学生形成"人地关系协调发展"的正确价值观。

三、地理核心素养下中学地理教学评价

教学评价,是以教学目标为依据,按照科学的标准,运用一切有效的技术手段,对教学过程及结果进行测量,并给予价值判断的一个过程。以往的地理教学评价,教师主要是以学生的期末考试成绩作为主要评判标准。而基于地理核心素养下中学地理的教学评价,采用了多元化的评价方式,不仅关注学生的学习结果,更关注学生在学习过程中的发展和变化,并在此过程中注重对学生的引导,加强学法指导。

1. 评价方向

课堂教学评价是指评价者按照一定的价值标准,如新课程理念、教学目标

等对课堂教学所涉及的众多因素，以及它们的发展变化所产生的作用和效果，进行价值判断和衡量的过程。

课堂教学评价主要关注教师行为、学生行为以及教学内容三大方面。

教师作为课堂教学活动的策划者和组织者，要学会与时俱进，改变以往"灌输式"的教学方式，要注重在教学中加强对学生地理核心素养的培养。因此，在课堂教学中，我们对教师行为评价主要包括是否确定了合理的教学目标和充足的教学内容、是否选择了恰当的教学方法、是否锻炼了学生的综合思维和地理实践力等。对课堂上学生行为的评价，我们主要判断学生是否积极参与各种教学活动、是否积极思考、是否积极与他人合作、是否在学习过程中有感情因素的投入等。让学生提高学习效率，是整个教学活动的出发点和归宿，因此，我们不仅要关注教师行为评价，更要重视对学生的行为评价。

2. 评价方法

对课堂教学学生行为评价，常用的课堂教学评价方法有观察法、访谈法和测验法。在实际教学中，教师可以通过观察学生的面部表情、肢体语言等来判断学生的学习效果，同时也可以通过课后和学生谈心、学生家庭作业完成情况等进行判断。

为了更好地了解学生对《河流地貌的发育》一课知识点的掌握情况，教师可以利用自习课时间让学生进行堂上测试。通过测试成绩反馈，有助于教师了解学生对《河流地貌的发育》的掌握情况，进而调整日后的教学内容和教学过程。此外，教师还可以让学生以学习小组合作的方式，通过课堂上的教学和实际的考察完成思维导图，并让学生在课堂上进行展示和讲解。

而对课堂教学中教师行为评价以及教学内容评价，学校可以大力开展教师的"汇报课""公开课"和"示范课"等活动，让经验丰富的骨干教师或提前指导，或莅临现场，或课后进行指导和评价。

四、总结

随着时代的进步，教育在不断改革，而学科核心素养的提出和应用，是本次课程改革的亮点。可以说，学科核心素养是课程标准的灵魂。进行基于地理核心素养的中学地理教学与评价研究，有助于教育工作者更好地教学和让学生更好地学习，为社会主义建设培养合格的接班人。

参考文献：

[1] 马瑛，朱陈香．核心素养背景下的初中健康教育教学［J］．科学咨询（科技·管理），2017（12）：85．

[2] 兰彩芳．高中地理教学三维目标整合的实践研究［D］．昆明：云南师范大学，2020．

[3] 善孝金．高中地理区域认知素养培养初探［J］．当代家庭教育，2020（22）：99－100．

[4] 翟军．普高学生地理实践力培养现状与对策分析：以安徽省宣城市普通高中学校为例［J］．地理教育，2018（3）：48－50．

化学组论文篇

挖掘教材栏目功能 提升人文精神教育

——以新人教版必修教材为例

新丰县第一中学 赖惠燕

一、人文精神教育的概念

人文精神教育不仅涉及人格培养和传统文化传承，还包括培养学生形成正确的人生观、价值观和情感道德，以及培养他们的创新能力和独立思考能力。人文素养的培养一般要通过文化知识传播、环境熏陶、亲身体验等多种途径，而且这是一个持续内化的过程，会在潜移默化中成为个人相对稳定的内在品质，从而在社会生活中表现出相应的行为举止。所有的学科教育都承担着人文教育的任务，而且有着其在人文教育中的独特优势，这是我们所不能忽视的。但是在应试的压力下，很大一部分人忽视了各学科的人文教育功能，窄化了人文教育的途径，导致我国现阶段人文教育的成效受到了一定影响。

二、高中化学课堂融入人文精神教育的意义

《普通高中化学课程标准（2017年版2020年修订）》指出："在人类文化背景下构建高中化学课程体系，充分体现化学课程的人文内涵，发掘化学课程对培养学生人文精神的积极作用。"习近平总书记在全国教育大会上也指出，要把立德树人融入文化知识教育的各环节中。因此，化学教师在教学中应当向学生敞开化学的丰富内涵，用完整的化学来塑造学生，使学生在掌握具体化学知识的同时获得思想方法的锻炼和情感态度价值观的熏陶。对学生能力的考查也不应仅仅是对化学知识单方面的考查，更应注重考查学生的综合能力，也就是更注重培养学生的核心素养。化学是一门充满人文精神的学科，教师应该深入挖掘其中的内涵，并充分利用新教材中的栏目，以提高学生的人文素养。另外，

化学史对培养学生坚强意志、社会责任与科学态度有着独到作用。

三、挖掘教材栏目功能，提升人文精神教育

（一）以"科学史话"栏目中化学家的事迹培养科研态度

高中化学教师不仅要致力于提高学生学科素养，还需要培养学生的人文素养，以建立其健康、积极的价值观。在化学发展的历程中，化学家以其严谨的态度、求真务实的精神、坚持不懈的努力，为学生的人文教育提供了重要的支撑。

在"科学史话"有关于氧化还原反应概念的发展栏目中提到，1744 年，化学家拉瓦锡提出了燃烧的氧化学说。其实在氧气的发现史中，舍勒和普里斯特利是最早发现氧气的人，但因为他们拒绝接受自己的新发现，从而错失了这一重要机遇。即使拉瓦锡最终证实了氧气的存在，普里斯特利仍然不肯承认这一发现。通过拉瓦锡的科学研究态度，我们可以深刻理解科学求真的重要性，认识到真相不会被谬误和假象所击倒。拉瓦锡的勤奋精神同样激励着我们，不论做什么工作都应该坚持不懈，追求真理。然而拉瓦锡的氧化还原反应概念并不是很完善，后来英国化学家弗兰克兰及英国物理学家汤姆孙有了新的发现，并对其进行了完善。通过这种方式，不仅可以使学生学习到科学家实事求是的科学态度，还能培养学生勇于质疑的精神，从而在潜移默化中对学生进行人文精神的渗透。

（二）以"科学史话"栏目中化学史培养民族自豪感

在我国的历史长河中，也有很多伟大的化学家为社会发展做出了杰出贡献，制作了很多冶炼品，如商周时期的后母戊鼎、越王勾践剑、沧州铁狮子等，充分体现了我国古代精湛的冶炼技术。通过介绍我国光辉灿烂的化学史，我们可以让学生体会到中国勤劳民众的聪慧才华，激发他们学习化学的兴趣，并在此基础上，对学生进行爱国主义教育和人文主义精神的渗透，增强他们的民族自豪感。

在"科学史话"有关侯德榜和侯式制碱法的栏目中，介绍了我国杰出化学家侯德榜及侯式制碱法诞生的过程。在这里我们可以带学生学习侯式制碱法，领略科学家的智慧，同时也能从侯德榜的生平事迹中受到感染。侯德榜生于一个普通农家，受姑妈资助才能到书院学习，他经过努力获得被保送美国麻省理工学院化工科学习的机会。他在留学期间通过刻苦钻研已经获得了一定的成就，却能在国家困难时刻，在范旭东的邀请下，毅然回国投入制碱技术研究。侯德

榜克服了种种技术难关，生产出红三角牌纯碱，这代表了我国人民的志气和智慧，是中华民族的骄傲。侯德榜在掌握索尔维制碱法后，没有想着出售专利获取钱财，而是把这个方法公布出去，让各国人民共同受益。这种大公无私的奉献精神值得我们后人学习。抗日战争爆发后，为了保护工厂免受破坏，侯德榜决定将工厂迁移到四川。由于原料不同，出现了新的问题和困难。但侯德榜并没有放弃，他最终确定了一种新的工艺流程——侯氏制碱法。这项技术创造达到了制碱领域的新高度，因为它不仅大大提高了盐的转化率，缩减了生产流程，还减少了环境污染。因此，侯氏制碱法得到了广泛的赞誉。侯德榜以其热爱祖国、不断进取、勇于拼搏的精神，成为后人学习的楷模，成为我们国家的骄傲！

（三）以"研究与实践"栏目中社会实践活动培养生态保护意识

在人类的发展进程中，化学研究给我们的生活带来了很大的便利，与此同时也对环境造成了一定的污染。面对日益严重的环境问题，我们必须采取有效措施来保护水体、大气、土壤、臭氧层、森林资源等，以及合理利用化学资源。因此，高中化学教师应该从人文角度引导学生正确认识和理解科研成果，在努力推动科学研究的同时，也要培养学生的生态保护意识。因此，我们要充分利用好新教材中的"研究与实践"栏目。

在新教材"研究与实践"关于测定雨水的 pH 值的栏目中，我们可以将学生分成若干小组，利用互联网和图书馆收集有关酸雨产生的原因、主要类型、危害、预防和处理的信息，根据收集的信息确定测定雨水 pH 值的过程和方法，然后各小组可以现场测量雨水，分析和讨论结果。通过社会实践活动，学生还可以深入探究结果，寻求有效的治理和防范措施，并且可以从中获得启发。此外，教师还可以组织学生讨论交流，以便学生更好地理解课本上的基础知识，拓展课外知识。通过小组合作，学生不但能提升团队协作能力，而且能更加深入地了解环境保护的重要性，从而使他们更好地保护自然环境。

（四）以"科学·技术·社会"栏目培养化学价值观

化学是一门极具实用价值的学科，它为人类社会的蓬勃发展提供了重大的支持，与我们的生活息息相关。自古以来，人们就利用物质之间的化学反应来改善生产技术和生活条件。在当今社会，化学品对人类的生存和发展至关重要。"科学·技术·社会"栏目的设置就是为了帮助学生了解化学与社会、化学与科技之间的密切联系，以及认识到化学的两面性，从而使他们更好地理解化学的价值，并可以利用所学专业知识来剖析和解决实际问题。在解决问题的过程中，学生可以更好地权衡利弊，找到最佳的科研方法。

在新教材"科学·技术·社会"关于黏合剂和涂料的栏目中，介绍了包含我们日常用的糨糊、胶水以及各种人工合成的黏合剂。黏合剂被广泛应用于人们生活的各个领域，包含汽车电子等行业，而且一系列为了满足各种性能要求的黏合剂相继问世，这无疑能提高生产技能，改善人们的生活条件。但有些黏合剂却存在一定的危害，比如对人身健康及环境造成一定的危害。例如，装修材料中使用的黏合剂可能含有甲醛、苯及同系物等，易引起头痛、头昏、过敏性哮喘、过敏性紫癜，严重者可导致肿瘤的发生。长期接触低浓度的苯会引起慢性苯中毒，出现造血障碍，重者发生再生障碍性贫血或白血病。涂膜、油漆就是我们常见的涂料。涂料可被用于保护和装饰建筑物、船舶、车辆、设备和家具。特种涂料在化学和航空工业中也非常重要。涂料的使用使我们的生活更加舒适，但同样也存在一定危害。例如，溶剂型涂料产品在生产过程中会造成较大的污染，同时对工人的身体健康也会产生较大的危害，并且在使用过程中会挥发产生大量的有毒气体，对使用者的身体健康也会产生巨大的危害。这也促使越来越多的化学科研工作者致力于环保型涂料的研究。

（五）以"化学与职业"栏目培养学科态度与社会责任感

社会的进步离不开化学技术的进步，化学技术在造福人类的同时也相应地产生了各种各样的职业，并且化学职业不是只局限于大家潜意识中的化学教师、化工厂工人等职业。高中化学教科书响应新课标渗透职业生涯教育的号召，在教科书中加入"化学与职业"栏目，充分体现化学技术给人类带来的福祉与思考，也引领学生认识到化学的重要性。在学生了解化学的相关职业时，既能对学生的职业生涯进行指导，也能让学生向着感兴趣的职业去锻炼，还能培养学生"实业兴国"的社会责任感。

"化学与职业"在关于化学科研工作者的栏目中，介绍了化学科研工作者的主要工作。他们不仅为经济发展和社会进步做出了重大贡献，而且为现代科学技术的发展提供了重要基础，包括材料、生命、环境、能源和信息各个方面。这可以帮助学生认识到在促进人类社会可持续发展方面，化学科研工作者的重要作用，培养学生的责任感和使命感。同时栏目中还讲述了从事该职业需要具备的必要条件，这也能促进对此职业感兴趣的学生进行自我培养，使自己形成善于思考、敢于质疑的科学态度，培养自身的创新能力去实现该职业理想。

四、结语

人文教育是一项复杂而持久的工作。在高中化学课堂上，教师不仅要传授化学科学知识，还要充分运用新教材中的素材，发挥新教材中各栏目的功能，渗透人文知识，培养学生的人文思想，培养他们成为能适应社会需求和发展的人才。随着新教材的修订和新课程改革的实施，学校和教师将更加重视人文教育，并会将其融入化学教学中。随着实践经验的积累以及对教育渗透的深入，必将会逐步形成一个完善的化学人文教育体系。

参考文献：

[1] 官子文. 高中化学课堂人文教育的实践研究 [J]. 化学管理与教育研究，2022（4）：88-90.

[2] 佚名. 装修行业的危害因素及防护 [J]. 安全与健康，2017（10）31-32.

[3] 周春宇，李华明，张仲晦，等. 环保型涂料的研究及发展前景分析 [J]. 现代涂料与涂装，2019，22（8）：24-26.

[4] 沈佳岐. 高中化学教科书（人教版）人文素材编制及使用策略研究 [D]. 哈尔滨：哈尔滨师范大学，2021.

"五个一"教学 培养学生化学学科素养

——以《电解质的电离》教学为例

新丰县第一中学 梁小涛 谢梦醒

一、问题的提出

在新高考改革背景下，大部分学生受到了广东新高考"3＋1＋2"模式的影响。化学是四选二科目，等级赋分，很多学生更偏重于选择生物、地理。作为山区学校，学生对化学挺感兴趣，但是由于学科难度比较大，思维性强，难以理解，所以学生信心不足，在化学学科上学习时间较少，在高一选科时也犹豫不定。我们知道，化学是一门中心的、实用的、创造性的科学，对人类的发展至关重要。化学也是培养高中生认知能力和思维能力的一门重要理科，且在2021年广东高校招生中提到：高校92个学科门类，其中56个要求必选化学。为了应对新高考的改变，发展学生的能力，化学教师也需要改变教学模式，争取利用40分钟的教学时间高效完成教学任务，增强学生学习化学的兴趣和信心，培养学生的理解能力和应用能力，培养学生的科学文化素养，落实对化学核心素养的培养。

二、"五个一"教学模式的概述

高考的改革直接影响着课程的改革，而课程的改革重点是课堂的改革，是课堂模式的变更。"五个一"教学模式是我校化学科组基于学生的学习特点、学习心理、学习素养等，以发展学生的核心素养为目标，经过一年时间建立和发展起来的课堂教学模式。

"五个一"教学模式具体包括如下内容。

一条主线：在课堂上确定一条主线，使各个知识点之间处于整体知识网络之中，可以促进学生对知识点之间的综合运用，做到融会贯通，有利于学生更好地构建知识框架。

一次简单预习：当堂完成一次简单的预习，可以是一个故事、一个生活场景等，用于激活学生的学习状态，让学生了解本节课的教学内容。

一次讨论：组织一次课堂讨论，让学生对本节课的重要内容进行讨论，对概念进行辨析，进行重要问题的讨论，充分发挥学生的主体性，培养学生的合作探究精神。

一次点评：当堂完成点评，倡导学生互评，将同伴互评与教师评价相结合，实现教、学、评一体化，增强学生的学习信心，让学生在轻松的氛围中学习知识、发展能力，获得喜悦感和满足感。

一次练习：精心编制，精选课堂练习，发挥课堂练习对学生化学学科核心素养的诊断和发展功能。

三、基于"五个一"教学模式的教学过程设计——以"电解质的电离"教学为例

教学环节	教学过程	学生活动	教学评价
1. 课堂预习	组织学生阅读课文，进行简单预习，让学生发现问题	阅读，在课本上进行重点标注	激活学习状态，了解学习任务
2. 创设真实情境，引发学生思考	从熟悉的"禁止湿手触摸电器"问题引入，激发学生学习兴趣，引发学生思考	学生回答：水导电，NaCl 导电	从生活实际出发，激发学生学习兴趣
3. 实验探究，使学生宏观认识物质的导电性	学习任务 1：我们初中曾经学过哪些物质可以导电？预测一下以下物质如 NaCl 固体、NaCl 溶液、H_2SO_4 溶液、NaOH 溶液、NaOH 固体、$C_{12}H_{22}O_{11}$ 固体、$C_{12}H_{22}O_{11}$ 溶液是否能导电。组织学生讨论并进行分组实验	思考与交流，通过实验探究物质的导电性	联系旧知，解决学生认知迷惑。通过实验探究让学生认识物质的导电性。培养学生利用实验去探究猜测的能力，培养学生观察和实验能力

教学环节	教学过程	学生活动	教学评价
4．建构电解质的概念，从化合物角度对电解质进行分类	教师讲解：像 NaCl 这种固体在水溶液中能导电的物质，被称为电解质。用多媒体完整呈现出概念定义：在水溶液中或熔融状态下能导电的化合物叫电解质。 强调关键点：范围：化合物。 条件：水溶液或熔融状态下。 本质：导电。 学习任务 2：前面我们学习了分类，化合物包括哪些？哪些是电解质？ 学习任务 3：（升华规律，突破难点） 1．以下说法正确的是： （1）铁丝、NaCl 溶液和 HCl 都能导电，所以三者都是电解质。 （2）液态 H_2SO_4、固态 NaCl 均不导电，所以 H_2SO_4、NaCl 均不是电解质。 （3）$C_{12}H_{22}O_{11}$ 溶于水和熔融时都不导电，$C_{12}H_{22}O_{11}$ 不是电解质。 （4）$BaSO_4$ 在水溶液中难导电，但熔融状态下能导电，所以 $BaSO_4$ 是电解质。 课堂练习：（使用白板进行比赛） 2．以下物质属于电解质的有： HCl、稀硫酸、NaOH 溶液、NaCl 固体、CO_2、NH_3、$C_{12}H_{22}O_{11}$、C_2H_6O、NaOH、Cu、$CaCO_3$、$MgSO_4$、HNO_3、KOH、H_2SO_4、H_2O	旨在让学生对定义有一个初步的感知，知道哪些是需要注意的知识点。能对电解质进行正确的判断。 画出电解质的物质树状分类图	通过实验探究，构建电解质的概念，深化学生知识迁移的能力，深化学生对概念的理解。 采用变式训练，检测学生的掌握情况。对完成情况可选择是否适当强化，加深学生印象，再次强调并注意常见的易错点。 采用形式多样的答题方式，激发学生的积极性
5．微观探析物质导电的本质，建构电离过程模型	学习任务 4：小组讨论 （1）NaCl 固体和 NaCl 溶液的构成分别是什么？ （2）为什么 NaCl 固体不导电，NaCl 溶液导电？ （3）NaCl 晶体是否需要通电才能导电？ （4）NaCl 晶体除了在水溶液中可以导电，还可以在什么条件下导电？	学生观看微观模拟电离过程，小组内学生进行讨论并向教师汇报结果，教师针对学生有问题的地方进行答疑	让学生梳理电解质溶液导电的过程，使他们理解知识从宏观过渡到微观状态，以培养学生的核心素养

续 表

教学环节	教学过程	学生活动	教学评价
6. 用化学符号表征电离过程	学习任务 5：思考如何使用化学语言表达 NaCl 在水中的电离过程。 学习任务 6： 判断以下电离方程式书写是否正确，错误的请指出原因，对比化学方程式的书写规律归纳出书写电离方程式应注意的问题。 （1）$Na_2CO_3 = Na_2^{2+} + CO_3^{2-}$ （2）$H_2SO_4 = H_2^+ + SO_4^{2-}$ （3）$Al_2(SO_4)_3 = 2Al^{3+} + SO_4^{2-}$ （4）$Ca(OH)_2 = Ca^{2+} + 2(OH^-)$ 教师对学生的总结情况进行点评	书写并总结电离方程式书写注意事项。注意事项： （1）遵循客观性原则，离子符号书写规范。 （2）遵循质量守恒定律。 （3）遵守电荷守恒定律	培养学生发现问题的能力和归纳总结的能力。 通过课堂评价增强学生学习的信心
7. 从电离角度认识酸碱性	学习任务 7： 分组练习：写出下列物质在水溶液中的电离方程式。 （1）HNO_3、H_2SO_4、HCl （2）$Ca(OH)_2$、$Ba(OH)_2$、$NaOH$ （3）$NaHSO_4$、NH_4Cl、$BaSO_4$ 1. 从物质分类的角度来看，以上三组物质分别属于什么？ 2. 能否从电离的角度重新给酸碱盐下定义	让学生举例书写酸碱盐的电离方程式，写出阴阳离子，引导学生从电离的角度总结出酸碱的本质	通过酸、碱、盐的电离方式分析出阴阳离子，总结归纳酸碱的本质
8. 联系生活，学以致用	学习任务 8：通过今天的学习，你了解为什么禁止湿手触摸电源了吗？	学生回答，学以致用	培养学生的科学精神和社会责任感
9. 反馈小结	分享今天学习的内容，有什么收获？	学生进行分享	培养学生的表达能力和总结能力

四、结语

本文基于"五个一"课堂教学模式对电解质的电离进行了教学过程的案例设计，本节课"五个一"的体现如下。

确定了一条主线：

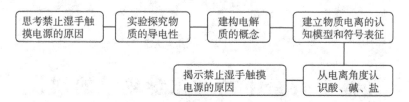

教师围绕这条主线开展了教学，其中包含了课堂预习激活学生学习状态，通过讨论激发了学生的思维，从而培养了学生的合作精神。生生互评、师生点评让学生对知识的认识更加全面，也增强了教师对学生学习的关注度，并让学生在学习中得到满足感。通过课堂练习让学生对本节课的重难点进行了检测和巩固。通过"五个一"的落实，让学生在真实情境中学习，使其思维在问题中培养，改变了学生被动接受知识的情况，让学生学会主动构建知识。本节课整体设计注重"五个一"设计理念，既考虑到知识的整体性，又注重对核心素养的落实，以增强学生的参与感，让学生体会到化学知识的价值和学习化学的乐趣。当然，本节课仍然存在很多不成熟的地方，比如教学时间比较紧凑，给予的讨论时间不够。考虑到学生的学习情况及课程标准的要求，本节课没有涉及对非电解质的讲解，对基础较好的班级可以在课后通过习题的方式进行讲解。

参考文献：

[1] 李丽．证据推理与模型认知的化学学科教学设计：以电解质的电离为例［J］．云南化工，2021（2）：189–191．

[2] 陈娅娟，赵瑞，字敏．基于 PBL 模式的中学化学概念类知识教学设计：以《电解质》教学为例［J］．云南化工，2021（1）：171–173．

新高考背景下高一化学教学的建议

新丰县第一中学　陈运强

现阶段的高一化学教学全面采用了新教材，师生即将迎来新教材下的高考。针对新教材做出的改变，本文将从教材结构、教师教授、学生学习的角度对其进行阐述，为教师进行化学教学、高效备考提供参考思路。

一、研读教材，理解新教材的内容编排

与其他自然科学一样，对化学学科的学习包括化学实验和化学理论。高中化学实验主要包括物质性质探究、反应规律探究、物质结构探究、物质检验、物质分离、物质制备等。与初中化学实验相比，高中化学实验会更深入、更丰富，理论研究会更系统、更全面。高中化学理论主要包括有关物质变化和物质结构的原理，前者涉及化学反应类型，如离子反应、氧化还原反应、取代反应、加成反应、化学反应与能量变化、化学反应速率、化学平衡等，后者包括原子结构、元素周期表和周期律、化学键和分子结构等。具体来看高一第一学期的学习内容，化学必修第一册的内容，第一章是物质及其变化，包括了物质的分类及转化、离子反应、氧化还原反应，第四章是物质结构元素周期律，涉及原子结构与元素周期表、元素周期律、化学键等相关内容，这些都属于化学基本理论部分的学习。而中间的两章，教材中安排了钠、氯、铁三种元素及其化合物的学习内容。这些内容既是对第一章物质及其变化理论知识的运用，同时也为第四章物质结构元素周期律的学习积累必要的素材和经验。因此，我们就找到了必修第一册在内容编排上的逻辑结构。第一章内容中的分类、离子反应、氧化还原反应，是在为第二章和第三章元素及其化合物知识的学习做铺垫。教师在进行课堂教学之前，要对教材有自己的研读和理解，对教材的内容编排进行解读，找到其中的逻辑结构，在进行备课和课堂教学的时候，才能将零散的

知识点串联起来。

二、引导学生树立宏微结合的意识

将宏观和微观联系起来研究物质及其变化是化学的特点和魅力所在。在必修第一册的教学中，要引导学生从宏观的实验现象分析出微观背后的粒子变化。具体来说，就是能将肉眼所见的宏观现象，如产生沉淀、颜色变化、放出气体等宏观实验现象，从微观角度，即原子、分子、离子的角度，来对宏观实验现象做出合理的解释。要透过宏观表面现象，看到微观方面原子、分子、离子发生的变化的本质。反之，分析微观上原子、分子、离子发生的变化，能预测宏观上的实验现象。在教学中要充分利用课本的实验，不断渗透宏观变化与微观辨析的核心素养。比如，在讲授离子反应第二课时，课本设计了 Na_2SO_4 与 $BaCl_2$ 反应生成白色 $BaSO_4$ 沉淀的实验。学生通过观察实验现象，可以明显看到白色沉淀。产生沉淀是宏观上的变化，微观粒子发生的变化无法观察。因此，课本让学生从 Na_2SO_4 与 $BaCl_2$ 混合前溶于水之后发生电离产生的阴阳离子，以及混合后溶液中存在的离子种类的角度进行分析，让学生自己去发现，混合后溶液中消失的离子就是宏观上生成的白色沉淀。经过这一系列的分析，从宏观上的实验现象，再到微观上离子种类在反应前后的变化，学生能将宏观实验现象与微观粒子变化联系起来，从而让学生学会从微观上去解释宏观上的实验现象，进而将宏观变化与微观探析这一核心素养逐步渗透到课堂教学。

三、利用价类二维图建立学习无机物性质及转化的认知模型

关于物质性质及其转化，高中化学涵盖了无机物和有机物。在高一第一学期学生主要接触的是无机物的性质及其转化，如钠、氯、铁及其化合物。在认识这些无机物的时候，单纯靠机械记忆的方法会非常吃力，因此需要建立相应的认知模型来帮助学生学习无机物的性质及其转化。

首先是从分类的角度，具有共同特点的同一类物质往往具有共通的化学性质。在认识具体某一个物质的时候，先将其进行分类，看这个物质属于酸、碱、盐、酸性氧化物、碱性氧化物、金属中的哪一类。

其次是化合价的角度，也就是氧化还原的角度。通过对元素价态的分析，判断该物质是具有氧化性还是还原性，进而推断该物质可能发生哪些反应。教材在编排的时候，先安排学生对分类、氧化还原、离子反应的理论知识进行学习，再让学生学习钠、氯、铁及其化合物的性质学习，就是让学生在学习钠、

氯、铁及其化合物这些具体物质时，能逐步建立从分类角度、化合价，也就是以氧化还原的角度来认识和学习无机物的认知模型。硫酸的化学性质，从分类的角度分析，硫酸是强酸，具有酸的通性；从价态角度分析，硫酸的核心元素——S，+6 价是最高价态，具有氧化性，能氧化一些有还原性的物质。

四、建立物质性质的知识框架和转化关系

对物质性质的考察，尤其是无机物主题的相关知识在形成具体问题的时候，经常以保存、使用、检验、鉴定、分离、制备等形式为载体，而这些化学问题的实质都是元素化合物的性质或者转化。比如，关于铁制品的保存，实际上就是考察铁这种物质具有哪些性质，可能会与哪些物质发生反应，或者在哪些保存条件下可能发生反应，导致铁被腐蚀。比如铁的化学性质比较活泼，与空气中的氧气和水反应，因而被腐蚀，所以应该隔绝空气和水，可以采用涂油刷漆等方式来防止铁被腐蚀。再如，关于物质的制备、二氧化碳的制备，采用稀盐酸和碳酸钙反应制得，这个制备实验背后考察的是酸、碱、盐之间的转化关系。所以，在学习物质的性质时，先要建立物质性质的知识框架，熟悉物质之间的转化关系，再运用性质和转化来解决各类问题。

新教材背景下化学课程思政与生涯教育的探索

新丰县第一中学　袁晓

一、课程思政的概念

习近平总书记在全国高校思想政治工作会议上强调，要用好课堂教学这个主渠道，各类课程都要与思想政治理论课同向同行，形成协同效应，必须将社会主义核心价值观作为核心内容整体、科学、有序地融合进各学段、各学科。课程思政既是一种培养青少年国家意志的教育理念，也是一种理想成长教育和专业发展教育的科学思维方法。

二、生涯教育的概念

1971 年美国提出"Career Development Education"，旨在引导青少年从升学主义转向未来生计与个人发展，解决学校教育与社会脱节的问题。我国将其翻译为"生涯教育"，"生涯"意为"生命的边界"，体现其终身性和广泛性，不仅包含职业规划指导，还包括人格的塑造和发展。一般而言，中高等学校中生涯教育的主要途径包括"课程介入""学科渗透"和"特殊指导"。其中"课程介入"和"特殊指导"都需要更专业的生涯教育人员来开展专门的生涯课程，而"学科渗透"则更适合我们学科教师在日常教学中日积月累地给予学生指导和帮助。

三、课程思政与生涯教育的必要性

（一）学生主动选择化学的人数减少

自从实行"3＋1＋2"的新选科模式以来，学生选科的自由度提高了，但学习化学的学生明显减少了。因为化学的难度排在"四选二科目"之首，所以在学生看来，除非是心之所向立志于此，否则化学是一个很不划算的选项。除了学业压力外，学生对化学的兴趣不浓，很大程度上也源于我们的化学课堂不够有吸引力，没有把课本上的知识真正转变成生活中可以用到的技能和对世界观的建立有帮助的科学思想。就算以后选择学习化学的人数会有所增多，但化学课堂的人文价值仍然值得反思。

（二）社会上人们对化学的偏见颇深

我们过去的化学教育，只存在于课本，终结于考试，没有落实到树人。人们对伪科学没有辨别能力，甚至让伪科学战胜了真科学，长此以往，会形成社会不稳定因素。

学校教育、家庭教育、社会教育是三辆并驾齐驱的马车，缺一不可。真实的社会环境才是思政教育和生涯教育的大课堂与实践基地，而课程思政和生涯教育的成效也会反向作用于社会的发展。一个健康的社会环境需要对别人的职业心怀尊重和感恩，对自己的职业充满热爱和希望，这样才能提升这个社会的整体幸福感和责任感。

四、如何进行课程思政和生涯教育

2019 年人教社新出版的高中化学教材增设了"科学·技术·社会"和"化学与职业"这样的栏目，同时也增加了"资料卡片"等保留栏目的篇幅并更新了其内容，足见编者对课程思政和生涯教育的重视。我们要充分利用和挖掘教材中的内容来进行日常教学的学科渗透。

（一）消除人们对化学的偏见

1. 提高民族自信心

在过去的化学教育中，我们对化学知识与技能的本土化结合其实做得并不多。尽管近几年的中高考题都很重视对中国古代化学工艺技术和古诗词中的化学现象的考查，但很多教师的处理方式是以专题的形式来总结题型和知识点，日常课堂的潜移默化的渗透是不够的。葛洪、墨子、沈括等人对化学的贡献似乎只存在于历史课本不起眼的一两行文字中。大部分学生仍然不会用化学思维去解释我国的传统工艺和药物。

在这里我们以新人教版必修二新增的《化学品的合理使用》中的"合理用药"这一小框题为例，文中为学生充分解释了从"纯天然"到"合成药"的过程中化学起到了哪些具有积极意义的作用。其中提到了从中医古方中提取的抗疟疾有效成分青蒿素，将其大量生产应用于临床，提高了用药的精准性并避免了中药杂质成分的毒副作用。这是一个向学生科普现代中医药学的研究方向的好机会，也可以趁此机会引导学生了解我国的医药行业，吸引学生投身中药现代化研究事业。

新课本中类似的素材还有必修二第五章的新型陶瓷，可以引导学生重新理解"China"一词的新时代含义，了解我国的新材料技术在国际上处于什么样的地位，思考我们作为新一代青年可以为陶瓷大国的复兴做些什么。

2. 培养社会责任感

在这个互联网经济盛行的时代，还有多少人记得"实业兴国"这四个字？很多同学在高考之后都会上网去搜索自己感兴趣的专业，然而大部分专业介绍博主都会提到生化环材的就业环境差，浇灭了许多生化学子的热情。实业是一个需要很长时间来培养和打磨技术人才的行业，如果大家都想着逃离而不是坚守和革新，那么生化环材的寒冬将会一直持续下去。行业发展不好，人才待遇又怎么会好呢？我国还有很多项工业技术在国际上还处于中低阶段，很多高新技术产品仍然需要进口，实业兴国，还没有过时。

这类议题在新人教课本上仍可以找到很多素材。例如：必修一第三章第二节提到国际上各国争相研发更新更强的"超级钢"、如何合理保护和利用稀土资源，必修二第六章第一节新型车用电池的研发、世界各国的能源竞赛等。

（二）提高学生对化学的兴趣

很多教师对宣扬化学之美的理解都有一个误区，认为只要放几集《美丽化学》的视频就可以了。其实化学的现象之美只是化学之美最表浅的一个层面，更深层次的还有以下四个方面。

1. 体会学习化学的用处

提到化学在生活中的用处，大家最关心的无疑是生活用品的安全性了。例如：必修一第二章第一节的含氯消毒剂，可以结合疫情让同学们发掘身边的含氯消毒产品；必修一第三章第一节提到的强化铁酱油，可以借此机会科普微量元素强化食品的挑选方法；必修二第五章第一节提到食品中的二氧化硫，可以引导学生辩证地看待食品中的化学添加剂。

2. 复刻化学发展史的探究脚印

在讲苯环的时候，我总是让学生先翻到科学史话那一页，让他们循着历史的步伐，一步步揭开苯环结构的真面目。比起生硬地介绍苯环结构的特殊性，这样的方式更能引起学生的兴趣。旧版介绍凯库勒的梦花了比较多的笔墨，旨在启发学生灵感来源的多样性，而新版则将凯库勒的梦省去，增加了佐证正六边形存在的键长的证据。我们可以根据课堂的实际需要，将两个版本的素材结合使用：从碳氢比的测定，到相对分子质量的确定，推测化学式，再通过凯库勒的梦引出六边形结构，结合现代测定手段给出六个碳碳键键长相等的证据，

让同学们自己思考和讨论 和 哪种写法更符合实际，自己更倾向于哪

种写法，甚至还可以进一步讨论到历史的局限性和发展性等问题。

3. 感受化学家的人格魅力

我常常讲居里夫人和拉瓦锡夫人的故事来激励女生进步，呼吁男女平等、互相尊重。这两位都是在女性备受歧视的时代做出杰出贡献的女科学家。玛丽·居里的故事大家耳熟能详，这里不再赘述，我想分享的是玛丽·拉瓦锡的故事。拉瓦锡夫人作为拉瓦锡的助手，精通英、法、德、拉丁语，翻译了大量的文献资料，甚至还擅长当时最先进的透视法绘画技术，为拉瓦锡的著作配上了大量的插图。后来人能精准地复制这些实验仪器，得益于拉瓦锡夫人的贡献。不过拉瓦锡夫妇的故事最终以拉瓦锡被砍头的悲剧收尾，化学史上失去了一位拉瓦锡，这是科学的遗憾，而在法国大革命的进程上除掉了一名包税官，却是人民的胜利。这样的历史事件没有绝对的好坏，可以留给学生自己去讨论和思考。

4. 探索化学的科学规律和哲学思想

（1）宏观辨识与微观探析——结构决定性质

新人教版必修一将原来的第二章《物质及其变化》调整到第一章，是因为这部分内容是学生从初中的宏观辨识转变为高中的微观探析的重要桥梁。不难发现，整套高中化学教材都在引导学生从微观结构的角度去分析和解释宏观化学现象。这是因为"宏观辨识与微观探析"不仅是学习化学最重要的方法论，也是我们观察和理解这个世界的科学思想。很多人对社会事件的看法都是本末倒置的，甚至一些人的做法也是舍本逐末的。如果有更多的人能透过现象看到本质，多一些理性的声音，我们的社会必然会更稳定和谐。

（2）变化观念与平衡思想——勒夏特列原理

勒夏特列原理是"变化观念与平衡思想"的最好体现，当外界条件改变而影响了平衡，化学反应将会朝着减弱这种改变的方向进行，直到达到新的平衡。如果我们把这种思想放大来衡量世间的一切事物，会发现它与老子"道法自然"的思想不谋而合。自然界有它自身的法则，人类只是影响地球生态平衡的一个因素，如果强行违背自然法则，自然为了维持平衡必将反噬人类，如全球

变暖、病毒肆虐。

五、结语

思政与生涯教育是互相依托、相互成就的，没有思政教育的生涯教育犹如没有灯塔的航行，而思政课程没有落实到人生规划上也终究是纸上谈兵。由于其时间跨度之长、涉及方面之广，需要的是潜移默化的渗透和日常的积累，并且教师也应该更新观念和素材，让自己跟上时代的步伐，才能引领学生往前走。

参考文献：

[1] 年巍. 习近平总书记：把思想政治工作贯穿教育教学全过程 [N]. 新华社，2016 – 12 – 08.

[2] 包春莹. 中学生物学教科书中加强渗透生涯教育的思考 [J]. 课程·教材·教法，2013（7）：63 – 67.

[3] 孟四清. 美、英生涯教育特点及其启示 [J]. 教育论坛，2010（5）：120 – 123.

[4] 邱开金. 从思政课程到课程思政，路该怎样走 [N]. 中国教育报，2017. 03. 21（10）.

历史组论文篇

论高中历史课堂史料研读的应用

——以《大一统视角下的边疆治理》为例

新丰县第一中学　何桂凤

　　学生对《大一统视角下的边疆治理》中的中国古代封建统一王朝对边疆的治理方式的更迭过程和不同阶段的特征有所涉猎，中央集权体制下古代大一统视角下的边疆治理内容、变化原因、变化趋势对学生来说是新的内容，对知识储备不够的学生来说是很难理解的。为深化理解、设计史料研读活动，以丰富史料挖掘宏大的时代背景，培养学生在对历史和现实问题进行探究的过程中，能恰当地运用史料对所探究的问题进行论述的能力，提升其史料实证素养。

一、研读主题

　　中国古代封建统一王朝对边疆的治理方式的更迭过程和不同阶段的特征。

二、研读目标

1. 核心素养目标

　　培养学生恰当运用史料，解决特定历史问题的能力。

2. 历史知识目标

　　利用图片材料，了解并掌握中国封建王朝的边疆治理政策，理解中国封建王朝的边疆治理政策的特点和作用，增强学生历史时空观念。（素养目标：史料实证、时空观念、家国情怀）

三、研读过程

　　中国的"统一"之路经历了怎样的发展历程呢？有人说，自秦始皇一统六国就是中国的统一，也有人说自汉武帝罢黜百家就是中国的统一，更有人说，自宋代民族意识觉醒，中国才真正走向了统一。边疆地区作为国家与外界联系、开放的通道与窗口，作为国家战略的边缘阵地及国际政治利益的缓冲地带备受关注。边疆地区具有独特的地理环境、政治面貌、多元文化、众多民族、宗教复杂等特性，中国封建王朝对边疆的治理因俗而治，加强了边疆地区与内地的联系，促进了多民族国家的统一发展。田余庆先生认为中国的统一关系着国土开发与民族发展两方面问题，新课程新高考要求学生能识别和运用历史地图提升学生的史学素养。本课运用了大量的图片资料、文字资料创设情境，让学生走进历史，提取相关的信息，结合学生已经具备的史实，让学生充分讨论、分析，最后得出结论，获取历史的启迪，以此增强学生的参与感，激发学生学习的积极性和主动性。

利用"演进趋势：统一多民族国家版图不断扩张成型"材料，让学生了解并掌握中国封建王朝的边疆治理政策，理解中国封建王朝的边疆治理政策的特点和作用，增进历史时空观念，注重通过引导学生阅读资料和思考问题来加深其对知识点的理解，注重提升学生的历史核心素养。

展示统一多民族国家版图不断扩大成型的地图，让学生提取有效信息，指出每幅地图的差异性并分析形成差异的原因，并填入表1。新课程新高考要求学生能识别和运用历史地图，教师引导学生通过地图提取相关信息，明确封建王朝加强了对边疆的治理促进了统一多民族国家的形成。

表1　分析地图差异

朝　代	政　策	特　点
秦		
汉		
唐		
元		
明		
清		

　　利用图片材料，让学生了解并掌握中国封建王朝的边疆治理政策，理解中国封建王朝的边疆治理政策的特点和作用，增强学生的历史时空观念，归纳中国古代历史上经历了哪四次民族大融合，指出中华民族形成发展过程中民族交融的方式。依据材料，以秦朝的大一统为例，分析秦朝统一对中国历史发展的意义。展示分析主要封建朝代的边疆治理政策的差别，并概括出边疆治理的特点。让学生利用图片材料了解明确治理边疆政策差别的原因的概念，增强学生历史时空观念，培养学生具体问题具体分析意识，同时提升学生的分析比较能力，落实历史解释。

　　材料一：

		明朝	清朝前中期
中央			设理藩院掌管蒙古族、藏族等民族事务
边疆	东北	在黑龙江流域设奴儿干都司；封授女真部落首领官员	抗击沙俄；中俄签订《尼布楚条约》；设立东北三将军辖区，管辖奉天、吉林、黑龙江
	东南		统一台湾；设台湾府，隶属福建省
	西南	封授当地的僧俗法王、王等封号；设行都指挥使司	中央政府册封达赖、班禅，派遣驻藏大臣；颁布《钦定藏内善后章程》
	西北	与鞑靼订立和议，其首领俺答汗接受明朝册封	先后平定准噶尔部以及大、小和卓兄弟的叛乱；在蒙古族地区设盟、旗两级进行管理，任命蒙古王公为盟长、旗长；设伊犁将军管理军政事务

　　要求：依据材料一并结合所学，概括古代治理边疆政策的特点。

　　材料二：

　　中国历代均重视对边疆的治理。秦将郡县制推行到边疆地区。汉王朝除了设置郡县外，还设立属国管理内徙边疆民族，使其成为汉王朝边疆防御的重要力量。唐朝追求"治安中国，而四夷自服"，实行开明的治边政策。另外为维护边疆地区的安定，唐王朝确立了军镇屯戍制度。元朝通过设立行省实现了对边疆地区广泛而直接的管理。清王朝从中外一体（内地与边疆为一个整体）的认识出发，以积极态度治理边疆各民族，使其起到"屏藩拱卫"的作用。在实际运作中突出改革行政体制，如中央设理藩院，主管边疆民族事务，地方则因地制宜采用不同的统治体制。

——马大正《中国边疆经略史》

要求：依据材料二并结合所学，概括古代治理边疆政策的作用。

根据随堂演练并结合所学知识，加深学生对封建王朝加强边疆治理的政策与特点的理解。

设计意图：新高考要求学生能对基本历史知识进行分析、概括、叙述，我们常常会忽视叙述能力，导致学生的语言表达能力普遍不尽如人意。因此，我们要多创设条件和机会让学生锻炼叙述能力。设置任务驱动，明确学生的学习目标，加强学生学习的积极性。历代封建王朝在治理边疆的过程中，特别注意因俗而治，加强了中央政府对边疆的控制，促进了统一多民族国家的形成。

钱锺书曾说"同情之理解"是史料实证要求之一。我们站在统治者的立场，以统治者的视角来设计活动，全面分析中国古代封建统一王朝对边疆的治理方式的更迭过程和不同阶段的特征，加深学生对历史发展必然性的理解。系列史料是指探究历史问题时多角度、多层面地搜集的史料组合，适用于解决涉及面广、情况复杂的历史问题。以历史和现实的视野，引导学生了解中国古代封建统一王朝治理边疆方式的更迭过程和不同阶段的特征，并进行辩证评价，培养学生分析历史问题的能力。解答此类问题应结合古代封建统一王朝、对边疆的治理方式所处的特定时空环境，抓住其特定时空背景和阶段特征进行分析。通过教学让学生理解中国古代封建统一王朝、对边疆的治理方式的设计初衷，深度挖掘史料，突破传统认识，这是史料研读价值的重要体现，也是培养学生创新意识手段之一。对中国古代封建统一王朝、对边疆的治理方式的学习，很多时候我们将目光聚焦在时空界限上，认为边疆治理方式应与时俱进。在教学过程中包括了变化内容、变化原因、变化趋势的讲解，将这些史料纳入视野，学生知识面能得以延伸，历史研究与教学才会更加丰满。本课例运用了大量的图片资料、文字资料创设情境，让学生走进历史，提取相关的信息，结合学生已经具备的史实，让学生充分讨论、分析，最后得出结论，获取历史的启迪，以此增强学生的参与感，激发学生学习的积极性和主动性，增进学生历史时空观念，培养学生具体问题具体分析意识，同时提升学生的分析比较能力，落实历史解释。

文字史料严谨、叙事完备。搜集史料时，学生分析不同类型史料的价值，综合运用，能更好地解决历史问题。"史料的搜集、归纳、整理、分析，就是史料实证的一部分。"为了更好地教学，往往需要对史料进行整理，整理的原则是忠于原著、方便学生、利于教学，增强学生对历史认识的深刻性。要一分为二地提出自己的看法，既要看到边疆治理的积极作用和意义，又要认识到在封建统一王朝因俗而治。这样选择了相对的史料，形成了鲜明的反差，提高了学生透过现象看历史本质的能力。史料的激烈碰撞也使学生的研读更具有趣味性、积极性与创造性。遵循"有一分史料说一分话"的原则进行辨析，要求学生遵循唯物史观的原则，采取批判的态度一分为二地分析问题。新高考要求学生能对基本历史知识进行分析、概括、叙述，我们常常会忽视叙述的能力，导致学生的语言表达能力普遍不尽如人意。因此，我们要多创设条件和机会让学生去锻炼叙述能力。设置任务驱动，明确学生的学习目标，加强学生学习的积极性。新高考注重通过新情境、新视角设问，对主干知识的多角度考查。所以，在平时的教学过程中，要尽量拓展一些新信息，帮助学生从整体上把握知识结构与相互之间的关系，引导学生的思维活动，激发其学习的欲望，让学生通过自己的讨论、思考、体验等学习活动，颠覆传统认知。通过探讨，学生明白不同封建王朝边疆治理的方式有异，借此也引导学生分析影响历史结论的因素，提升其史学素养。让学生从宏观的角度去看边疆治理的方式变化的具体史实，培养学生的大历史观念，使其构建历史知识内部的逻辑联系。用唯物史观解释封建统一王朝在时代潮流的冲击下边疆治理继承与发展的与时俱进是社会发展的必然结果。

四、研读总结

以充足的史料，理解、阐释和认识新教科书的新问题，是高中历史教学的方向，也是培养史料实证素养的基本方法。此次研读活动全面揭示了古代中国的官员选拔与管理，完成整体知识建构，助推师生对新问题的理解。从提升史料实证素养角度看，活动围绕着培养学生"运用史料解决特定历史问题"总体目标展开，着眼于以下三点。第一，培养学生兴趣是提升素养的基础。活动设计中，我们首先抓好选题，基于史料的研读活动，可有效解决重点和难点。学生通过合作探究，对史料研读的兴趣更加浓厚。第二，掌握研究方法是提升素养的关键。研读中，我们渗透了系列史料的应用、不同类型史料的优势互补、观点对立史料的相互比较、史料观点的提炼与辨析、挖掘史料突破传统观点、利用典型史料说明问题、如何使用经过整理的史料等研究方法，培养学生研读能力。第三，培养学生的实证精神是提升学生素养的终极目标。"史由证来，证史一致；论从史出，史论结合"体现了史料实证素养的本质要求，学生唯有具备严谨的精神及科学方法，才能真正做到以实证精神对待历史、现实和未来。史料研读活动，提升了学生史料实证素养，是完成立德树人根本任务的有效途径。

参考文献：

徐蓝，朱汉国．普通高中历史课程标准（2017 年版）解读［M］．北京：高等教育出版社，2018．

项目式学习推进深度学习的实践和反思

——以《深入挖掘乡土文化资源》为例

新丰县第一中学　胡秋婵

《普通高中历史课程标准（2017 年版 2020 年修订)》中提到："只有通过以学生为主体的活动，在做中学，进行自主学习、合作学习、探究学习……才能使学生的核心素养得以提升和发展。"这也符合现代社会对学生高阶思维能力的要求：学生在各种情境之下，有合作探究的能力，能主动思考和分析问题并尝试运用多学科知识和已掌握的相关能力去提出解决问题的方案。

一、项目式学习的含义

项目式学习（Project – Based Learning，简称 PBL）是一种提倡以学生为中心的教学模式。在这种模式的指导下，要求学生独立或者以小组合作的形式完成基于一系列情境的探究活动。PBL 模式能培养学生在一个相对开放的情境中，主动去发现问题，发挥主观能动性去探索和尝试解决问题的能力。这个学习经历不但能锻炼学生的创造力和合作探究能力，而且学生能在这个过程中深刻地领会知识和技能，感悟情感态度价值观，从而推动学生深度学习。

学者刘景福、钟志贤提出项目式学习的操作流程：选定项目—制订计划—活动探究—作品制作—成果交流和活动评价。对此，我深有启发，并以"中学生善美韶关研学活动设计"为契机，根据《普通高中历史课程标准（2017 年版 2020 年修订)》，结合我校学生具体的认知水平，设计并开展了以"深入挖掘乡土文化资源"为主题的项目式学习活动。

二、项目式学习的开展

（一）项目筹备

1. 选定项目

习近平总书记强调："在历史长河中，中华民族形成了伟大的民族精神和优秀传统文化，这是中华民族生生不息、长盛不衰的文化基因，也是实现中华民族伟大复兴的精神力量，要结合新的实际发扬光大。"历史是一个民族安身立命的根本。历史学科核心素养中的"家国情怀"是一个非常重要的价值导向。但是大部分学生对"传统文化"的概念比较模糊，因此，基于全面落实立德树人的根本任务，结合当地实际的乡土文化背景，我根据"传统文化"这个历史大概念，选择了以"乡土文化资源"为切入口，致力于实现学科情境生动化，促使学生主动了解乡土文化资源背后蕴藏的历史文化和情感，以提升学生对家乡的热爱，进而促使"家国情怀"有依托地落地。

2. 制订计划

在项目式学习中，驱动型问题的精心设计是项目成功的关键。此次学习活动设计的对象是高一学生，这个阶段的学生求知欲强烈，因此要设计具有一定挑战性和开放性的问题和任务，以激发学生学习积极性和主动性。所以，我在确定了"深入挖掘乡土文化资源"这一项目主题之后，结合学生的认知水平和能力，设计了一系列的问题情境：我们身边有哪些文化资源？这些文化资源背后有什么样的历史故事？你从中体会到了什么？设计问题的目的在于让学生明确学习目标，根据目标确定学习任务，带着具体的学习任务开展学习活动。

基于计划，结合本地实际的乡土资源文化和具体的问题情境，我对项目的实施做了初步的成果预设。

（1）设想的成果：关于当地红色文化的研究性学习报告，关于当地传统手工艺品的调研报告，与相关人物的访谈记录、手抄报等。

（2）设想的学习效果：多途径了解当地文化资源，形成和加强学生小组合作和探究学习的能力，培养和提升学生学科意识和学科思维等能力。

（3）成果推广：在学校宣传栏滚动展示优秀作品。

（二）项目的实施

做了一系列的宣传和培训工作后，学生以 3 人小组为单位进行探究合作学习。我主要负责指导每个小组制订本小组的研究计划：选定具体的研究主题，制定目标和任务，预想可能遇到的问题和需要用到的学习工具及资源等。主要的学习细节由学生在小组内独立完成，主要是锻炼学生解决问题的能力。

在具体的项目实施过程中，我引导学生从以下三个程序完成项目学习。

1. 多途径查阅和搜集资料

学生主要通过互联网、《地方志》、当地图书馆、当地长者等途径搜集并整理了相关的文字、图片、音频和视频资料，并对当地的文化资源进行分类：红色文化、传统手工艺品、传统小吃、特色建筑，如纪念碑、手工饼印、传统小吃、围楼等。学生通过这一阶段的学习，初步掌握了搜集信息的几种方式和途径，初步有了根据目标和任务整理信息的意识和能力。

2. 实地考察和调研

在进行实地考察之前，我对学生进行了培训，主要是引导学生根据项目的目标和任务选取具有代表性的资源，并提醒学生外出的注意事项。根据当地的文化资源，考察形式主要是让学生参观博物馆、观摩手工艺品的制作过程、参观特色建筑，从生活中的实物中去了解不同的文化资源背后蕴含的历史文化，走进历史现场。参观过程中，学生进一步了解了当地抗日战争和解放战争时期的事迹，在现场观摩了传统小吃（艾糍）和传统工艺（饼印）的制作，参观传统建筑体会了劳动人民的智慧……学生兴趣满满，做了丰富的学习记录（文字、图片、音频和视频等）。

3. 组内研讨和信息整理

实地考察和调研结束后，学生就手中的资料结合主题进行研讨。在研讨过程中，我引导学生围绕学习目标和任务整合信息，并思考以何种形式展示最终的学习成果。主要是让学生在分工合作和讨论探究的过程中，实现能力互补和思维碰撞，从而提升学生学习的主动意识和能力。

（三）项目总结阶段

经过近一个月的项目式学习，各小组形成了最终的学习成果。由于条件和能力限制，成果展示仅有两种形式：调研报告和手抄报。每一份作品都让我深感欣慰。有的小组成员在报告中说："劳动是推动人类社会进步的根本力量。幸福不会从天而降，梦想不会自动成真。人民群众是历史的创造者，作为新生一代的我们，应该牢记使命，砥砺前行，开创千万年生生不息的振兴之梦！"有的小组发出呼吁："古建筑是一座城市的记忆，是城市历史的见证者，它承载着这座城市的文化积淀。一旦损毁，文物本体及其承载的历史文化信息都将不复存在。所以我们必须保护历史古建筑，政府要对古建筑加以保护。欣赏了古建筑之后，我们对国家的传统文化有了更强的认同感。"有的小组成员欣喜于自己能力的提升："研学拓宽了我们的知识视野，拓宽了我们的学习渠道。这个过程使我们进一步提升了自主学习能力和合作探究能力，能把历史这个学科与其他学科结合起来，充分调动现有的知识储备和学习能力，在与组员分工合作和讨论探究的过程中，感受到思维碰撞带来的精彩。"每个小组最后的总结语气中都透露着对家乡的热爱，对传统文化的传承希望。

可见，学生在完成项目的过程中，不仅感受到了当地文化的魅力，而且初步掌握了学习历史的基本方法，甚至还有小组提出了传承家乡文化的办法。这基本符合我预设的学习效果：基于学科知识，运用学科关键能力推进学生学习，使学生往深度学习的方向发展。

在实施成果评价前，我非常注意收集学生在完成项目过程中的材料，以此作为评价的依据。评价环节我侧重过程性评价，即学生在完成项目的过程中的表现，包括小组成员的参与度、项目过程的可行度、搜集和整理资料的能力、组内探究的合作程度等，而总结性评价则是根据作品形式灵活处理。

三、项目式学习的反思和展望

学科项目式学习应结合和聚焦学科必备知识和关键能力，指向与学科相关的整体概念或者学科思维和能力。所以，中学历史学科项目式学习应该建立在历史基础知识的基础上，通过设置驱动型的问题情境，驱使学生主动参与并设计学习，从而推动学生深度学习。

在此次项目式学习过程中，我惊讶于学生的创造力和参与度。学生在主动学习、探究学习、小组合作中能产生思维的火花，能在做中学，在学中做。

然而在项目收尾阶段，我也反省了自身的问题：对新教学模式的理论性知识整合得不够系统，加上一定程度还受传统教学理念和模式的影响，在指导学生推进项目学习的过程中也存在以下三个具体的问题。

（1）指导学生选择项目主题时，容易忽略学科本质。所以，有部分小组的学习主题和过程偏离学科本质，脱离学科知识。

（2）开放性学习情境的实践经验有限。受限于传统的课堂教学模式，在开放性学习项目中，教师会不自觉地过多干预学生的学习计划，一定程度上阻碍了学生能动性的发挥和跨学科知识的调动。

（3）评价角度狭隘。在评价过程中，不能贯彻落实多元评价。

因此，借着此次项目成果展示的契机，我预想在以后再次开展不同的主题甚至与不同学科相结合的项目式学习，如生活中的问题、社会习俗的演变、时政热点等，让学科知识和能力有具体、生动的情境作为依托以实现学生深度学习，发展学生关键能力，使学科核心素养落地。同时通过不同的途径加强教师自身理论知识的学习和积累，使项目式学习符合历史学习的要求，拓宽历史课堂，提升学生的学科能力和核心素养。

参考文献：

［1］教育部．普通高中历史课程标准［M］．北京：人民教育出版社，2020.

［2］周海芸．项目式学习在中学历史教学中的应用［J］．中学历史教学，2021（10）：30.

［3］刘景福，钟志贤．基于项目式的学习（PBL）模式研究［J］．外国教育研究，2002（11）：21.

［4］董艳，和静宇，王晶．项目式学习：突破研学旅行困境之创［J］．教育科学研究，2019（11）：61.

历史学科核心素养培育达成路径探索

——以《隋唐制度的变化与创新》为例

新丰县第一中学　余东映

高中历史统编教材是以马克思主义唯物史观为指导，融合历史学科核心素养新理念编写的，是培养学生历史核心素养的载体。但一线历史教师普遍反映统编教材史实繁多，完成教学任务难；结论多，不易理解，达成教学目标落实核心素养难。如何以统编教材为依托，围绕核心素养展开历史课堂教学，是我们需要深思的课题。本人在高中历史统编教材《隋唐制度的变化与创新》教学实践中，尝试摸索一种行之有效的培育历史学科核心素养的课堂模式，总结了一些教学做法。

一、素养立意，统摄课堂之魂

一节好课必定是有"灵魂"的课堂，而教学立意是历史教学的灵魂。有灵魂的教学立意就是把发展学生历史学科核心素养作为教学的出发点和落脚点。故笔者在制定《隋唐制度的变化与创新》一课的教学目标时以高中课程标准为依据，以历史学科核心素养为立意，从整体上设计教学内容，使其紧密围绕学科核心素养。

《隋唐制度的变化与创新》的课标要求是："通过了解三国两晋南北朝政权更迭的历史脉络，及隋唐时期封建社会的高度繁荣，认识三国两晋南北朝至隋唐时期的制度变化与创新的新成就。"据此，笔者将历史学科五大核心素养融入教学目标设计中，具体表现如下。

表1　历史学科五大核心素养融入教学目标设计

核心素养	内容设计
唯物史观	通过对选官制度、赋税制度演变的背景和原因的分析，得出赋税制度改革本质是对生产关系的调整，体现了上层建筑适应经济基础的发展规律
时空观念	通过时间轴，梳理不同时代制度演变的历程，比较察举制、九品中正制、科举制的差异，比较租调制、租庸调制、两税法的差异
史料实证	通过利用史料分析主要制度发展变化的原因，让学生分析历史现象、事件之间的关联和逻辑，提高学生史料实证的能力
历史解释	通过对史料的解读和对历史现象、历史事件的相关背景、原因和影响的分析，培养学生历史解释的能力
家国情怀	通过对制度变化和创新的学习，展现中国自古以来的创新意识和创新理念，引导学生进一步感知时代担当、历史使命和创新精神，增强学生历史自豪感、制度自信、厚植爱国主义情怀

通过以上教学目标的制定，统摄教学全过程，使课堂教学不偏离专题主旨，把历史学科核心素养在课堂教学中予以落实，从而实现思维教学、价值教学。

二、重构教材，优化教学结构

本课教材有三个子目，包括选官制度、三省六部制、赋税制度。历史概念多且难以理解，知识逻辑结构不够完善。教学的最佳策略是分析教材，遴选重点内容，串联知识点，将知识内容以结构化呈现。

笔者在设计《隋唐制度的变化与创新》时基于课标要求、教材分析、教学立意，将教材内化成隋唐制度如何变化与创新、为什么会变化、如何认识其变化与创新的关键问题，把教材知识重构为"变之况""变之缘""变之悟"三大教学部分。"变之况"，用时间轴梳理历代制度演变脉络，构建知识体系，培养学生时空观念。在此基础上，引领学生从长时段以大历史观审视制度的变化和延续、继承和发展，通过对比辨析各项制度的差异，总结出隋唐制度的创新之处，让学生形成史料实证意识。"变之缘"，结合教材并适当增加相关史料进行探究，引导学生深入思考历朝历代统治者为什么进行制度变革，使学生认识到制度变革是国家面临实际情况的不断探索，并理解制度的因时而变对社会发展的重要意义，使学生形成唯物史观认识。"变之悟"，从历史回到现实，联系目前国家深化改革、建设有中国特色民主政治的时代要求，启迪学生思考：古代制度文明对当今政治文明建设有何借鉴意义？以此来培养学生的家国情怀。

可见，重构教材不仅可以整合零散知识，动态理解制度的变化，进一步明晰教材编写的历史线索，在引导学生探索的过程中还能形成思维连贯性，拓宽了学生的历史视野，有助于核心素养落地。

三、巧设情境，唤醒历史情趣

本课理论性强，理解不易，学生学起来觉得乏味是在所难免的，非常有必要通过创设历史教学情境使学生达到对历史事件的认识和理解。情境是学生思维发生、情感涵养之处，教师利用形式多样的资源创设具体的历史场景，让学生参与、体验类似知识产生或运用过程的情境，从而能直观地愉快地达到对历史事件的认识和理解，激发学生学习的积极性。

统编教材是培养学生学科核心素养的核心资源，资源丰富多样，有导入语、历史图片、地图、史料阅读、历史纵横、学思之窗、问题探究与学习拓展等栏目。教学设计时根据教学需要充分利用上这些资源，构成教学有机部分，避免增加学生额外阅读量，减轻教师查找资料的负担。导入新课环节中展示导入语的唐诗《登科后》，创设"时空穿越"情境，使学生"神"入历史，感受当时学子金榜题名时的欣喜之情，自然引出本课内容，提高教学有效性。新课讲授时在"变之缘"教学环节中创设探索情境，利用纲要教材第40页"历史纵横"和第43页"史料阅读"，探究隋唐制度发展变化的历史渊源，让学生分析历史现象、事件之间的关联和逻辑，提高其史料实证能力，使其形成唯物史观。

"变之况"中利用时间轴、文献史料、示意图等创设探索情境，有利于学生掌握制度演变过程，创新特点，落实时空观念和史料实证素养；"变之悟"引用钱穆名家典录和习近平总书记有关创新言论，让学生思考讨论对隋唐时期政治文明的看法，提出自己的认识和新观点，再联系中兴、华为事件，激发学生创新意识，增强学生历史使命感、国家认同感。

总之，创设教学情境，不在于知识传授，而在于激发学生的学习积极性，唤醒、鼓舞学生，让学生通过自主学习，合作讨论，阅读材料，深加工学习内容，易于学生理解政治经济制度的概念，使学生乐于学习，摆脱识记的浅层学习，促进深度教学，提高教学效果。

四、问题引领，强化思维能力

学生的历史学科核心素养主要体现在其解决新情境下的历史问题的能力。能力不能靠知识的灌输形成，只能在综合运用历史知识、探究历史方法、解决历史问题的过程中得到发展。因此，问题设计是不可缺少的教学环节。在授课过程中，在教学主题立意的引导下，以情境为依托，以任务为驱动，预设有梯度的问题，培养学生学习理解、实践应用、创新迁移等思维能力，从而更好地完成课堂目标。

本课设置五大探究任务。任务一、二、三的第（1）设问"阅读教材第一/二/三子目，在时间轴上的方框内填上合适的制度。并说明理由"，夯实必备知识，培养学生概括、叙述表达的学习理解能力，第（2）问"根据材料，相对于以往选官制度/中央官制/税法，科举制/三省六部制/两税法有何创新？并归纳其积极作用"，培养学生获取信息、比较辨析的实践应用能力。任务四"阅读教材第40页'历史纵横'和第43页'史料阅读'，请阐述影响古代制度变革的因素"，任务五"有学者评价，隋唐时期的政治文明是'集前代之大作，开未来之典范'，请结合以下三则材料及所学知识，得出结论并进行论证"，培养学生发散思维、知识构建的创新迁移能力。

这些问题的设置，从学生认知规律出发，注重问题之间的内在逻辑关系，由浅到深、层层递进，引导学生不断追问探究和深层思考，使学生形成对唐代优秀制度文化的认识，培养了学生关键能力，让学生思维动起来，深化了其学习，提升了其核心素养。

五、总结升华，感悟历史价值

教师总结是历史课堂教学的重要环节。一个好的总结可以进一步让学生的探究从表层走向深层，引导学生深化认识，使其形成正确的历史认知，培养学生的历史学科核心素养，能达到深化教学内容、升华情感、发散思维的效果。

本课把"变之悟"作为总结设计。本教学环节，提供三则学者的学术研究成果，引导学生探讨应该怎样评价《隋唐制度的变化与创新》，引出评价历史现象的方法，进一步引导学生思考讨论的本质是应采取什么样的历史观和方法论。通过评价让学生认识到：隋唐制度文明兼容并蓄，其在继承前代政治文明的基础上有所改革和创新，使之更加完善，更符合国家政治、经济、文化发展的现实需要，从而创造出了更为灿烂的文明；创新是一个国家兴旺发达的不竭动力。这节课唤起了学生对古代政治文明的自豪感，增强了学生的民族自信心，激发了其未来投身于推进国家制度建设和治理能力现代化建设的热情，为实现中华民族伟大复兴的中国梦而努力奋斗。有了情感共鸣，学生对党的民主政治认同就水到渠成了。

总之，教师用情感引领学生，升华教育主题，有了更高的站位和思考，才能更好地促进学生深层思维能力和创新学习能力的形成，彰显了核心素养中"家国情怀"的理念，对历史产生温情与敬意，让历史课堂有温度。

综上所述，在历史核心素养的背景下，教师应用科学的教学方式构建历史高效课堂，坚持课堂设计有"魂"，提纲挈领；坚持课堂有"料"，体会实证精神；坚持课堂有"法"，通过问题引领思维；坚持课堂有"情"，凸显价值引领。这样不但使教师的教学质量得到提升，体现了教师的思想和厚度，而且学生的学习方式也得到了改善，学科核心素养得到了培育。

参考文献：

[1] 徐蓝. 关于历史学科核心素养的几个问题 [J]. 课程·教材·教学，2017：10.

[2] 徐赐成. 统编版高中历史教科书与学科素养培育 [J]. 内蒙古师范大学学报（教育科学版），2021（8）：9.

[3] 何文静. 教材用足巧设计，难点突破育素养："隋唐制度的变化与创新"教学设计 [J]. 北京教育（普教版），2020（11）：2.

情境教学在高中历史课堂的应用

——以《文化遗产：全人类共同的财富》为例

新丰县第一中学　郑碧妍

　　《普通高中历史课程标准（2017 年版 2020 年修订)》将学业质量水平分为 4 级，同时还明确了学业水平考试命题的三大原则。①以历史课程标准为依据。②以考查历史学科核心素养的具备程度为目的。③以新情境下的问题解决为重心。据此，"新情境下的问题解决"成为考试命题的原则性要素。本文立足于高中历史教学，以《文化遗产：全人类共同的财富》为例，浅谈我在实际教学过程中是如何构建并运用高考评价体系中的简单情境和复杂情境引导高中教学的。

一、立足教材必备知识，构建具有发展性的教学情境

　　教学情境要具有发展性指的是这个情境对学生而言比较熟悉，但是其中存在的某些内容学生无法解释，会给学生造成认知冲突，使学生产生疑问，这时就需要学生通过学习来更好地解决情境里的问题，进而对目标中的知识或概念形成更深的理解。而教材是必备知识的主要来源和依托，教学问题情境应以教科书的必备知识为基础。

　　在明晰世界遗产几个重要概念——文化遗产、自然遗产、双重遗产、非物质文化遗产的时候，我向学生展示长城、泰山、丹霞山、剪纸四组图片，询问学生这四组图片分别属于哪种遗产类型，判断依据是什么。这四组图片大多数同学是熟悉的，但是要他们确定地说出类型和依据，对我们学校的学生来说还是有一定的难度，这需要他们在掌握教材里"文化遗产"和"非物质文化遗产"两个概念的基础上结合以往所学进行思考和分析，最终做出判断。通过这

样一个图文结合的问题情境，以教科书的必备知识为基础，在学生现有认识的空白处，提出问题引起学生的求知欲，从而激励学生进行积极的思考探索，让学生在主动学习必备知识的同时，能综合运用所学知识做出判断，化被动为主动，成为学习的主人。我觉得能让学生积极主动地获取知识的情境才是有价值的真实的教学情境，才能最大限度地增强学习效果，培养学生学科核心素养，实现新课标所提倡的"能力为重、知识为基"的课改理念。

二、根据教学目标与内容，构建目的明确的教学情境

历史教学情境是一种教学手段，目的是通过构建具体的教学情境提高学生的学习兴趣和学习效率，为实现教学目标服务。仅仅有情境却缺乏具体的课程与教学目标，那情境就会失去灵魂。因此，在日常的教学实践中，我们要根据具体的教学内容与教学目标，有针对性地挑选材料，构建目的明确的教学情境。

《文化遗产：全人类共同的财富》这一课的课程标准是：学生通过万里长城、故宫、京剧等，认识文化遗产保护对传承民族文化、维护文化多样性和创造性的重要意义。因此在选择情境材料时，我就以教材里展示的长城为例构建教学情境，在课堂上展示长城宏伟壮观的图片和相关文字介绍，询问学生长城被纳入世界文化遗产的原因是什么。通过这样一个情境设问，让学生根据教材里提到的长城对中华民族多元一体格局的形成和发展起到的重要作用和学案提供的材料，去探究长城成为文化遗产的原因是它历史悠久，是世界上最长的军事设施，体现了中国古代高超的建筑艺术以及蕴含了丰富、厚重的历史文化内涵。在这个探求原因的过程中让学生逐渐明白长城成为文化遗产是基于它的价值。这个时候我们再以长城为依托归纳总结世界上所有文化遗产的价值：它们是人类历史文化的载体，是历史、文化、民俗、宗教和民族学研究的重要资源。最后我们再点题，基于文化遗产的价值我们通过长城可以了解我们国家的民族文化传统，我们也可以通过他国的文化遗产看到、欣赏到世界各地不同的文化传统，而这也就是我们对文化遗产进行保护的意义所在：有利于传承民族文化、维护文化的多样性和创造性。通过这样一个由原因探讨到价值体现的情境教学，以教学目标为导向，把教学目标问题化，使材料情境变成问题情境，以启发学生的心智，让学生积极参与课堂教学活动，发挥教师的主导作用和学生的主体地位，以培养学生唯物史观和提高学生历史解释的能力。

三、紧扣学科核心素养，构建有深度的教学情境

教学情境的创设，不仅要解决"是什么"的具体问题，更应该解决"为什么"和"怎么样"的理解性问题和评价性问题。在以长城为例探究了文化遗产的价值和保护文化遗产的重要意义这两个具体问题后，我又进一步提出问题：为什么我们要保护文化遗产？这些文化遗产面临着哪些威胁？我依旧以长城为例，展示一些关于长城的报道和长城遭到破坏的图片，让学生通过了解长城的现状和它面临的问题进而掌握文化遗产所面临的威胁，包括自然灾害、文化遗产的年久腐变、人为破坏、过度的旅游开发、战争等原因。这些由各民族在数千年历史进程中创造的文化财富，一直受到严重威胁。针对如何保护文化遗产，各国也采取了不少举措，留下了宝贵的经验。一方面让学生回归课本，了解掌握从古至今世界各国为保护文化遗产所采取的各种措施：文化遗产的保护从古代的文物收藏到近代的立法保护，从个人到国家再到国际合作。另一方面向学生展示《山海关长城的维修原则》和《长城保护条例》的片段内容以及长城修复的案例图片，提问学生在保护文化遗产方面应遵循哪些原则？通过这样的问题情境，让学生更加深刻地认识到文化遗产的保护要确保世界文化遗产的真实性和完整性。在这一认识的基础上，我再向学生展示一段关于长城作为旅游资源在开发过程中出现的问题的材料，基于材料的基础上提出问题：材料反映了什么问题？就此问题谈谈你的认识。这一问题情境就具有比较强的时代感和综合性，需要学生在解读材料的基础上综合运用本节课所学的知识进行回答。

一方面文化遗产可以通过旅游资源开发，让人们近距离观察和感知从而使人们了解历史的演变，感受艺术之美，这是文化遗产的社会功能；另一方面文化遗产具有不可再生、不可替代的特点，过度开发会对文化遗产造成严重的破坏。因此对待文化遗产要贯彻保护为主、抢救第一、科学合理利用、加强管理的方针，以确保文化遗产的真实性和完整性。在这一教学环节里以长城的保护、发展和利用为线索，构建了一个具有生活性和真实性的主题式教学情境，从"是什么"到"怎么样"，以小见大，问题层层递进，立足教材，又高于教材，并把历史放入我们的社会生活当中来，让学生能用所学的知识去分析解决现实生活中遇到的问题，让学生感受到学以致用的乐趣，同时让我们的历史课堂更加贴近时代、贴近社会、贴近生活，让历史变得鲜活，并且通过长城这个真实的史料，融合历史解释和实践反思，引导学生在复杂的学习情境中，用科学的方法、理性的思维去理解历史，客观地、辩证地看待历史问题，培养自己的历

史思维和意识，更好地掌握史料实证和历史解析的能力，完成深度教学的目标。

四、贯彻立德树人教育原则，构建有情怀的教学情境

历史课程的社会功能就是育人，教学情境创设必须在立德树人的教育总原则内进行，使学生通过历史课程的学习，初步树立正确的历史观、民族观、国家观、文化观，培养其家国情怀。

在课堂的最后，我向学生展示 2021 年 8 月《世界遗产名录》的数量，并结合教材进行表述：中国成为推动文化遗产保护的重要力量，体现了一个文明大国守护人类共同财富的担当。询问学生在世界文化遗产保护工作中中国大国担当的具体表现。用这样一个情境，让学生了解中国为保护世界文化遗产从古到今所做的各项努力，让学生深刻认识到中国在用实际行动向世界诠释大国的担当，从而加强对学生的情感教育，增强学生的民族自豪感，加强学生对国家的认同，帮助学生形成正确的世界观、历史观和价值观，形成一个民族所特有的精神风貌，凸显历史教育的人文意味。

在高中历史教学过程中，通过构建真实的历史教学情境，把课标上的知识融合到相应的历史情景中，让同学们身临其境地思考和解决问题，全面提高学生的历史素养和历史能力。

以上就是我个人在教学实践过程中对情境教学所进行的一些微薄实践。学无止境，教无止境，今后我还需继续学习，更新理念，在更多的教学活动中落实学科核心素养教学。

参考文献：

[1] 何娟. 情景教学中历史意识的凸显 [J]. 教学与管理（中学版），2022（2）：52 – 55.

[2] 解光云. 基于高考评价体系情境的历史教学设计 [J]. 历史教学问题，2022（4）：160 – 164.

[3] 刘道梁. 论中学历史教学情景 [J]. 中学历史教学，2021（9）：53 – 56.

[4] 王慧卿. 立足常态课，打造"五味"历史课堂 [J]. 河南教育，2022（2）：43 – 45.

高中历史结构化教学的实践

——以复习课《明至清中叶的经济与文化》为例

新丰县第一中学　赵红波

随着高中历史新教材在课堂中的逐步展开，教师在如何教好新教材，如何在兼顾基础知识、完成教学任务的同时落实核心素养的培养等方面面临着诸多困难。新教材内容多、知识庞杂，知识与知识之间的线索孤立散乱，纲要上、纲要下与选必1、2、3教材之间存在重复冗杂的现象。而由于学生在初中时基础知识较为薄弱，高中所开历史课时较少，教学任务重，导致学生所学的历史知识杂乱无章，基础知识掌握不扎实，对阶段特征、重要概念、历史线索、核心素养等了解得较为肤浅。近年来教师对新教材的深入研究，探索出了各种各样的行之有效的教学模式、教学理念。在此基础上，本文结合高中历史课程标准的教学建议：在历史教学过程中根据学生的学情，可以对教材的顺序、结构进行适当的调整。本文以复习课《明至清中叶的经济与文化》为例，通过结构化教学，提炼历史大概念、深挖历史线索，对历史知识进行有效的整合，达到既完成教学进度又落实历史学科核心素养的目的。

对历史学科的教学而言，历史知识是紧密联系着的。高中历史复习课要站在帮助学生构建历史框架，理顺阶段特征的角度出发，使学生明晰中外历史对比的横向联系，挖掘不同阶段历史现象的发展规律的纵向联系，打通纲要上、纲要下与选必1、2、3五本教材的关联，以此提高复习课的效率。本文以复习课《明至清中叶的经济与文化》为例，从以下四个方面进行具体阐述。

一、确定主题，构建框架

历史知识是分散的零碎的，但是历史事件之间是相互关联的。本课是一轮复习课，学生对历史知识已经有了一定的知识储备，也已经有了一定的知识整合能力并且能把历史事件放在特定的时空背景下进行横纵向的对比，学生对历史基础知识和历史核心素养已经有了初步的认知，但是学生很难将历史放在整个大的宏观的历史背景下去思考问题。而通过主题教学，可以为学生历史知识的整合搭建平台，对贯通横向、纵向的联系，打通教材与教材的深度融合起到至关重要的作用。根据本课的课标要求：了解明清时期社会经济、思想文化的重要变化；认识明清时期封建专制的发展状况和世界形势变化对中国的影响，以及中国社会面临的危机。结合学生的具体实际情况，我把本课的教学主题确定为"明清时期的鼎盛与危机"。

本课通过确定主题"明清时期的鼎盛与危机"，寻找知识点之间的联系，将本课所涉及的五本历史教材的知识点串联起来，从而确定了四部分内容并加以展开，分别是"细数发展观盛世""放眼世界探原因""中西对比察危情""以史为鉴悟启示"。从寻找明至清中叶的经济与文化的表现和新变化，阅读史料贯通古今中外，分析鼎盛原因，通过中西对比明确明清时期的阶段特征，最后通过鼎盛与危机强烈的反差激发学生的民族意识，从而培养学生的家国情怀。通过主题学习，整合知识结构，提炼学科核心概念的方式，能使学生较为清晰地掌握明至清中叶各方面的新变化，从而认识世界形势对明清时期的影响，进而使学生理解明清时期社会面临的危机。四个部分层层递进，将明清时期经济与文化置于当时的世界大背景下。通过以上设计给本堂课注入了灵魂，明确了目标，指明了方向，既能将知识点结构化、系统化，又能培养学生学习历史的方法，锻炼学生的思维，拓宽学生的视野，从而落实核心素养的落地生根。

二、整合教材，深挖联系

恩格斯说："忽视事物之间的关联孤立地看事物，会导致只见树木，不见森林。"因此，我们在学习历史的过程中，应该用联系的观点看待历史，找出历史发展演进的规律，把握历史的阶段特征，将历史放在整个中国历史发展潮流中，放在整个世界历史发展潮流中去认识，把握历史之间的横向、纵向联系。另外，现行教材分必修与选择性必修，教材与教材之间存在着不同程度的交叉、联系。在一轮复习课中，对教材加以整合，可以使学生对知识框架有整体的认知，有利于提高学生复习历史的效率。

本课在教授"细数发展观盛世"这一部分内容时，涉及的教材以纲要上第15课为主，在纲要下、选择性必修1、2、3中都有不同程度的体现，每本书的侧重点又有所不同。因此，在设计时我通过表格的形式把明清时期的经济、文化、科技、文学艺术的表现列出来（见表1），指导学生阅读教材、整合教材，帮助学生把高中历史中关于明清时期的基本知识加以总结概括，使学生对明清时期的文化形成清晰的认识。同时通过找出的内容，指导学生思考：与以往朝代相比，明清时期发展的因素有哪些？通过纵向的对比，使学生对中国古代的经济、文化、科技、文艺都有不同程度的理解。在设计"放眼世界探原因"这一部分内容时，明清时期为中国封建社会的末期，上承中国古代史，下启中国近代史，同时与世界形势联系紧密，在分析原因的时候把它放在世界发展大潮流的背景下，引导学生理解明清在鼎盛的同时其实蕴含着危机。通过史料、图片、表格等培养学生史料实证、历史解释的能力，在史料分析过程中，引导学生认识到文化的世俗化、平民化其实是由商品经济的发展、城市的壮大、市民阶层的崛起引起的，从而使学生理解并掌握经济基础决定上层建筑等唯物史观，从而落实历史核心素养。

表1　明至清中叶纲要与选必1、2、3知识整合表

时期	中外纲要	选必1	选必2	选必3
明至清中叶	1. 经济 （1）农业：①高产作物推广种植：玉米、甘薯。②经济作物：江南地区品种繁多，种植广泛。③农民兼营产品初加工或相关副业。 （2）手工业：出现手工工场，如南方纺织、榨油、制瓷等。 （3）商业：新的繁荣期。①白银流入中国。②形成商帮。③工商业市镇兴起。 （4）局限：①小农经济占据压倒优势。②专制统治阻碍社会进步。 2. 文化 （1）思想：①程朱理学逐渐失去活力。②陆王心学：王阳明"致良知"。③李贽提倡个性自由，蔑视权威，否定传统伦理标准。④黄宗羲抨击君主专制，提出"工商皆本"。⑤顾炎武、王夫之对高度集权的政治制度提出批判。 （2）小说：施耐庵、罗贯中、吴承恩、吴敬梓、曹雪芹。 （3）戏曲：汤显祖、孔尚任。 3. 科技 ①李时珍。②徐霞客。③西方科技传入。④传教士	1. 对外交往 致力于维护朝贡体制和朝贡贸易体系。 2. 货币 （1）恢复铜钱、纸币并行的货币体制。 （2）白银逐渐成为国家财政和民间交易的基本支付手段。 3. 赋税制度 （1）分夏税、秋粮两次征收米麦。 （2）"金银花"：江南税粮折银送京。 （3）一条鞭法。张居正：赋役合并，一概折银。 （4）康熙把丁银作为定额，"滋生人口，永不加赋"。 （5）雍正推行"摊丁入亩"。 4. 户籍制度 （1）以职业定户籍，分民籍、军籍、匠籍等。 （2）户籍册称"黄册"，以里甲制为基础，详列人口、田土、房屋	1. 美洲物种传入中国 如玉米、马铃薯、甘薯。 2. 商业 （1）全国范围的商业贸易网络。 （2）商帮兴盛。 （3）外贸：朝廷对朝贡国家、路线、港口、船只数目、贡品种类均有严格规定。 3. 集镇 集镇进一步发展并出现专业分工。 4. 对海洋的探索： 郑和下西洋。 5. 中医药成就 （1）李时珍《本草纲目》称为"东方药学巨典"。 （2）人痘接种法被广泛使用。 6. 西医在中国的传播 明末清初，西医传入中国，但影响有限	1. 传统文化 （1）明清之际，提倡个性自由的思想出现。 （2）黄宗羲、顾炎武、王夫之等批判理学，抨击封建专制，倡导经世致用。 2. 西学东渐 （1）意大利人利玛窦、中国的徐光启等人主张以开放的胸怀会通中西文化。 （2）17世纪，清政府任命来自欧洲的汤若望、南怀仁主持钦天监工作。 3. 中华文化对世界的影响 （1）15世纪，大批华侨移居东南亚，在当地传播中华文化。 （2）郑和下西洋，扩大并加深对中华文化的影响

三、任务驱动，小组合作

随着教育改革的深入持续发展，在教学方式理念上更加注重充分发挥教师的引导作用和学生参与课堂的主体地位，充分发掘学生的潜能，培养学生的兴趣，由学生被动接受转变为主动参与。高中历史课程标准明确提出，学生的历史核心素养需要通过以学生为主体的活动才能提升，要在做中学，让学生进行自主学习、合作学习、探究学习等。

本课以小组合作探究贯穿始终，将本课设置为四个问题探究，在课前印发导学案，以任务驱动，先学后教，指导学生阅读纲要上第 15 课和选必 1、2、3 教材的部分内容，整合知识体系，构建知识结构，为课堂做好充足的准备。在课堂中采用多种形式调动学生参与课堂的热情。如在任务一中让学生完成导学案，展示作品，其他学生小组合作探究，分组讨论当评委，充分调动学生的兴趣和求知欲；在任务三中以现场分明清队和西方队两组进行小组 PK 打擂台的形式，发挥学生的主动性、创造性和好胜心；最后各个组进行激烈讨论，各组发表观点、见解，通过学生上台展示作品、学生点评、教师综合点评等形式，使学生在整堂课的过程中有事做、有兴趣、有心学，能分享自己的想法、见解。设置的问题层层推进，使学生在理解、分析、讨论、分享、竞争中搭建知识体系，以整体上把握知识结构。

四、以史为鉴，价值升华

高中历史课程标准强调发挥历史课程立德树人的教育功能，使学生能从历史的角度关心国家命运，关注世界的发展。据此，作为教师，除了教授基础知识，让学生掌握知识，培养学生素养，还应该充分挖掘历史爱国素材，通过讨论、分享等手段对学生进行潜移默化的育人教育，培养有责任、有担当的社会主义新人。因此，在历史教学中要注重挖掘历史故事、历史素材，在使知识结构化的同时强化历史课堂的价值立意，涵养家国情怀，培养学生树立正确的价值取向。

本课通过中西对比，分析世界潮流，在鼎盛与危机之间进行分析，由此让学生明晰其中强烈的反差。学生与学生之间在课堂的展示与思维的碰撞，既能锻炼学生上讲台的勇气和提升学生的语言表达能力，又能在交流、探讨、分享中激发学生的爱国情怀，由此使学生形成强烈的民族自尊心与自信心。最后回到现实生活中来，培养学生辩证统一分析问题、解决问题的能力，从而培养学生的家国情怀。

通过结构化教学，学生能在一轮复习中对历史知识进行有效的整合，明确历史阶段特征，能较为整体地把握、理解、感知、分析历史现象，提高学生分析历史史实、对历史进行合理论证的能力，既能提高学生参与课堂的主动性、积极性和创造性，培养学生学习历史的兴趣，也能使学生合理有效地掌握基础知识和培养学生利用史料认识历史现象的能力，贯穿核心素养，从而达到立德树人的目的。

参考文献：

［1］教育部．普通高中历史课程标准（2017 年版 2020 年修订）［M］．北京：人民教育出版社，2018：2，48，50.

［2］黎澍．马克思 恩格斯 列宁 斯大林论历史科学［M］．北京：人民出版社，1980.

基于 UbD 理念的高中历史逆向设计

——以"辛亥革命"为例

新丰县第一中学 黄天河

2017 年颁布的《普通高中历史课程标准》提出："学科核心素养是学科育人价值的集中体现，是学生通过学科学习而逐步形成的正确价值观念、必备品格和关键能力。""通过诸要素的培育，达到立德树人的要求。"那么，怎样让历史学科核心素养落到实处呢？这是摆在我们一线教师面前的难题，也是核心问题。美国当代教育家格兰特·威金斯和杰伊·麦克泰在《理解为先模式——单元教学设计指南（一）》一书中提出"追求理解的教学设计"（Understand by Design，即 UbD），创造了"逆向设计法"。我认为将逆向教学设计运用于高中历史课程，是实现历史学科核心素养落地生根的有效途径。本文以"辛亥革命"这一课为例，谈谈如何将逆向设计运用于课程开发，逆向设计为何能用来设计指向核心素养的课程，以请教于大方之家。

一、UbD 理念概述

UbD 理论认为"理解乃教育目的"，认为当教师的教学旨在使学习者理解可迁移的概念和过程，给其提供更多的机会，将理解的内容应用到有意义的真实情境时，才更可能获得长期的成就。为了更好地实现学生的理解，作者创造了"逆向设计法"。

逆向设计整个过程分为三个阶段：第一个阶段，明确预期的学习结果，即要求学生应该知道什么，什么内容值得去理解，我们所追求的持久性理解的东西是什么；第二个阶段，确定可接受的证据，即怎么证明学生已经实现了预期的学习成果；第三个阶段，安排相关的教学活动来实现预期的学习效果，即安排什么样的活动去达成预期学习目标以及圆满评估。这样的前后顺序有效地确保了整个教学环节始终围绕学科的教学重点进行，既确保了单元设计的协调一致性，又提高了教与学的有效性，其实质就是以学定教，以终为始，真正把学生的发展需要放在根本之处。

二、基于 UbD 理念的高中历史逆向设计——以"辛亥革命"为例

依据格兰特·威金斯和杰伊·麦克泰提供的 UbD 模板 2.0 版本，笔者运用逆向设计法对高中历史统编版《中外历史纲要》中的"辛亥革命"这一课进行了教学设计。

阶段一：明确预期学习结果

结合本课的课程标准内容"了解孙中山三民主义的基本内容，理解辛亥革命与中华民国建立对中国结束帝制、建立民国的意义及局限性"，从学会迁移、理解意义和掌握知能这三个方面进行教学设计。

1. 学会迁移

学生能自主地将所学运用到：（1）结合历史地图及时间轴梳理历史史实，有时空观念；（2）辨别不同类型的史料，从多个角度去分析问题，有史料实证意识，理解历史的复杂性；（3）设身处地看待历史人物的活动，能对历史人物有"理解之同情"。

2. 理解意义

理解意义是学习迁移的前提。理解意义包含"深入持久理解"和"核心问题"。

（1）学生将会理解以下内容。①革命的兴起需要具备各种条件。②民主政治是大势所趋，是近代世界潮流。③《中华民国临时约法》是中国法制史上的里程碑。④辛亥革命是近代中国一次比较完全意义上的民族民主革命。⑤成功的革命者必须有百折不挠的坚韧、屡败屡战的勇气、团结合作的精神，以此来克服革命路上的艰难困苦。⑥历史事件的发生往往偶然中带有必然。⑦资本主义建国方案在中国行不通。

（2）学生将不断地思考：①辛亥革命兴起的原因是什么？为什么要推翻清政府？②辛亥革命的发生是历史的偶然吗？③为什么要颁布《中华民国临时约法》？④为什么要把"临时大总统"的位子让给袁世凯？⑤辛亥革命带来了怎样的影响？如何评价辛亥革命？⑥为什么革命难以成功？革命先行者有哪些革

命精神？

3. 掌握知能

UbD 理论指出，知识和技能是获得深入持久理解以及学会迁移的必需工具（手段）。

（1）学生该掌握的知识如下。①关于清末"新政"、预备立宪与武昌起义的关系。②三民主义的基本含义。③辛亥革命的基本史实。④《中华民国临时约法》的内容和性质。

（2）学生应形成的技能如下。①运用历史唯物主义和辩证唯物主义分析历史问题的能力。②运用文献史料及后人的评论性材料，提高探究分析问题的能力。③能口述或者撰写革命者的事迹。④能厘清历史事件的逻辑性。

阶段二：确定可接受的证据

逆向设计的第二阶段，就是怎么去证明学生已经获得阶段一规定的知识、技能和理解水平。针对本课内容、学习目标和学科核心素养要求，笔者制定了如下表现性任务。（1）扮演孙中山先生做一个演讲：模拟场景为1911年9月的上海广场，向民众诉说你的"中国梦"，鼓舞民众参加革命。（2）假设你是一名参加过武昌起义和亲眼见证过中华民国成立的革命者，请向你的后辈讲述辛亥革命对你的生活带来的影响（可以口述或者撰写回忆录）。（3）介绍革命先烈的英雄事迹：模拟场景为博物馆展出革命者秋瑾的日记、林觉民家书、孙中山的演讲稿等，请你选一个向观众介绍。以上考核评估的标准为：符合基本史实，构思合理，细节逼真，解释清晰，逻辑严谨，引人深思。

另外，还设计了其他评估证据：（1）对辛亥革命的相关知识进行随堂测试。（2）通过思维导图展现本课的历史知识。（3）以小论文的形式写下对辛亥革命的看法。评估的标准为：符合史实，阐述清晰。

阶段三：规划相应的学习体验和教学活动

接下来进入逆向设计的第三阶段，要设计合理的教学过程以达成预期学习目标（阶段一）以及圆满评估（阶段二）。笔者认为实现迁移和理解意义目标的关键是学生能"神"入历史，与历史人物同呼吸共命运。基于此，笔者对高中历史统编版《中外历史纲要》"辛亥革命"这一课的关键教学设计如下。

1. 课前问卷

检测学生的学情（知道了什么—想学到什么）并制定个性化学习目标。

2. 导入

播放辛亥革命视频使学生身临其境，增加其历史时空感。以诗歌为线索帮助学生厘清辛亥革命的历程。

3. 背景

"山雨欲来风满楼"。展示以"悲风""歪风""春风""东风"为概括总结的材料,加深学生的印象,为辛亥革命爆发的学习做好铺垫。

4. 过程

"武昌起义谱春秋"。展示时间轴,结合相关地图,学生小组合作进行讨论,使学生学会归纳概括教材等历史信息,由小组代表口述过程。

5. 成就

"立国行宪废帝制"。通过播放孙中山回国、宣誓就职等视频,使学生身临其境,增加其历史时空感。让学生结合视频和教材知识,模拟小记者就 1912 年 1 月 1 日中国的要闻做个简短报道。展示《中华民国临时约法》的内容,让学生合作探究《中华民国临时约法》的性质及其意义。

6. 评价

"有花无果恨悠悠"。提供不同视角下的材料,让学生运用辩证唯物主义的观点和方法评析辛亥革命。

7. 启示

"革命尚未成功,同志仍须努力"。让学生自主探讨学习本课之后的启示,体会以孙中山为首的资产阶级革命派为挽救民族危机,不怕牺牲、英勇献身的爱国主义精神,并学会运用辩证唯物主义的观点和方法客观地评价问题。

8. 课后表现性任务

角色扮演。

三、逆向设计对教学的作用

(一)逆向设计促进学生深度学习

所谓"深度学习,就是指在教师引领下,学生围绕具有挑战性的学习主题,全身心积极参与、体验成功、获得发展的有意义的学习过程"。以前我们的教学更多的是"灌输式"的学习,以教师的"讲"代替了学生的"学",学生在接受知识的过程中没有体验感。而逆向设计强调"以学定教",以学生的学习结果作为我们教学设计的根本出发点和落脚点,整个教学过程中都紧紧围绕着学生。这样的设计真正站在学生的角度,有力地促进了学生的深度学习。就如笔者对"辛亥革命"的这一课设计的教学过程,通过设置情境使学生"神"入历史,提高了学生学习兴趣,让学生设身处地地去分析理解历史问题。

（二）逆向设计助力历史学科核心素养落地

通过"辛亥革命"这一课的逆向设计与教学实践，"如何使学科核心素养落地"这一困扰教师已久的难题迎来了能妥善解决的曙光。UbD 理念强调"理解乃教育之目的"，认为理解意义和学会迁移是教学的最终目的。核心素养指的是学生应具备的适应终身发展和社会发展需要的必备品格和关键能力。两者追求的实质是一样的，都是为了学生的发展。通过笔者实践检验表明，逆向设计确实是一种能使核心素养目标得到充分落实的教学过程和教学方法。

四、结语

基于 UbD 理念的高中历史逆向设计，通过明确预期学习结果、确定可接受的证据以及规划相应的学习体验和教学活动，深化了学生的学习，助力了历史学科核心素养的落地生根。

参考文献：

[1] 格兰特·威金斯，杰伊·麦克泰．理解为先模式：单元教学设计指南（一）[M]．福州：福建教育出版社，2018.

[2] 郭华．深度学习及其意义 [J]．课程·教材·教法，2016（11）：25.

生物组论文篇

新课改中高中生物学与信息技术的学科整合

新丰县第一中学 胡莎莎

一、生物学与信息技术学科整合的意义

信息技术就是指人们在现代计算机技术手段和现代通信技术手段的有效帮助作用下,可自动收集、储存、管理、传输信息和自动显示各种包含有文本、声音、图像等在内的社会各类有用信息资料的新型现代化信息技术。在信息技术教育的实践过程中,我们所使用到的现代信息技术主要是指通过使用微型计算机来实现交互式的数字多媒体技术和互联网信息技术。

信息技术与课程的整合并非形式上的简单结合,而是透过专业教材将信息与课程教育进行有机结合,把两方面的教学活动一体化,把技术作为提升教与学的效能、改进教与学的一种工具,改变以往传统的教学模式。其目的在于将教师和学生、教学和内容整合为一体,激励学生进行更有效的学习,同时实现信息素养与学科素养的双赢。从教育技术的发展这一层面而言,信息技术与生物课程的整合是将信息技术与生物学科课程有机地结合起来,改变以往单一的教学环境,通过刺激学生对专业的兴趣,促进学生的自主学习能力,是在结合现代教育技术的情况下进行多方面刺激教学的一种新颖科学的教育模式。

新课标改革之前,大多数教育模式以应试模式为主。在这种教育模式下,教师教授现有的结论让学生反复多次进行训练,不会过多地关注知识源头,也不在意知识之间的关联,但新课标却明确了教师在理解领悟的基础上,必须结合教学实际,发掘自身专业的内外价值和教具价值,注重相关知识对学生实际生活、对社会生产的影响,提高本学科的应有价值。另外,新课标着重于对科学史的学习,需要学生对科学的本质和科学研究方法进行基础的理解和学习,进而体会科学的精神,提高科学素养。在这个过程中,让学生形成一个完整的学科认知结构,让学生在理智发展过程和精神世界里同时得到发展和提升。新

课标理念中还提出，课程改革的根本中心任务是促进全体学生全面的健康发展，改变了传统课程内容单一的教学方法，适应了不同发展阶段学生的各种专业知识的学习需求，结合学生的实际情况创造设计出了一个可以真正使每个学生都能积极地投入学习的良好课程环境，以充分调动每个学生对社会专业知识学习活动的参与积极性，提高每个学生了解社会与综合运用社会专业领域知识技能的综合能力，让每个学生都获得全方位健康的发展。

二、生物学与信息技术学科整合的作用

（一）生物学与信息技术学科整合可激发学生的专业兴趣

每个人都有自己的兴趣，兴趣作为最好的教师可以让学生在学习的过程中拥有无穷的动力。传统的生物教学主要通过语言描述、文字说明或者实验演示来进行，可是语言的描述往往具有不定性，稳定性较小，说服力较弱；文字内容的抽象描述方法则显得相对抽象、乏味，不易于深入掌握；实验中的实验演示往往局限于某种现实条件，通常也只是简单地给出了学生自己已掌握的实验结论，特别是对某些明显带有生物微观、动态过程性质的实验学科内容，学生则基本只能靠自己的主观推测判断或用主观想象来加以理解掌握，无法具体地深入，这自然也就大大地降低了广大学生对计算机和生物的学习兴趣。如果能把计算机技术和计算机生物融合起来教学，在有效克服学生的这种学习困难方面无疑能发挥其巨大的教学优势。计算机技术学习具有综合地处理图形、动画、录像功能和处理音频、文字语言信息等各种基本信息资料的功能，甚至还能用科学的方法设计出更符合生物学情和实际需要的教学 PPT、Flash，用大量直观、动态、丰富的生物教学演示视频来创造设计出更加形象逼真的生物教学演示场景，培养广大学生学习生物知识的浓厚兴趣和提高学生对相关知识技能的掌握。

比如，在植物细胞器的课程教学环节上，教师要能熟练地运用各种多媒体技术给学生进行讲解，同时播放各种植物细胞器相关的三维图像模型与动图，展示它们的结构组成，找出它们之间的异同，探究结构与功能之间的联系；或者在学习分泌蛋白的过程时，通过对应的教学 Flash，让学生直观地学习参与蛋白分泌过程的细胞器的种类、顺序和功能，使他们的理解更透彻，记忆更深刻。通过对生物学与信息技术学科进行整合，利用新颖的教学手段将学习内容丰富化、客观化、形象化，能有效提高学生学习生物的兴趣，激发他们对生物学的学习动机，从而提高其学习效率。

（二）生物学与信息技术学科整合可提升学生的探究能力

高中生物教学要求体现的知识点及教学内容具备一定的可塑性和开放性，教师在课堂教学中必须让学生不处于被动地位，而是让学生在学习过程中学会主动思考和探索，获得学习的自主探究能力。因此，在实际教学中，作为教师，我们必须尽职尽责地做好引路人，为学生创设科学的教学情境，引领学生在高中生物的学习过程中可以不依附教师，学会根据教学内容进行独立、主动的思考探究。教师还可以鼓励学生根据以前的学习内容自行思考、设计符合自身特点的对应的学习方案，结合自身经历，从实际出发，解决实际与理论之间的转换问题。因此，教师可以将信息技术与高中生物教学进行融合，将高中生物教学中的相关文字、图像、视频等素材进行整理集合，并对一些在实验室中难以操作的生物实验进行模拟，让学生观看到生物课程中对应实验的变化过程，提升学生对高中生物实验的学习体验。

如在"探究 pH 对酶活性的影响"这一节课的教学中，这节课虽为实验探究，但并不意味着学生可以脱离教师进行完全独立的探究。如果一开始就让学生自行设计和操作，让学生在毫无指引的情况下进行实验，非但不能完成教学目标，甚至有可能引发学生的盲目性，同时也会带来潜在的不安全因素。为此，教师在充分备课后，可准备对应实验的相关教学录像，引导学生进行观察和思考、讨论，让学生独立地完成 pH 对酶活性影响的实验设计，尽量完善实验设计方案。这样，不但能保证课堂教学的高效进行，还能让学生进行独立自主的思考探索，充分展示自己的设计空间，实现在生物学习过程中探究能力的提升。

（三）生物学与信息技术学科整合可增强学生的学习效果

与其他学科相比，生物学中的知识点比较抽象，光凭想象很难让学生理解。如果能通过信息技术将它们展示出来，使学生形成生动、直观的认识，让学生能把枯燥、静止的知识转化为真实、动态的实境，就能使学生思维结构变得清晰。比如，生物教师在讲解"神经调节"时，相关知识链条中的各种结构和功能都比较容易混淆，如果只在文字上进行解析，学生很难明了各结构之间的联系，甚至有可能记不住基础知识，若是利用信息技术与学科教学整合，将神经调节中的各结构与调节过程制成三维动画，模拟出动态过程，让学生清晰地了解各结构以及它们之间的联系过程，这样就可以化繁为简，使传统课堂中二至三课时的教学任务在一堂课中就能完成。这样既可以帮助学生更好地理解和掌握知识，提高学习效率，还能帮助学生巩固、增强学习效果，教师"教"的担子减轻了，学生"学"的担子减轻了，信息技术与学科教学的整合也就提高了课堂教学的质量和效率。

三、生物学与信息技术学科整合的应用

（一）结合实际创设情境

新课标在改革中对部分章节的引入情境进行了部分修改，使其更加贴合内容。因此，在导入新课时，我们应注意在本课程的设计过程中加入最关键、最重要的一环内容——情境的设计，要运用适当数量的现代信息技术，完整地反映现代信息技术具有模拟社会现实、互动性较强等新特性，合理、生动、形象地安排介绍相关教学内容，充分调动广大学生学习信息技术的浓厚兴趣，以更利于后续课程教学的顺利开展。比如，生动、形象、直观的生物照片的介绍讲解或立体、有趣的生物录像的播放都能更有效地调动起学生对各种生物知识学习的兴趣，培养学生在生物学习中解决问题的能力。同时，还可以结合实际，在适当的时候利用各种精彩的多媒体素材对学生进行情感教育，培养学生在生物学科方面深入思考和探究的精神。

（二）虚实结合突破难点

利用信息技术，结合多媒体，可以在生物学教学中很好地突破教学重难点，达到提高课堂效率的效果。多媒体课件可以多方位地展示声音、图像、文字、动画视频等，生动、直观、形象，可做到科学地呈现静态的课本知识，进行文字与图像、视频的转换，虚实结合，最大限度地满足学生的感官需求，从而使学生在头脑中建构出完整的理论模型和清晰的知识结构，在原有的基础上更快地突破重难点。比如讲解"物质循环"中的"群落与非生物环境中进行循环"这个教学难点时，我们可以用多媒体对物质循环的路线进行模拟，让学生可以具体化物质的流向，从而使学生理解物质循环的概念及流程，完成相应的教学目标。

（三）进行计算机模拟实验

生物学作为一种应用自然科学，主要以应用实践为理论基础，所以生物学在目前大多数的生物实验教学的环境中也都离不开实践。但是因为学生受各种实验的要求、条件和实验设备条件的限制，或受其他一些客观环境因素条件的严格约束，一些普通高中生物实验课程不能完全允许每个学生独立完成课题实操，书本上的实验教学的过程也根本无法独立进行，有些学生实验结论表达不太清晰，有时甚至完全无法清楚地表达，这种现象也不可避免。这就完全没办

法去满足现代教学和中学生发展对生物实验技术课程教学的现实要求，也就使学生在实验方面的兴趣不高，基础知识不牢靠，甚至成为考试中的一大失分点。通过信息技术，教师可在真实实验的基础上进行模拟、演示，使学生充分理解实验现象的进行过程，达到较为理想的教学效果。

（四）提高效率自主复习

生物学知识点繁多，知识面广泛，因此在进行复习课时，教师可通过信息技术将完整的知识网络体系投影到屏幕上，引领学生整理集合，在加深学生对知识体系的理解的同时，还可以在较短时间内增大教学容量，提高课堂效率。另外，利用信息技术展示知识网络体系，展示前后知识内容之间的联系，可以刺激学生产生对以前所学生物知识的回忆，帮助学生对现学知识的理解应用，而且还有利于学生在整合的过程中对自身水平进行检验，从而找出薄弱问题，针对具体内容进行自主的重点复习或重新学习，从而有效提高其复习的效率。

四、生物学与信息技术学科整合的措施

在生物学与信息技术学科整合的过程中，不管是学科观念、教材观念还是教学观念，都已经发生了改变，我们也应该在这个整合的过程中，清楚地认识到作为教育者的重要性，并且体现出教育者该有的价值。进行生物学与信息技术的学科整合，不仅是将信息技术应用到生物学教学中，同时也要求教师能在掌握信息技术能力的基础上，自觉地利用信息技术，改变传统的学科观念，让生动有趣的各种教学形式不断刺激学生的感官，让学生具备独立自主进行思考和探究的能力，提高教学效率。教师要根据当前信息技术的发展与信息技术课程的目标以及学生的特点，结合学科知识设置相关的课题内容，更新教材观念。同时，也要摒弃原有的教学观念，拒绝"满堂灌"，做到以学生的"学"为主，以"教"为辅，具体精准分解教学目标，指导学生稳而有序地完成学习目标。

随着教学改革和国家教育政策的推动，高中生物学科教育的改革和创新也在不断地更新，生物学与信息技术学科的整合将会是主要的教学方式。学海无涯，在带领学生进步的同时，身为生物教师的我们也一定要加大自己对现代信息技术知识的学习掌握，充分发挥现代信息技术的学科教育的优势，创造出多样化的生物多媒体互动教学情境，在自己每场精彩的生物课堂的探索实践中去沉淀提升自己，融合现代前沿学科的学科教育理论思维，建立一

套实用、科学有效的学科教育的观点体系与思维模式，优化提升自己的生物课堂，达到现代生物学课程教育和现代信息技术学科教育的完美有机融合。

参考文献：

[1] 钱兆华. 信息技术与生物学科整合的初步探讨 [J] . 科学大众，2010（3）：35.

[2] 陈蓉. 论如何运用信息技术促进高中生物课堂教学改革 [J] . 考试周刊，2016（74）：13.

[3] 潘克明. 信息技术与学科教学深度融合的研究 [J] . 教育信息技术，2015（Z2）：4 - 8.

[4] 孟潜，陈增照，李静，等. 浅析信息技术与学科深度融合 [J] . 中国教育信息化，2016（20）：8 - 11.

基于核心素养的高中生物课堂教学实践

——以《人体的内环境与稳态》一轮复习课为例

新丰县第一中学　潘小勉

《普通高中生物学课程标准（2017 年版）》的基本理念中提到教学过程要重实践，强调学生学习的过程是主动参与的过程，让学生积极参与动手和动脑的活动，通过探究性学习活动或完成学科任务，加深对生物学概念的理解，提升应用知识的能力，培养其创新精神，使学生能用科学的观点、知识、思路和方法，探讨或解决现实生活中的某些问题。本人以《人体的内环境与稳态》一轮复习的课堂教学为例，尝试在教学过程中培养学生的核心素养。

一、情境引入，形成生命观念

"生命观念"是指对观察到的生命现象及相互关系或特性进行解释的抽象，是人们经过实证后的观点，是能理解或解释生物学相关事件和现象的意识、观念和思想方法。教师在教学过程中应充分利用各种素材，通过一些生活中的例子来增强学生的问题意识，使学生迅速进入教学情境中，并从已有的知识经验中提取相关信息，对该生物问题进行阐释；学生在解决问题的过程中会强化相关认知的矛盾与冲突，进而得到解决问题的答案，最终构建与该问题相关的生物学概念与生命观念。

在"人体的内环境与稳态"的教学过程中，人体内环境与稳态是生物学中非常重要的概念，尤其是稳态概念在现代生物学中已成为普遍使用的一个基本概念，它描述了普遍存在于生命过程中的一个共同规律，这一部分内容对帮助学生认识生命本质和规律具有重要意义。其在历年高考中都会涉及：主要以选择题形式对内环境概念进行考查；稳态的各种调节机制则以简答题形式出现，也经常出现在实验分析题及实验设计题中。在实际教学过程中，由于这些内容都很抽象，因学生知识准备不足，要做到真正理解有一定难度。虽然学生在新授课中已经对相关内容进行了学习，但很多同学对此部分内容的掌握还只是停留在各独立的知识点，没有构建体系，使前后贯通。所以，在教学时，我力求创设情境，联系学生的生活经验，利用课本问题探讨中两个图片中的手、脚等部位有时会磨出"水泡"，体内细胞脱离了适合生存的环境就会死亡，人体体温的相对稳定及其重要性，人体需要摄入营养物质、排出废物等生活例子提出适宜的问题情境，引起学生思考，并引导学生通过找课本找教辅，联系学生已有知识和经验，引导学生构建"内环境"和"稳态"的概念，形成生命观念。

二、强化自主学习，建构科学思维

"科学思维"是指运用科学的思维方法认识事物、解决实际问题的思维习惯和能力。学生在学习过程中应该逐步发展自己的科学思维，如能基于生物学事实和证据，运用归纳与概括、演绎与推理、模型与建模、批判性思维、创造性思维等方法，探讨、阐释生命现象及规律，审视或论证生物学社会议题。

例如，"人体的内环境与稳态"的教学过程中，利用一轮教辅上的基础知识梳理填空题，以及课本上的血浆、组织液和淋巴之间的关系图，让学生自主学习，完成填空并解释课本上提出的一些生活例子。学生通过自主学习，可以了解大部分的基础知识，同时会对自主学习中产生的新的疑问进行思考讨论，最后教师对学生提出的疑问进行引导与总结。比如，运用图示分析各种不同的细胞生活的液体环境有所不同，明确细胞外液的范围，在学生思考讨论的过程中，利用 PPT 放映图片向学生解释血浆、组织液和淋巴液存在的动态物质运输关系，结合课本上血浆的化学组成的资料分析，引导学生总结出细胞外液的组成成分。结合内环境的组成成分引出对内环境的理化性质的分析，并列举生活中发烧、水肿等常见的病例分析，让学生明确组成成分稳态和理化性质稳态才是真正的健康。通过自主学习，学生既掌握了基础知识，又提高了解决问题的积极性和主动性，而且学生在思考与再认知的过程中也逐步培养了自己的科学思维。

三、分析实验，提升科学探究

"科学探究"是指能发现现实世界中的生物学问题，针对特定的生物学现象进行观察、提问、实验设计、方案实施以及对结果的交流与讨论的能力。学生应在探究过程中，逐步增强自己对自然现象的好奇心和求知欲，掌握科学探究的基本思路和方法，提高实践能力；在探究中，乐于并善于进行团队合作，勇于创新。

例如在"人体的内环境与稳态"的教学过程中，我利用生活中绝大多数人都有过发高烧的经历，让同学先谈谈自己发高烧时的感受，设计一些与发烧有关的问题，引导学生思考讨论。在发高烧的状态下，由于内环境发生一系列变化，导致体内的各种反应出现紊乱，于是机体功能发生异常；发热时机体处于一种明显的分解代谢过旺的状态，持续高热必定引起器官的功能负荷加重，有可能诱发器官功能不全或引起组织损伤，得出正常的体温是体内细胞进行各种生化反应最适宜的温度，因此应注意及时采用物理方法或服用药物来退烧降温，并引导学生设计实验探究温度对化学反应的影响及最适温度的探究实验设计思路，让学生通过一系列的科学思维与科学探究，总结出内环境稳态的重要性。将科学探究引入生物学科的核心素养，促进了学生学习方式的改变，使学生能主动地获取生物科学知识，体验科学过程和科学方法，形成一定的科学探究能力和科学态度和价值观，培养学生创新精神。

四、联系生活，增强社会责任

"社会责任"是指基于生物学的认识，参与个人与社会事务的讨论，做出理性解释与判断，解决生产生活问题的担当和能力。学生应能以造福人类的态度和价值观，积极运用生物学的知识和方法，关注社会议题，参与讨论并做出理性解释，辨别迷信和伪科学；结合本地资源开展科学实践，尝试解决现实中的生活问题；主动向他人宣传关爱生命的观念和知识，崇尚健康文明的生活方式，成为健康中国的促进者和实践者。

例如，在"人体的内环境与稳态"的教学过程中，我利用高三学生体检过程中做的血液检查报告表，引出"血浆生化指标"（血浆中各种化学成分的含量），其中包括机体多种代谢产物的含量。健康机体的生化指标一般都处于正常范围内，当机体某项生理功能出现障碍时，势必影响其代谢产物的含量，因此血浆的生化指标可以反映机体的健康状况，并可以作为诊断疾病的依据。例如，转氨酶是衡量肝功能受损情况的一项指标（转氨酶存在于肝细胞的线粒体中，只要肝脏发生炎症、坏死、中毒等损害，它就会由肝细胞释放到血液中），所以肝脏本身的疾患会引起不同程度的转氨酶升高。肌酐是有毒的代谢废物，积累过多会影响健康，肌酐含量超标，表明肾脏的排泄功能有障碍。葡萄糖含量超标，血糖含量过高可并发酮症酸中毒、糖尿病等；甘油三酯超标，会引起高脂血症，易并发冠心病、动脉粥样硬化等。我还让学生利用课外时间对长辈进行调查，并向他们介绍肝炎、糖尿病、肾炎等的治疗等相关知识，利用学生熟悉的生活经历，启发学生用理论联系实际，促使学生关注健康，养成自我保健的意识和习惯，关爱家人和亲友，因势利导地对其进行关爱长辈的情感教育。

新课标修订的基本思路是聚焦学科核心素养，彰显学科的育人价值。培养高中生的生物学科核心素养已成为新一轮课程改革的方向，也是社会进步的必然。故新课标是教师为实现一定的教学目标、在教学活动中使用、供学生选择和处理的，负载着知识信息的一切手段和材料。我们要把新课标作为备课资料、上课的依据，在教学过程中做到心中有课标、心中有学科、心中有学生，三者结合，从而培养出学会学习、健康生活、人文底蕴、科学精神、责任担当、实践创新全面发展的学生。这就是我目前学习新课标后的最深体会，与大家一同分享。

参考文献：

[1] 刘军．高中生物学新课标案例解读［M］．北京：北京师范大学出版社，2020．

[2] 武祎．普通高中生物学课程标准（2017 版）解读［M］．长春：吉林省教育学院高中研训部，2018．

[3] 谭永平．从发展核心素养的视角探讨高中生物必修内容的变革［J］．课程·教材·教法，2016（7）：62 - 64．

[4] 罗科生．核心素养与生物学科核心素养［J］．中学课程辅导，教师教育，2016（19）：93．

[5] 蒋桂林．基于高中生核心素养培养的生物学科素养的思考［J］．中学生物学，2015（10）：9 - 10．

基于深度学习的高中生物教学情境创设探索

新丰县第一中学 李水凤

深度学习是指以学生为主体，学生在教师的引领下，学习具有挑战性的主题。在学习过程中，学生不断地形成一种高水平的思维方式，最终成为具有独立性、批判性、创造性、合作精神和有扎实基础的优秀学习者、未来社会主义实践的接班人。深度学习以浅层学习为基础，以教师的课堂教学为思维训练平台，获取跨原阶水平的学习能力。这不仅是学习主体的深度学习，更是教学者对教学策略的深度研究。问是学习之源，课堂理应始于问，也终于问。当然问题的提出不是凭空而出的，任何问题的提出必有其情境。因此，本文内容主要是对高中生物学课堂教学中情境创设的四种类型进行的探索。

一、生活情境的创设

生活情境创设是生物学课堂教学中最常用的一种教学策略，它能直接引起学生学习兴趣，引发学生思考，因此在生物课堂上被广泛应用。从构建的类型来看，有简单快速的直接切入型的，也有构建一个生活中的小故事，以分析故事细节的方式来逐一开展课堂教学任务这一类型。

案例1：教学《探究植物细胞的吸水和失水》一课的时候，可以用餐桌上的腌黄瓜、糖渍番茄来展开对植物细胞失水现象的观察和探究实验。

案例2：教学《酶的特性》这一课时，可以播放加酶洗衣粉广告视频、图片展示加酶洗衣粉包装袋上的使用方法。讨论：①加酶洗衣粉比普通洗衣粉的洗衣效果好，酶在其中起到了什么作用？酶的本质是什么？作用原理是什么？②包装袋上的"用量更省""用温水溶液浸泡"体现了酶的什么特性？酶还具有什么特性？

案例3：学生在学习《血糖平衡调节》这一课时，教师创设生活小故事的情境，如老李最近出现乏力、口渴，而且饭量增大、人却消瘦的症状。隔壁老孙知道了，联想到在电视看到的糖尿病的公益广告，建议老李去医院做个糖尿病的相关检查。老李吃完早饭到了医院，医生建议他第二天空腹来做检查。讨论：①饮食后对血糖的检查有何影响？②老李第二天空腹去医院接受检查，医生是如何根据老李的血检单判断老李是否患糖尿病的？③尿糖和糖尿病是一回事吗？④参与人体血糖调节的激素有哪些？这些激素的作用机理分别是什么？

策略分析：生活化的情境可以保持学生的学习兴趣，缓解教授难点知识时学生的畏难情绪。同时与生活实例结合，形成正确的生命观念。课堂上按点分析、层层递进推动学生的思维进阶，使学生明晰课堂上需掌握的知识，辅助其构建知识框架背后的思维框架，促进学生高阶思维的发展。

二、真实情境的参与创设

让学生参与情境创设，感受体验式的课堂教学方式，是一种深度的学习。让学生参与真实的情境最终形成一定的成果展示，这种方式更能发展学生的综合素质能力，对教师的组织、引导、沟通、协调能力也是很大的挑战。根据参与情境创设的学生人数多少以及教学内容特点，可以将其分为：一是针对性较强的个别学生的参与创设，二是覆盖教学班所有学生的参与创设。

案例4：在教学"人类遗传病"这一课时，举行一次"小记者"（活动人员3~4人）访谈活动。可以与学校附近的医生联系，预约采访时间，预约两位医生分别负责遗传咨询和B超检查工作。学生完成制定采访提纲→编辑视频→课堂播放的流程。学生通过走访医生和查阅资料，小组之间交流，了解遗传咨询的内容和步骤，以及产前诊断的检测手段。

案例5：在学生学习"细胞中的糖类和脂质"这一课时，教师可以创设让学生"给家人（或自己）设计一份一日食谱"的活动，让学生真实地参与情境创设。可以课前布置任务，事先记录家人（或自己）一星期每天家中的食谱内容，将自评活力值最高的一天的饮食进行拍照。记录表格见表1。

表1　一日食谱

日期	月　日		月　日		月　日		月　日	
项目	内容	营养成分分析	内容	营养成分分析	内容	营养成分分析	内容	营养成分分析
早餐								
午餐								
晚餐								
自评活力值								

　　课堂上，让同学们拿出记录表和实物图小组讨论：（1）同学们的食谱中都含有哪些食物？（2）这些食物能提供人体所需的哪些营养物质？（3）你知道组成人体的糖类和脂肪的作用分别是什么吗？

　　以此导入课堂，引导学生探究细胞中糖类、脂质的种类和功能。

　　这个情境可以贯穿整个单元的学习中。例如：用运动员的一日食谱与同学们的食谱做比较，让同学们找出最大的不同，从而带领学生进入"蛋白质是生命活动的承担者"一课的学习中。通过第一课堂的学习，在生物的第二课堂上可以让学生结合运动员食谱、健身人员食谱，为家人（或自己）定制一份具有针对性、可以量化、营养均匀的食谱，引导学生健康饮食，也可以因此介绍营养师等相关的职业。

　　策略分析：让学生参与真实情境的创设，往往需要师生共同投入大量的时间和精力来进行创设，但这一过程对学生和教师能力提升有很大的促进作用。同时还可以巧妙地把生物第一课堂与第二课堂相结合，培养学生扎实的知识基础，训练学生的思维、语言沟通能力，结合其他多方面的技能，达到多方位培养素质型人才的目的。

三、社会热点的情境创设

　　在教学中结合当时社会背景下相关的生物学知识，激发学生学习兴趣的同时，使学生学会从科学的角度去分析事件背后的本质，从而用科学的手段和途径去解决问题，提高学生辨别是非的能力。

　　案例6：上"核酸是遗传信息的携带者"这节课前，让学生通过互联网等渠道查找"人类基因组计划""DNA指纹技术""全国打击拐卖儿童DNA数据库"等资料。课堂上播放 DNA 指纹技术在案件侦破工作中的视频，讨论：（1）为什么 DNA 能提供犯罪嫌疑人的信息？（2）你还能说出 DNA 鉴定技术在其他方面的应用吗？结合学生已有的知识，联系生活实际，激发学生学习兴趣，让学生关注社会热点时事。

策略分析：创建社会热点情境可以是人、是事件，或某一种观点，但注意要和所授知识有关联性，不要喧宾夺主。抓住切合的某一点即可，不然会显得冗长累赘。提出问题也要注意问题的针对性，不然学生无法准确抓住课堂的核心知识。应用好这一策略，可以培养学生的社会责任意识。

四、创新实验情境创设

课本实验的创新展示，可以让学生切身体会生物学是一门探究性的实验科学，同时实验现象会激起学生的探究欲望，让学生能带着疑问进入后续的学习当中。

案例 7：在学习"被动运输"一课时，可以进行演示实验：上课伊始拿出一块横切的萝卜块 B，取 B 上的一块萝卜 A，把 A 放置在浓盐水中浸泡 5~10 分钟。当课堂内容推进到"水分进出植物细胞的方式"时，可以取出萝卜块 A，将其试着与 B 进行拼接，发现 A 与 B 不能无缝连接还原（前后对比如图 1 所示）。

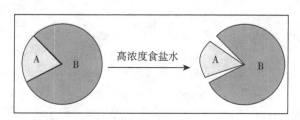

图 1　高浓度食盐水

讨论：①萝卜块 A 发生了什么？②在什么情况下，导致了 A 萝卜块发生了这种变化？③植物细胞失水发生了哪些具体的变化？进而引导学生使用显微镜观察植物细胞失水发生的质壁分离现象，分析形成这种现象的原因。再让学生进一步地讨论植物细胞在什么情况下会吸水，最后分析归纳总结出水分进出细胞是渗透吸水和渗透失水的结果。

策略分析：创设实验情境要注意实验的时长，注意课堂时间的合理分配。结合课堂的具体内容，可以让学生初步经历并掌握科学探究的一般方法，锻炼学生包括观察现象、发现问题、假说、推理、演绎、分析、归纳等的科学思维，提升学生严谨、求真的科学态度，发展学生的科学探究能力。

参考文献：

［1］刘月霞、郭华. 深度学习：走向核心素养［M］. 北京：教育科学出版社，2018.

［2］刘军. 高中生物学新课标案例解读［M］. 北京：北京师范大学出版社，2020.

［3］梁曼丽. 基于深度学习理论的初中生物学教学情境创设探索［J］. 生物学教学，2021（46）：16 – 17.

基于学科核心素养下的生物学教学设计研究

——以《细胞的衰老和死亡》为例

新丰县第一中学　罗素婷

《普通高中生物学课程标准（2017 年版 2020 年修订)》提出，提高学生的生物学核心素养是课程标准实施的基本任务，是学科育人价值的集中体现，要让学生通过学科学习而逐步形成正确的价值观、必备品格和关键能力。因此，教师应该以生物学核心素养为核心，制定有关生命观念、科学思维、科学探究和社会责任的教学目标，立足于教学目标，形成教学设计。借助合理的教学设计，让学生带着问题主动参与教学活动，形成生命观念。通过参与社区活动，学生能增强社会责任。为此，教师要紧跟时代步伐，关注学科研究方向和相关实验，发展学生的科学思维，提升其科学探究的能力。本文以"细胞的衰老和死亡"为例，具体阐述了生物学学科核心素养下的教学设计。

《细胞的衰老和死亡》一节内容多为概念性内容，如细胞衰老的特征、细胞凋亡的概念。因此，教师在教学过程中容易将本节重点定位为对概念的掌握，学生对教学活动的参与度不高，从而无法调动学生的积极性和能动性。为了提高学生对课堂活动的参与度和关注度，开阔学生的思维和视野，落实教学目标和生物学学科核心素养，笔者对本节课的教学过程做了如下设计，以供教学参考。

一、教材分析

《细胞的衰老和死亡》是高中生物新人教版必修一《分子与细胞》第六章《细胞的生命历程》第三节的内容，主要讲述了细胞的衰老和死亡这两个正常的生命活动现象，是细胞的增殖和分化的基础上的进一步深入和拓展，有助于学生对细胞的整个生命过程形成完整的认识。细胞衰亡机制与生物科技发展息息相关，有助于培养学生的科学兴趣和价值观的形成。细胞分裂使细胞数目增加，细胞分化使细胞种类增加，此外正常细胞在生长过程中还在不断地衰老，最后死亡。通过本节课的学习能使学生更加深刻地理解细胞的增殖、分化、衰老、死亡是细胞发育中的正常生命现象。

二、学情分析

本节课授课对象是高一学生，从认知特征上来看，学生已经具备一定的逻辑思维能力和理论分析能力，同时也形成了一定的自学和总结归纳的能力；从知识储备上来看，学生学习过细胞增殖、分化，所以对抽象的细胞生长发育过程已经有了一定的感性认识，但他们还未具备较强的抽象思维，对细胞衰老的特征可能会难以理解和记忆。在进行本节课的教学时，教师应注意将本课知识与实际生活的例子联系起来，帮助学生理解记忆，鼓励学生对比并进行归纳学习，以提高学生归纳总结和类比学习的能力。"每一个人都要经历生老病死的过程，抽象的细胞衰老又会是怎么样的呢？"将会引起学生的兴趣。

三、生物学学科核心素养下的教学设计

生物学科核心素养下的教学设计在强调学生主体地位的同时，应以生物学科核心素养为教学目的，遵循授课对象的具体学情，创设合理的教学情境和学生活动，并立足于学科核心素养，给予学生相应的教学评价。基于生物学科核心素养，合理的教学情境包括探究式教学情境、游戏式教学情境、问题式教学情境等。学生活动包括自主发言、小组讨论、实验探究、社会调查等。当然，无论以何种教学形式，教学设计应始终指向学科核心素养，注重目标性教学。以下笔者将选取《细胞的衰老和死亡》一节的教学核心素养目标、教学策略、教学过程和教学评价进行展示和有关分析。

（一）教学目标

生物学学科核心素养是学生在学习生物学课程的过程中逐渐发展起来的，在解决真实情境的实际问题中所表现出来的价值观、必备品质和关键能力，是学生知识、能力、情感态度与价值观的综合体现。因此，生物学学科核心素养下的教学设计应以生物学学科核心素养为目标，结合具体学情和授课环境，创设合理的教学活动和学习情境，给予学生科学的教学评价。

本节课通过对细胞衰老和死亡的学习，让学生认识细胞的生命历程和变化

规律，使其树立正确的生命观念，树立自觉关爱身边老年人、关注老年人身心健康的社会责任，珍惜时间，珍爱生命，形成良好的生活习惯，拓宽自己的科学思维，提高大胆提出假设和质疑的能力。学生通过小组讨论活动，能提高自己的合作和沟通表达的能力。因此，本节课的教学目标设计如下。

学生通过实图观察和资料阅读分析，能描述细胞衰老在形态、结构和生理功能等方面的特征；通过对具体实例和实验结果的分析讨论，能判断细胞衰老和个体衰老的关系。

学生通过观察图片、自主学习和小组交流讨论，能辨别细胞凋亡和细胞坏死，认同细胞凋亡对人类的积极意义。

学生能用批判式思维学习细胞衰老的原因，关注对细胞衰老的相关研究，敢于做出对细胞衰老原因的多种假设，并对市面上延缓衰老的产品做出合理判断，认同细胞衰老是一种自然的生理过程。

学生能结合自身经历和感受，分析人口老龄化的社会现状及其问题，讨论解决办法和实际行动，形成珍惜时间、珍爱生命、真正关爱老年人的情感和社会责任意识，自觉倡导健康的生活方式。

（二）教学策略

通过《人的一生》小视频导入和笔者衰老后发生的变化以及日常生活中相关实例创设问题情境，探讨细胞衰老与个体衰老的表现，分析细胞衰老的特征；指导学生阅读教材，让学生自主探究学习细胞衰老的原因；以学习小组为单位，通过单细胞生物和人类衰老的实例，结合书中实验资料，让学生交流讨论细胞衰老与个体衰老的关系；小组展示课前关爱身边老年人事迹的图片或小视频，让学生关注老年人的健康状况和生活状况，小组交流各自心得、体会、感想，树立学生社会责任感。通过《小蝌蚪找妈妈》导入细胞死亡，让学生自主阅读材料，学习细胞死亡并小组讨论总结细胞凋亡和细胞坏死的区别。在本节课中，教师利用生活实例和小视频激发学生的兴趣，联系学生生活实际，引导学生树立正确的价值观。本节内容与社会热点话题、生物学前沿研究方向密切相关，有助于增强学生的社会责任感，提高学生对生物学的学习兴趣。教师还可利用生活中抗衰老的相关产品（如白藜芦醇、花青素等）和食物（黑豆、黑芝麻等）引起学生学习本节内容的兴趣，最后用细胞衰老的特征改编《当你老了》歌词升华本节课内容，从而达到教学目的。

(三) 教学过程

1. 创设情境，导入课堂

教师播放小视频《人的一生》，展示不同时期的人体外貌特征，对比前后变化，引发学生对人类衰老的关注。教师再引导学生联系个体与细胞的关系，引出本节课题，从而导入新课。

分析：人类衰老的例子贴近生活，容易迅速吸引学生注意力，引起学生的学习兴趣。另外，问题情境具有生物学意义和社会现实意义，贴合生物学学科核心素养。

2. 分析实例，趣味学习

笔者利用软件把自己年轻时和衰老后的照片作前后对比，用老年斑、头发、走路的照片和相关现象等实例，向学生讲解细胞衰老的特征，引导学生把个体衰老的表现与细胞衰老的表现特征联系起来进行理解记忆。

分析：运用归纳与概括的方法，总结细胞衰老的特征；运用结构与功能观，分析思考衰老细胞的形态、结构改变对其功能的影响。用教师本人的照片做例子，贴近学生生活，学生的关注度更高，通过相关实例分析该现象产生的原因，由现象到本质，帮助学生理解记忆细胞衰老的特征，使学生形成生命观念；还可活跃课堂气氛，激发并保持学生对教学活动的注意力，吸引学生对教学中问题的兴趣，调动、强化学生的思维积极性，使学生与教师的思维协调同步，处于"共鸣"状态，教师能从学生的语言、动作、表情等途径获得反馈并及时进行调整。

3. 小组讨论，学以致用

教师展示电视广告视频，利用白藜芦醇、花青素和黑芝麻、黑豆等抗衰老的热点问题，引导学生自主学习并讨论细胞衰老的原因，分享讨论结果。教师再引导学生利用所学知识科学地看待抗衰老相关产品。动员学生利用所学知识向家人、朋友讲述细胞衰老的原因并帮助家人识别相关产品，倡导理性的购物观和科学的生活态度。教师引导学生关注目前细胞衰老原因的研究方向，结合相关资料，与同学积极进行交流和讨论。

分析：运用归纳与概括、演绎推理等思维方法，让学生学会获取资料信息，尝试结合生命现象提出合理假设，鼓励开放式思维，培养学生辩证性的思维方式和创新思想。且生活中的热销产品更容易引发学生的关注，日常生活的一些习惯也可以引发学生的共鸣，使其积极主动地阅读材料，学习细胞衰老的原因。教师的适当引导可以促使学生关注社会话题，增强帮助家人理性购物的责任感。

学生通过自主倡导理性购买抗衰老产品，能做到学以致用。

4. 展示成果，小组分享

教师课前布置主题为"关爱老年人身心健康"的开放性作业，让学生以小组为单位，展示组员关爱身边老年人的事例，以照片或视频的方式在课堂上展示作业成果，并谈谈自己的感受和想法。教师组织学生从多个角度思考讨论应对人口老龄化的可行解决方法以及自身力所能及的具体行动，联系中华民族尊老爱幼的传统美德，帮助学生形成关爱老年人的情感和社会责任感。

分析：教师通过课前作业布置，让学生提前关注老年人的健康状况和生活状况，了解老年人的实际需求，通过小组分享交流，结合自身经历感受，分析人口老龄化的社会现状及其带来的问题。教师提示青少年关爱老年人不能仅停留在情感上，还要用实际行动来表示，讨论可能的解决方法及其自身力所能及的实际行动，渗透社会主义核心价值观教育，使学生形成关爱老年人的情感和社会责任意识，引导学生形成正确的人生观和价值观。

5. 分析实验，小组讨论

教师通过讨论教材中"年龄因素与细胞衰老的关系"的两个实验，引导学生总结出细胞增殖能力与个体年龄之间有密切关系，从而辩证地说明个体衰老和细胞衰老之间的关系，讲解实验原理，分析实验结果，再引导学生进行分组讨论，自主总结细胞衰老和个体衰老的关系。

分析：教师可提供已有的实验数据和相关原理，指导学生自主学习，交流讨论，提高学生分析材料和总结归纳的能力。学生通过分析研究培养纤维细胞的实验，逐步提高自己的科学探究能力，敢于大胆假设，发展自己的科学思维。

6. 阅读教材，自主学习

教师阐明细胞的生命历程，利用《小蝌蚪找妈妈》视频引出细胞死亡的内容，再提出问题"细胞死亡有哪些方式"。学生阅读教材，寻找答案。教师再出示人胚胎时期尾巴的消失、胎儿手的发育图片，详细讲述细胞凋亡的意义，认同细胞凋亡是一种正常的生理过程和生命现象。教师可展示科学家利用细胞凋亡机制展开的疾病防治研究，以强调细胞凋亡对人类的重大意义，再展示细胞坏死与凋亡的典型图像，让学生对比学习细胞凋亡和坏死的区别。

分析：学生自主阅读书中材料和相关疾病研究的资料，理解细胞凋亡对人类生长发育的积极意义，能在丰富的生物学事实中认识细胞凋亡的客观存在和细胞凋亡的程序性，理解生命进化过程中留下的痕迹。

7. 拓展延伸，开阔思维

教师展示教材中的细胞自噬内容，补充中国科学院院士施一公的事迹和2016 年诺贝尔生理学或医学奖关于"细胞自噬机制"的相关研究，以及教材中"生物科技进展"：2002 年诺贝尔奖关于秀丽隐杆线虫与细胞凋亡的研究。让学生通过交流，展望未来，讨论研究细胞凋亡和细胞自噬的现实意义。

分析：教师通过补充拓展课外内容，开阔学生思维和视野，让学生了解生命科学的最新进展，体会生命科学研究过程中恰当选材的重要性。补充研究细胞凋亡的分子机制的中国科学院院士施一公的事迹，增强学生的民族自豪感，使其树立正确的价值观。

8. 课堂总结，升华主题

教师出示思维导图，学生进行课堂总结。课堂最后，教师再适当进行补充强化，布置作业，鼓励学生自由结队进行抗衰老习惯和生活的大调查。学生可在社区开展关爱老年人的宣讲活动，积极倡导科学的生活态度和理性的购物习惯。接着，教师指出细胞衰老和凋亡都是正常的生命现象，细胞从增殖、分化到衰老和死亡的生命历程是一种自然规律。最后，大家一起合唱改编版《当你老了》结束本节课程。

分析：教师利用开放性作业帮助学生巩固相关生命观念，发展其社会责任感；通过课后的调查活动提高学生分析资料、总结结论的能力，以便发展其科学思维，增强其科学探究的能力。最后用细胞衰老的特征改编歌词《当你老了》让学生感悟生命的神奇，体会生命的发生发展规律，形成珍爱生命的意识，进一步激发学生学习的热情和使学生形成珍爱生命、关注社会、关爱老年人的意识，体会作为青年人的社会担当。

（四）教学评价

立足于发展学生生物学核心素养的教学目标，本节课采用课前社会实践，课中提问、讨论交流、分享成果和感想，课后资料搜索和社会再实践、学案习题等评价方式。教师在课中要及时提问和小结，通过课后习题以及课后小调查活动检测学生对知识的运用情况。教师与学生交流抗衰老相关产品和习惯的产生原因和科学依据，了解学生的应用情况。教师鼓励学生课后开展关爱社区老人宣讲活动，使学生通过对老人生活习惯和形态变化的原因阐述，倡导健康科学的生活态度和理性购买保健品和抗衰老产品的意识。最后，评价学生对本节知识的学习效果，最终形成目标性教学设计。

四、教学设计研究的总结与反思

基于生物学学科核心素养，教师要结合本节内容制定教学目标，并以教学目标为中心，设计合理的教学情境和学生课堂活动以及课后活动。教师可结合身边的具体事物提高学生学习的好奇心和兴趣，补充学科科技前沿研究方向相关资料，增强学生的科学探究能力。教师可以以学生生活中常见的实例展开分析讨论，探讨人类机体衰老后的变化，展示中国人口年龄分布图，讲述社会老龄化问题及其相关影响，增强学生的社会责任，发展学生的核心素养。教师要注重课堂的合理化、生活化和趣味性，可用名人和网络流行以及生活中常见的例子激发学生的学习兴趣，活跃课堂气氛。这将更有利于学生对知识的理解和应用。更重要的是，基于生物学学科核心素养，以人类衰老后的变化和生活习惯为话题，会更加贴近学生生活。教师要教导学生珍惜时间，珍爱生命，关爱老年人。学生通过对课中实验的学习，能发展自己的科学思维，增强自己科学探究的能力。另外，教师还可通过课后大调查活动，增强学生的社会责任感，帮助学生形成科学的生活态度。当然，此类核心素养的教学设计仍有很多不足，如教学设计流于形式、教学目标制定不合理以及教学活动时间难以把控等。为此，我们还要继续努力。

参考文献：

[1] 肖安庆，颜培辉.高中生物核心素养的内涵与培养策略 [J].中小学教师培训，2017 (6)：60 – 62.

[2] 林昭汝，陈秉初.基于生物学科核心素养的教学设计研究：以"细胞的分化"为例 [J].中学生物学，2018，34 (10)：10 – 12.

[3] 刘凯.基于生物学科核心素养的教学设计研究 [J].数理化解题研究，2016 (7)：12 – 13.

[4] 樊瑞雯.基于生物学科核心素养的教学设计和分析 [J].课改论坛，2019 (5)：14 – 16.

[5] 王欢，徐世才.基于生物核心素养的高中生物教学策略 [J].才智，2019 (18)：22 – 24.

[6] 宋迪，贾俊娟，李桂萍，等.基于高中生物学学科核心素养的教学设计：以"细胞的能量'通货'：ATP"为例 [J].教育科研，2020 (42)：22 – 24.

"双减"背景下高中生物学"6+1"教学模式的实践与思考

新丰县第一中学　许小玉

随着"双减"政策的推出，广大的教育工作者都在思考，如何聚焦课堂，提高课堂教学效率，达到减负增效。"双减"政策的落实是对党的教育方针政策的贯彻，是落实立德树人的根本任务的具体行动，能缓解教育内卷，解决家长"急难愁盼"。而"双减"政策的落实关键是深化课堂教学改革，要改变传统的课堂教学模式，有效治理重复的机械作业训练以及灌输式的教学模式。因此，在"双减"背景下探讨高中生物学教学模式改革是非常有必要的，而"6+1"教学模式能适应"双减"政策改革的要求，激发学生的学习兴趣，转变教师的教学方式和学生的学习方式，培养学生的学科思维和提高课堂教学效率。

一、"6+1"教学模式内涵

"6+1"教学模式是著名教育家石家庄精英中学校长李金池借鉴各地课改的成功经验和结合精英中学本校校情提出的教学模式。该模式以导学案为依托，提高学生的学习积极性，注重对学生学习能力的培养和学生自身综合素质的提高。新丰县第一中学生物学教察组2021年引入"6+1"课堂教学模式，结合校情，经过不断摸索、研究，对各环节的内容稍做了调整。"6+1"教学模式的基本结构由两部分组成，第一部分是课堂教学中的6个环节"引""思""动""展""评""炼"；第二部分"1"为"用"，"用"包括的是课堂检测、训练巩固和迁移运用、课后自我完善。

"6+1"教学模式的七个环节，环环相扣，教学流程清晰明了，教学任务细致化，具有很强的操作性和实用性，让教师明确了教学过程的每步需要做什么，方便教师对课堂的管理、对学生学情的把握，同时也有利于学生有计划、有规律地学习。

"引"是导入。为了让学生能快速融入课堂和对课堂知识有初步了解，教师通过创设情境，导入新知识，激发学生的学习兴趣，调动学生的学习积极性。导入的情境形式多样化，如学生表演、短视频、歌曲等。

"思"是带着问题思考。要求学生带着问题在规定时间内独立思考、独立阅读、独立记忆、独立自学，遇到疑惑的问题记录下来，对有疑问的问题、暂时不能解决的问题用红笔圈起来，可以在后面的教学环节中再提出来进行解决。"思"的内容要有针对性和代表性，难易度适中，容量适中，题目不能太多太难或者太少太易，这要求教师课前要充分备好教材和了解学情，以免学生"思"不到位。

"动"是行动。让同一小组学生交流讨论，共同探讨，达成共识，达到兵教兵、兵强兵的效果。在讨论过程中，要求人人参加，大家都积极主动发言，讨论时不能偏离主题。讨论过程中如遇到好的想法可以分享出来，和其他同学共享。讨论过程中如遇到困惑，可以及时提出来，请教组员和教师，共同解决。讨论过程中，教师不停地走动，对一些不参与小组讨论的同学起到督促作用，同时可以为一些同学进行指导点拨。小组合作学习的模式能拉近教师和学生的距离，创造了学生和他人更多的交流机会。通过小组讨论，能培养学生动口、动手、动脑的能力。

"展"是展示。展示的形式可以多种多样，学生可以口头表达展示、角色扮演展示、投影展示解题思路，或者通过随机点号的方式在黑板上展示结果，也可以直接用希沃软件展示等。展示的内容以教师设置的问题为中心开展，学生可以展示整个过程或某个结果、某个步骤。学生上台展示时要尽量脱稿，促使学生认真倾听别的同学的展示结果，并记住小组讨论内容的结果。"展"可以使同学们互相借鉴、互相观摩、互相学习，展示也满足了学生个体的表现欲，使学生获得成就感，提高学生参与课堂的积极性。

"评"是点评。"评"是教师对展示成果进行总结讲评。点评环节是教师将学生在思考环节标注的疑难问题、通过议论探究仍不能解决的问题和展示环节中暴露的问题通过讲评的方式解决心中的困惑，从而达到对知识的深度理解。除此之外，教师可以利用评分机制，对各小组展示的成果计算得分，进行评比，这样的点评使小组之间形成竞争，提高了学生合作积极性。

"炼"是提炼和总结。"炼"是对学生想不透和想不到的零散知识点进行总结。通过"炼"帮助学生查漏补缺，使学生对知识有更加深刻的认识。此外，教师可以采用概念图小结的方法帮助学生厘清知识脉络，掌握知识框架。

"用"是学以致用。一是课堂训练，通过习题检测帮助学生巩固知识，提升其运用知识的能力。试题的选择要有针对性，时间允许的情况下可以直接在课堂上解决，也可以放在课后让学生独立完成或以小组为单位（但需要经过组内讨论达成共识）上交等形式，及时巩固课堂所学。二是把学到的知识运用到生活中去，提高学生实践能力，培养学生学科核心素养，如通过布置采访、调查、关爱活动、课后模型制作、写课后小论文等，用理论联系实际，让学生真正学以致用。"用"是学生在经过一系列的学习过程后，真正实现了从"懂"到"会"，从"会"到"用"的转变。通过"用"，学生能巩固所学的知识，教师可以了解到自己的教学效果。

通过"引"让学生明确教学目标，激发学生学习乐趣；通过"思"让学生带着问题思考，培养其独立思考的习惯；通过"议"引导小组同学进行讨论与探究，合作交流，达成共识；通过"展"将小组同学讨论的结果展示出来，让学生互相学习和借鉴；通过"评"能及时纠错，及时改进，概括归纳，指明学习方向，引导学生对知识的深度理解；通过"炼"教师能及时总结归纳，达到对知识的提升；通过"用"，学生能及时巩固知识，达到对知识真正的学以致用。

二、"6+1"教学模式在高中生物学的应用

在教学实践阶段，教师要构建新授课、实验课和复习课的"6+1"教学模式高中生物学应用案例，并用不同课型开展实践，完善不同课型的"6+1"教学模式。在高中生物学新授课过程中采用"6+1"教学模式进行教学，教师通过情境导入，激发学生的兴趣；让学生研读材料，引发学生自主思考；通过小组活动，教师引导学生开展探究活动；学生思维碰撞，风采展示；教师精讲点评，引导学生归纳小结；最后学生达到对知识学以致用的水平。结合平时的教学经验，制作出教学模式流程图，见图1。

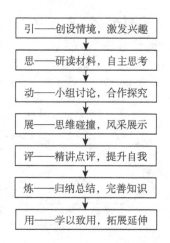

图1　新授课"6＋1"教学模式流程图

以新授课"血糖平衡"为例，教学过程如下。

引：利用"问题探讨"的真实情境中马拉松长跑运动员的血糖消耗和实际含量之间存在巨大的差异，提问"在马拉松长跑过程中，运动员为什么要补充大量消耗的葡萄糖？"激发学生的兴趣，从而引起学生对血糖来源的思考。

思：提供材料：东北虎的食物中蛋白质和脂肪含量很高，糖类比较少，但东北虎体内的葡萄糖浓度（4.8～6.9mmol/L）与人体的浓度大致相当，让学生思考以下问题。问题1：东北虎体内的葡萄糖的来源是什么？问题2：血糖的功能是什么？问题3：血糖可以合成、转化为哪些物质？通过"思"提高学生对问题的思考和分析能力。

动：教师设置探究活动，引导学生小组合作讨论。提供情境材料，引发学生思考，分小组合作探究在特定情况下血糖如何调节平衡？情境一：提供健康人吃完早餐后血糖变化曲线图，见图2。当血糖平衡被打破了，血糖来源大于血糖去路，胰岛素要怎样才能恢复平衡呢？教师指导学生构建餐后血糖平衡调节的模型。

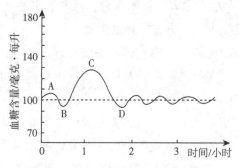

图2　正常人的血糖含量变化曲线图

　　情境：提供运动前后血糖变化曲线图，见图3。当血糖平衡被打破了，血糖来源小于血糖去路，胰高血糖素要怎样才能恢复平衡呢？教师指导学生构建运动时血糖平衡调节的模型。

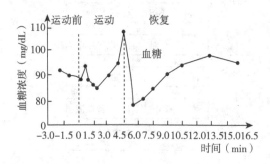

图3　运动时血糖平衡调节的模型

　　展：各小组派代表交流展示成果，小组代表大声、清晰地进行口头展示或者利用希沃白板技术进行展示。

　　评：教师及时点评学生的成果，对表现优秀的小组提出表扬，对表现差的小组及时进行鼓励并提出建议，引导同学们对血糖平衡调节模式进行进一步修正和完善。

　　炼：对知识进行归纳，形成知识网络，师生共同归纳绘制血糖调节示意图。

　　用：学以致用，拓展延伸。一方面，通过讲练结合，使学生及时巩固知识；另一方面，教师利用教材与社会的联系给学生介绍糖尿病的发病机理及其危害与治疗方式。

三、"6＋1"教学模式应用过程中存在的不足分析

　　教学实践发现，"6＋1"教学模式在高中生物学应用还存在一些不足，以下是对不足的分析。

（一）对"6＋1"教学模式认识不深刻，课堂形式化

　　在学校推行的过程中，部分教师只是大致了解"6＋1"教学模式的教学流程，并没有领会到该如何利用此模式进行深度的思考。教师不知道在每个教学环节该如何做，学生的学习该完成哪些任务，学生会获得什么样的收获。这就会导致教师在实施"6＋1"教学模式的过程中，只是简单、机械地套用该模式的每个流程，并没有结合具体的教材内容、具体的课型、学生特点、教师的特点精心开展设计"6＋1"教学模式课的每个环节，不能灵活应用"6＋1"教学模式的每个环节，容易使课上得很死板，课堂没有特色、没有亮点，不利于

"6＋1"教学模式课的推行。

（二）小组合作有待加强

实践教学发现，部分课堂活动只是为了小组讨论而讨论，小组讨论的教学效率不高，学生的学习能力没有提高，收获不大。在小组讨论时，小组人员的安排不合理，没有遵循"组内异质，组间同质"原则。在小组讨论时，部分小组讨论热烈，部分小组几乎不讨论。在需要回答问题时，就随机派一个同学进行展示。在小组讨论过程中，一般都是学习成绩好的学生在讨论，成绩不好、性格内向的学生就默默地听，没有开口发言，甚至会发呆走神。小组讨论环节需要每个人都参与进行，共同合作，通过分享自己的想法，讨论有争议、有疑问、不能解决的问题，最终通过团结合作把问题解决。如果在讨论的过程中，学生只是听，没有动脑、动手、动口，那么就不利于学生思维的发展和学习能力的提高。

四、结语

在"双减"背景下"既有分数，也能赢得未来大考"，"6＋1"课堂教学模式不仅改变传统课堂授课模式，还改变了教师教的方式和学生学习的方式。"6＋1"教学模式以学生为主体和教师为主导，积极开展合作探究活动，有利于生物学核心素养的落实。在"双减"政策大浪潮的背景下，教师要保持终身学习的理念，不断地更新教学理念，立足学生的发展，注重提高学生问题探究的能力，注重学生获得知识的过程和方法，注重对学生创新精神和实践能力的培养，才能更好地促进学生的主体性发展。

参考文献：

[1] 张铃．"双减"政策下初中数学教学模式改革思考［J］．知识文库，2022（3）：26－27.

[2] 王静．"6＋1"教学模式在高中生物学教学中的应用研究［D］．曲阜：曲阜师范大学，2019.

[3] 刘莉莉．高效"6＋1"课堂教学模式探究：以陈州高级中学古典诗词教学为例［D］．新乡：河南师范大学，2015.

[4] 蒋从凤．"建立血糖调节的模型"教学组织与反思［J］．生物学通报，2017（3）：13－15.

政治组论文篇

打造"大思政"育人模式下的
财经素养思政新课堂

新丰县第一中学 杨亦抗

由于思政课堂是高中生接触国家新政策、新时务的主要渠道，所以高中的思政教师更应该迅速掌握新时代国家对人才的新标准、新要求。这就需要教师不断地进行教学方式的创新和对新内容的补充，以提高学生学习思政的兴趣。教师将财经素养不断融入思政课程中，引领学生完善自身能力，使学生更好地适应时代的飞速发展。

一、为什么要培养高中生财经素养

随着经济的快速发展，世界各国都开始关注财经素养的问题，重视青年对未来乃至整个人生在财产方面的规划。高中时期正是学生树立消费理念的重要阶段，加强他们的财经素养已经成为当今教育界的重要课题。所谓"财经素养"，指的是人们知道对现有财产如何使用以及如何积累等。然而，在我国现有的基础教育体系中，财经素养教育的内容与形式都很缺乏，因此，如何有效地开展高中生的财经素养教育就成了一个十分重要的问题。

二、高中政治课现状

由于高中生需要面对高考，因此高中的思政课堂往往更注重于基础知识的教学，却忽略了对学生财经素养乃至综合素养的培养。高中生正处于金钱自由的时期，经调查，80%的学生都出现过冲动消费的现象，其中60%的同学表示往往不知道买了什么，父母给的零花钱就已经没有了。因此，高中思政工作要实现学生自身的发展，应以培养高中生的财经素养为基础，同时不断培养他们的综合能力。

除此之外，高中思政课堂往往存在学生学习热情不高的情况，极大程度上影响了整个班级的学习氛围，使教师的教学效率非常低下。针对这样的情况，教师可以利用多媒体等现代科技吸引学生的注意力，将思政与时事结合在一起，引起学生的共鸣，使他们积极地参与讨论、融入课堂。

三、如何打造财经素养思政新课题

1. 教师完善思政财经素养教育课堂

在高中思政教育教学过程中，传统的观念常常过分强调理论的完善，而忽略了对方法的运用，从而造成了教学效率十分低下。在当前的高中教育理论体系的不断完善中，教师要提高工作的有效性，在课程中融入财经素养的概念，就需要摒弃以往的教学理念和单一的教学方式。财经素养课程需要激发学生的学习兴趣，从而在某种意义上让他们对教育课堂知识系统有一个直观的认识，并且财经素养思政新课堂不能与课文内容毫不相干，这就需要教师敢于改进自己的教学方法。想要在思政课堂上改善高中生铺张浪费、不爱惜金钱的问题，为他们树立正确的金钱观，教师就要通过不断的努力，结合思政课程，教导学生们父母挣钱的不易，并帮助学生树立勤俭节约的理念。

除此之外，高中生在学习上是否具有主观能动性对学生学习效率的影响也是非常大的，只有他们学习的态度得到改善和积极性得到提高，才能更好地培养他们的财经素养。因此，在教学前，教师应该对课程的难易程度有大致的了解，通过对课程教学方案的难度进行分类来提高教学质量，增强学生的综合素质。

2. 家长教导学生养成良好的金钱观念

家长是培养孩子最好的教师，家庭教育对高中生消费观念、理财观念的形成具有举足轻重的作用。家长首先要从培养孩子的劳动习惯入手，使他们体验到劳动的辛苦，并经历用劳动换取零花钱的过程，同时给孩子的生活费也不要过于超出孩子的需要。其次，父母要加强对高中生消费行为的指引，培养他们正确的消费理念，教会他们正确的消费方法，避免不必要的浪费。最后，父母可以适当地鼓励高中生制定一个简易的账本，在日常生活中培养他们的财务观念，并且要自觉地让他们了解有关财务的知识。

3. 政府加大重视程度

财务文化素质的高低，直接关系到个人和家庭的幸福，也关系到市场经济的正常运转和社会的安定。学生因无力偿还网债而跳楼自杀的新闻比比皆是，这表明想要培养学生的财务素养还需要走很长的一段路。近年来，我国已经开始了教育方面的改革，整个社会都在加强对财经素养的重视。

4. 学校做好辅助工作

学校要从根本上培养高中生的财务素养，就要为学生提供基本的财务知识，培养学生对财务的正确认识。随着高中生的成长，他们的智商、理解力都在逐渐增强，因此，在青少年财务素质教育中，学校要建立一套循序渐进的教学体系。在教育教学中，将经济素质教育的内容落实到位，有助于强化学科知识与实际生活相结合。

比如，学校可以开展一些类似"今天我来当家作主""我的小账本"之类的活动，让学生代替家长去买菜、交水电费等，让学生在此过程中体会到整个家庭的日常开销究竟是多少，同时也可以让他们了解到过度消费和盲目消费的坏处。

四、结语

综上所述，培养高中生的财经素养是十分重要的，而政治对他们来说又是一门非常重要的课程。因此，在思政课堂中融入财经素养，既能丰富思政课堂，使课堂更加切合实际，又能引导高中生建立正确的消费观念使他们形成理财观念。这样可以使学生们更好地分配现有的零花钱，还可以让他们在未来更具有综合竞争能力。

参考文献：

[1] 罗佳. 大思政视野下高校思政教育实践育人模式建构论析 [J]. 黑龙江教师发展学院学报，2022，41（7）：103 - 105.

[2] 王潇逸. 大思政视域下高校思政教育实践育人模式 [J]. 湖北开放职业学院学报，2022，35（8）：108 - 109.

[3] 臧宏玲，刘丹. 大思政视野下高校思政教育实践育人模式及其价值：劳动保障研究会议论文集（十二）[C]. 成都：四川劳动保障杂志出版社，2021.

高中思政课践行和落实中华优秀传统文化素养培育路径探索

——以必修一《中国特色社会主义》为例

新丰县第一中学　苏延龙

一、高中思政课中华优秀传统文化核心素养培育路径探索的原因

1. 党的二十大报告关于中华优秀传统文化的论述是高中思想政治课践行和落实中华优秀传统文化素养培育路径探索的必然要求

党的二十大报告在"开辟马克思主义中国化时代化新境界"中明确提出马克思主义是我们立党立国、兴党兴国的根本指导思想。中国共产党人深刻认识到，只有把马克思主义基本原理同中国具体实际相结合、同中华优秀传统文化相结合，坚持运用辩证唯物主义和历史唯物主义，才能正确回答时代和实践提出的重大问题，才能始终保持马克思主义的蓬勃生机和旺盛活力。必修一《中国特色社会主义》也明确指出发展中国特色社会主义，必须要坚持四个自信，其中就有中国特色社会主义文化自信。这就要求高中思想政治课必然要践行和落实中华优秀传统文化素养培育。

2. 高中思想政治课程培育中华优秀传统文化素养、探索实现路径是落实新课程标准的生动实践，也是立德树人进而实现为党育人、为国育才根本任务的重要途径之一

新课程标准的基本原则的第一点指出我们要坚持党的领导，坚持社会主义办学方向，充分反映习近平新时代中国特色社会主义思想，有机融入坚持和发展中国特色社会主义，培育和践行社会主义核心价值观的基本内容和要求，继承和弘扬中华优秀传统文化、革命文化，发展社会主义先进文化，培养良好政治素质、道德品质和健全人格，使学生坚定中国特色社会主义道路自信、理论

自信、制度自信和文化自信。这也成为高中思想政治课培育学生中华优秀传统文化素养的基本要求之一。

二、思政课教学过程中优秀传统文化素养培育存在的问题

1. 高中思政课中优秀传统文化内容并没有得到充分的开发和利用

非必修四《哲学与文化》教材所涉及的优秀传统文化容易被忽略。比如，必修一《中国特色社会主义》第四课《实现中华民族伟大复兴的中国梦》中，课本中相关链接描述了中国人民是具有伟大梦想精神的人民，列举了盘古开天、精卫填海、愚公移山等中国人民勇于追求和实现梦想的故事。但是这些中国古代神话故事学生早有耳闻，教师容易忽略甚至根本不提，于是这些反映中华民族和中国人民在几千年历史长河中营造的梦想如今——实现反而得不到学生认识和情感上的升华，故而没有达到此"相关链接"中优秀传统文化与今天实现中华民族伟大梦想紧密联系的设计目的。

2. 思政课教学与优秀传统文化素养培育没有实现应有的契合度，学生的认同感较低

在思政课上教师可以充分挖掘当地的优秀传统文化资源，并将其与课本知识理论相结合，让学生更能深刻地感悟到优秀传统文化的魅力。比如，必修一《中国特色社会主义》第三课《只有中国特色社会主义才能发展中国》讲到的文化自信，教师可以挖掘更多的本土优秀传统文化资源，提升学生对家乡的热爱和归属感，从而充分发挥思政课对培育优秀传统文化核心素养的作用。这是在教育教学中比较容易做到的却又很可能被忽视的地方。

3. 部分思想政治教师和学生所具有的优秀传统文化知识不足以支撑对课本理论知识的理解

思政教师作为思想政治教育的实践者，在思政课这个主阵地上把优秀传统文化纳入思想政治教育的教学过程中发挥着引导和教育作用。如果教师自身对优秀传统文化知识比较欠缺，教学就会受到严重制约。同时，受多种因素的影响，高中学生的传统文化基础参差不齐，对学习优秀传统文化的重视程度不够，对优秀传统文化具体内涵的理解程度较低，对优秀传统文化在今天的价值认识不到位，这些原因影响了对优秀传统文化素养的培育。

4. 教师教学方式固化，学生被动接受，在一定程度上制约了学生在优秀传统文化素养方面的提升

高中思政课教师在教育教学实践中，由于自身教学方式的固化可能会出现对某些传统文化的认识不够全面、准确的状况，讲述的内容有可能会造成学生对优秀传统文化的认知偏差。在教学过程中教师只对学生灌输理论知识，比较注重考点讲解和解题方法，进而忽视学生对优秀传统文化的汲取和涵养，使学生处于被动接受状态，不利于提升学生优秀传统文化素养。

三、高中思政课对学生优秀传统文化素养培育路径的策略

1. 全面把握思想政治学科新课程标准，深入研读标准，实施有效教学

任何学科如果要落实本学科核心素养的培育，就必须按照新课程标准进行有效教学，也就必须深入研读新课程标准，实现培育优秀传统文化素养的目标亦是如此。以《中国特色社会主义》第三课《只有中国特色社会主义才能发展中国》中涉及的改革开放的意义为例，思政课教师按照教材中对改革开放意义的阐述对照课程标准的要求对学生进行政治认同素养培育，再结合"相关链接"中习近平总书记指出的"中国人民具有伟大梦想精神……中华民族以改革开放的姿态继续走向未来，有着深远的历史渊源、深厚的文化根基"，让学生能准确理解我国的改革开放是与我国深厚的文化根基一脉相承的，通过分析古代优秀传统文化中改革创新精神增强学生对改革开放精神的政治认同，从而进一步证明改革开放对我国发展中国特色社会主义的伟大意义。

2. 挖掘优秀传统文化包括本土素材，提升教师自身知识水平，促进教学相长

教师水平的提升不能仅停留在课本知识理论的认知层面，还要充分发挥教师在课堂中的引领作用。要推动学生综合素质和综合能力全面发展，思政教师就要不断提升自身的优秀传统文化素养。高中思政课中涉及优秀传统文化素养的培育离不开教育素材的支撑。思政教师在学科教学中对学生进行优秀传统文化教育就要搜集相关素材，这就需要思政教师从学生的认知发展规律着手搜集相关优秀传统文化素材，只有这样才能使学生将注意力集中到课堂上。

比如，必修一第四课第二框《实现中华民族伟大复兴的中国梦》中的第一个探究与分享，问题中所涉及的如何理解只有创造过辉煌的民族，才能懂得复兴的意义，教师首先要解释何为"复兴"，继而充分利用中国历史上出现的文景之治、贞观之治、康乾盛世等彰显经济文化的繁荣盛世，让学生通过了解这

些盛世经济、文化、政治发展盛景能坚信中华民族伟大复兴的中国梦一定会实现，引导学生理解中国梦的同时也将优秀传统文化的内容深深植根于学生心中，增强学生的中华文化自信。可见，在思政教学过程中，教师对课本所涉及的对优秀传统文化的发掘不仅有力地支撑了课本理论的讲解，更是通过课堂提升了学生中华优秀传统文化素养。

3. 大力改革思政课的教育教学方式方法，实施更加有效的优秀传统文化课堂教学改革

思政教师基于培育学生优秀传统文化素养的实际需要，主动探索先进的教育教学方式方法，在打造高效活力课堂的同时，必须有目的地融入中华优秀传统文化素养培育的内容。比如，采用议题式教学方式，思想政治课教师从学生认识发展规律基础上，深入研究课本内容和国家政策，提出贴近学生生活实际的议题。

例如，必修一第四课《只有坚持和发展中国特色社会主义才能实现中华民族伟大复兴》第二框《实现中华民族伟大复兴的中国梦》第二个探究与分享以"我们应该成为什么样的时代新人"为主题。教师可以改变课本原有的设计，用习近平总书记五四运动 100 周年讲话中对新时代中国青年提出的六点要求设置符合课本知识需要的议题。其中，就可以用"新时代中国青年要锤炼什么样的品德修为"为议题，要求学生结合探究和分享习近平总书记强调的新时代中国青年要自觉树立和践行社会主义核心价值观，善于从中华民族传统美德中汲取道德滋养等内容，来探讨新时代青年需要的品德修为，继而可以引导学生要将中华民族的传统美德与社会主义核心价值观内化于心、外化于行，使学生用实际行动锤炼个人品德修为。这样通过议题式的教学方法教授学生更能使学生体会时代新人的要求。

4. 运用多媒体技术，从技术层面提高学生对中华优秀传统文化的接纳能力

21 世纪，随着互联网以及自媒体的快速发展，现代信息技术也已经被广泛应用于课堂教学中。在思政课堂中教师完全可以借助于现代化的教育技术手段促进优秀传统文化与思政课的融合，让学生在专门创设的情境中提高学习效率。比如，在教授《中国特色社会主义》讲述中国梦的特点时，可以运用视频将古代中国神话故事与今天中国特色社会主义建设取得的航天科技、深海探测等重大成就展现出来，给学生更直观的视觉冲击，使学生深刻理解中国梦的本质和特点。

5. 积极拓展校本教材，拓宽提升学生优秀传统文化素养的渠道

思政教师要不断将核心素养的实践拓展到课堂以外，那么校本教材就是一种比较好的载体。在学习必修一《中国特色社会主义》时，按照课标要求，以中国特色社会主义发展的时间线索为主线，充分挖掘新时代我们坚持和发展中国特色社会主义与中华优秀传统文化的内在联系，把培养学生家国情怀、优秀传统文化素养与立德树人的根本任务相结合，从而编写出适合提高学生优秀传统文化素养校本教材。

参考文献：

[1] 钟天娥．习近平新时代中国特色社会主义思想对中华优秀传统文化的传承与创新［J］．思想政治课研究，2022（1）：37 – 45.

[2] 张冬云．基于深度学习的思想政治学科核心素养培育初探：以《中国特色社会主义进入新时代》为例［J］．政治·学科视点，2021（7）：44 – 46.

[3] 曹中海．基于核心素养的思想政治课议题式教学探究［J］．科学咨询（教育科研），2020（1）：132.

[4] 邢楚楚，董前程．"中国特色社会主义"课程教学中政治认同素养的培育［J］．新课程研究，2021（3）：56 – 58，61.

"吃"透教材，方得真意

——谈高中思想政治教材《生活与哲学》的深度阅读法

新丰县第一中学 李荣

高中思想政治教材《生活与哲学》，是根据据高中思想政治课程标准编制的，系统反映马克思主义哲学基本原理，特别是马克思主义中国化最新成果的教学用书。教材是学生学习、阅读之根本，是高考设计题目与组织答案的依据。然而，《生活与哲学》这本教材理论性、系统性较强，而且政治对学生来说是一门抽象的学科。如何帮助学生"吃"透这本教材，深刻理解教学内容，则是我们教师的一项重要任务。笔者通过自己的教学实践总结了七种可行的方法。

一、掌握整体布局，提纲挈领

《荀子·劝学》："若挈裘领，诎五指而顿之，顺者不可胜数也。"阅读的第一步是掌握课本的纲目，提纲挈领。

《生活与哲学》教材内容繁多，体系庞大，却是条理清晰、思路明确的。课程的布局包含了教材前言、课程目录、单元框架图、单元内容提要、课题、课题导言、框题、目题、正文、辅助文（哲学小故事、名言、专家点评、相关链接等）、单元综合探究等。建议教师在讲授该教材之前先引导学生把此教材的导言和目录通读一遍，把握纲目。比如，明确：第一单元是介绍哲学基本思想，第二单元包括了唯物论（物质观、运动观、规律观、意识观）和认识论（实践观、真理观），第三单元是唯物辩证法有关知识，第四单元是历史唯物主义的内容。这样提纲挈领，有利于学生把握哲学教材学习的核心内容和总体思路，能在框题或其他提示材料的引导下，对教材内容进行有效预测。

二、生活实践和社会时政热点引导法

高中思想政治教材向学生传授马克思主义中国化最新成果，它源于党和国家的方针政策，又为党和国家的方针政策服务。哲学的学科特点又决定了它必须结合生活实践和社会时政热点进行学习。教师可以在新课阅读之前，向学生展示生活实例或当前社会热点问题，用图片、视频等导出问题，激发学生学习阅读的兴趣，也可以在新授课过程中结合教材内容展示生活实践和社会时政热点，让学生运用教材知识分析实际问题从而加深其对教学内容的理解。还可以让学生自己列举生活中的实例，这样既增强了说服力，又可以检查学生对教材的理解是否准确。例如，在学生学习《求索真理的历程》一课时，教师可以在讲具体学习内容之前，向学生介绍中国特色社会主义实践历程与马克思主义中国化理论的每阶段的成果的关系，把抽象的理论生活化。

三、教师问、学生问、生生互问

阅读活动一般包括预测、提问、总结和澄清这四个环节，课堂中的有效提问能使学生"开窍"。根据学生的认识水平，教师选准一个适当的角度进行提问，可以活跃学生思维，减少学生理解障碍，提高教材阅读的效果。例如：在学生学习"物质"概念时，提出层层递进的几个问题，如"你认为'物质'是什么？是看得见、摸得着的东西吗？自然界、人类社会是物质的吗？思想、意识是物质的吗？"等。

美国教育专家肯尼思说："整个教学的最终目标是培养学生正确提出问题和回答问题的能力。任何时候都应鼓励学生提问。"鼓励学生通过阅读教材发现问题，可以改变学生被动学习的状态，"自奋其力，自致其知"。在整个教学过程中，教师要不断唤醒、激励学生去"自悟课文"，起到一个参与者和组织者的作用。如在学生学习"物质"概念时，可以让学生自己提出问题如"'物质'是不是看得见、摸得着的东西，人类社会为什么是物质的，为什么思维、意识不属于物质呢？"等。

这样，通过学生自主提问，实现生生互动和师生互动，让学生在活动中感悟，在活动中提高学生阅读的效果，又可以提高学生独立思考、解决问题的能力。通过有效的提问促进学生积极思考，加强学生对教材内容的具体分析和精细加工，这是一个自我解释和说明的过程，更是一个对教材自我加工和意义建构的过程。

四、图解教材法

"百闻不如一见""一图胜过千言"，人类80%以上的信息是通过视觉获得的。高中思想政治教材中，有部分内容深奥冗繁，采用轻松直观、图文并茂的编排形式，运用各类图示使难点内容由繁杂抽象变得直观快捷，各种插画可以使深奥冗繁的知识点变得浅显愉悦，各种表格可以使枯燥乏味的内容更加清晰明了，可以充分挖掘学生与生俱来的放射性思考能力和多感官学习潜能。例如：哲学概念关系图，如"矛盾"一课有多个抽象的概念，用如下图例可帮助学生加深理解（见图1、图2、图3、图4）。

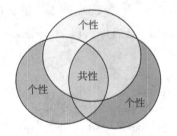

图1　矛盾的同一性与斗争性关系

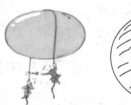

图2　矛盾普遍性与特殊性关系

主次矛盾辩证关系与矛盾主次方面辩证关系：

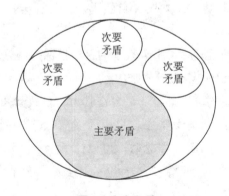

图3　主次矛盾

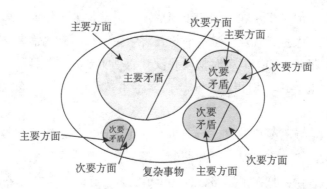

图 4　矛盾主次方面

五、以练促读法

学生通过读书，完成了感知、理解、积累三个部分，但这还不是教学的目的，达到熟练地运用才是我们教学的目的。作为教师，要充分挖掘教材中的规律，精心设计迁移训练，让学生通过练习，查漏补缺，检验自己对教材的理解是否存在误区。例如，学生在学习阅读"实践是认识的基础"这部分内容时，经常混淆：实践是认识的来源，实践是认识发展的动力，实践是检验认识的真理性的唯一标准，实践是认识的目的。教师可通过题目练习让学生加以区分。

题目：随着互联网技术的广泛普及，各类新型地图产品层出不穷，从事地图服务的单位也由传统的地图出版社向一般出版社、导航电子地图服务提供商、互联网企业等延伸，迫切需要对相关法律法规加以修订。材料告诉我们_____。

A. 实践具有客观物质性　　　　B. 实践是认识发展的动力

C. 实践可以变观念为现实　　　　D. 实践是认识的最终目的

分析：实践不断产生新问题、提出新要求，推动人们进行新的探索和研究，体现了实践是认识发展的动力。从事地图服务的单位也由传统的地图出版社向一般出版社、导航电子地图服务提供商、互联网企业等延伸，迫切需要对相关法律法规加以修订，体现了实践是认识发展的动力。ACD 选项在材料中未体现，答案为 B。

六、概括复述法

概括和复述，是让学生对教材内容进行归纳、简要复述和总结。

高中思想政治教材中的一个段落往往就讲解了一个问题。指导学生概括段落大意，能帮助学生理解知识，培养学生的概括能力。政治课文的每段文字，都是由几个不同但又相互联系的句子组成。一般地，第一句或最后一句往往概括了该段的段落大意或观点。教师应该告诉学生，在阅读政治课文时，首先应留心第一句或最后一句。但有时整段并没有一个明显的句子可以概括出该段的段意，这时，就要求我们指导学生，让学生用精练的词句把该段的大意概括出来。

概括大意后就需要对教材进行分析，进而用自己的语言复述教材内容。课本在知识的叙述上，有时对一个问题的讲解往往要从几个层面或从几个角度去进行。这样从宏观上把握了思路，且厘清了线索，有助于构建网络，减轻记忆，帮助学生记忆基础知识。

七、系统优化，思维导图构建法

高中思想政治的每门学科都有自己的知识体系，思维导图是一种将思维形象化的方法，它能充分运用左右脑的机能，利用记忆、阅读、思维的规律，协助学生理解教材知识体系、概念与理论分析的联系等，开启学生形成政治学科思维素养的无限潜能。例如，在学生学习阅读第四课《探究世界的本质》时，可以让学生寻找出主要概念，分析概念之间的关系，形成思维导图，从而加深对所阅读知识的理解，见图5。

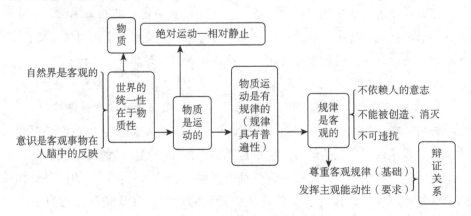

图5 世界的统一性在于物质性思维导图

通过一节课、一单元、一模块、一本书的思维导图的训练，学生对教材内容进行整理、提炼、升华，既熟悉了教材内容，较系统地了解了辩证唯物主义和历史唯物主义，也锻炼了自己的归纳、分析和表达能力。

数学组论文篇

凝练教学风格，锻造核心竞争力

新丰县第一中学 连坤明

教师的健康成长，是学校教师队伍建设的重要组成部分，是学校可持续发展的人才保障。教师的成熟是现代学校发展的源头活水，现代学校的发展需要教师风格的发展与提升。随着新课程改革的不断推进，作为教师应重视自身专业化成长。对高中数学教师而言，首先应该着重培养自己基本的教学能力，重点历练课堂教学基本功，并从中发现"自我现状"，找到"自我"价值，从而形成科学有效的教学风格，锻造自身的核心竞争力，才能适应新时代的教师发展要求。

一、我的教学风格

教学风格是指教师在长期的教学实践过程中逐步形成的，在一定的教学理念指导下，创造性地运用各种教学方法和技巧，所表现出来的一种稳定的个性化的教学风貌和格调。作为一名高中数学教师，八年的教学经历，使我形成了理智型的教学风格。

（一）善于用教材教，而不是教教材

对教材内容的处理要有一定创造性，能对教材内容进行严格细致的剖析，化整为零，合理增删，然后将其重新组合，使其形成一个由浅入深、由表及里、由部分到整体、由因到果的过程结构，使其成为学生容易适应的知识框架，让抽象的数学变得生动活泼，注重运用教材的例题习题，立足课本与高考题产生共鸣，能引领学生利用知识之间的联系形成的命题背景命制考题，充分体现高考源于生活、源于课本的特点。

（二）创设多技术融合的教学环境

数学知识较为抽象，通过几何画板等数学专业软件将数学知识变得更加

具体、形象、生动，从而加强学生的感官认知，大大提高课堂学习效率。

（三）教学方法灵活，重视一题多解和多题一解

我的数学课堂追求简约。简约不同于简单，是摒弃一切不需要的奢华与作秀，从而使课堂变得更为简洁、深刻，进而达到优质和高效。我的教学方法比较灵活，根据教学难度与学生的接受能力恰当地选择和使用教学方法，把多种教学方法合理地结合起来使用，确定教学方法时不是以课时为单元而是以重要知识点为单元来进行考虑。带领学生通过多题一解整理类型题，大大提升学生学习效率。通过不同的知识角度，以及思考维度，激发学生积极思考，从而使学生在课堂做到一题多解，不同方法也可以满足不同层次学生的需求。

（四）语言诙谐，课堂生动活泼，有欢声笑语

我的语言表达能力较强，数学语言严谨、精练，我善用网络流行语与学生进行交流。课堂教学用语流畅、生动、形象、富有幽默感，对学生有吸引力，能有效地激发学生的兴趣。

课堂上要充分体现学生的主体性。重视课堂气氛，尽量创设良好的课堂气氛，使师生在最佳状态下进行交流，有利于师生在课堂教学活动中都有积极、愉快的体验，从而提高课堂教学效果。我尊重学生的创造性，注重学生的思维过程，从不批判学生的错误，充分肯定学生对知识感悟的想法，通过"调侃式"交流不断制造认知矛盾、将问题抛给学生讨论等方式适时有效地给予学生引导和帮助。

二、我的成长过程

很荣幸我处于这个机遇与挑战并存的新时代，同时有着一份向往美好的心愿，带着一份初心——所学能为己用，所学能有他用。很幸运，我进入了教师这一行业，注定此生为此奋斗。带着憧憬与兴奋，我在 2015 年 9 月来到这片土地——新丰县第一中学。依稀记得第一次站上真正的讲台，我的内心带着些许紧张与兴奋。作为班主任，我带着一份初衷：我的学生能因为我的存在和努力而有所改变；作为数学教师，我希望我的学生能因为我而不再对数学感到害怕，而是对数学充满了期待。

前途是光明的，道路却总是曲折的，学生的基础比较薄弱，我一度失去信心。幸运的是，我并没有陷入这种负能量的循环中太久。于我而言，这就是挑战，能做到诸葛亮都做不到的事，那才叫能耐。学生基础差，这

是个老大难的问题，但是老大出手就不难了。怀着这份信心，我迎接这个挑战。换句话说，我需要这个挑战来实现自己的价值追求。

听君一席话，胜读十年书。2018年学校有幸邀请到了佛山市教研员彭海燕主任为我们数学组做相关的指导与培训。彭主任接地气的演讲与上课方式，让我感触颇深。她扎实的教学功底与自信飞扬的讲课风格，幽默而不尴尬，正是我一直所追求的。同时我也明白自己的教学水平与珠三角地区的差距，颇感压力。从那以后我不再以"学生基础差、不用学那么深"为借口放纵自己。我购买了很多相关的专业书籍，钻进题海，一步一个脚印，不断地归纳总结，通过写教学反思及时发现自身问题并及时调整自己。功夫不负有心人，2018年新丰县高中青年教师基本功大赛和2019年高中青年教师解题能力大赛我都拿下了第一名。自此我越来越有自信，慢慢地我发现了知识之间的更多联系，可以很从容地把控课堂，将数学融于课堂，我的课堂变得越来越有趣味，数学也不再枯燥。

2019年夏天，领导在询问我的意见后，将两个重点班分配给我。这是我第一次接触到基础相对比较好的学生，倍感压力的同时又觉得动力十足，因为这是一个难得的机会，我主动编制了这一届高三数学一轮复习的导学案。组长说，大胆搞，放开步子去做，你可以的。在编写导学案的过程中，我对近几年的高考题有了更进一步的认识，这对我接下来的备考有很大的指导意义。慢慢地，我可以从容地在一周集备上大胆发言，同事对我提出的备考方向都表示认同。果不其然，二〇二〇届我带的第一届重点班都超额完成了学校下达的指标。从那以后，我明白了所有的努力都是算数的，不用急。

我们都想要鲜花与掌声，然而当才华支撑不起自己的野心时，那就要好好努力，好好沉淀自己，厚积薄发，不仅要有努力的心，更需要用行动去支撑，努力的方向也很重要。相遇是缘，相聚是份，能与彭主任相逢是一件美妙的事情。她使我努力的方向更加明确，能跟随在优秀的人身边让自己向优秀靠拢，这是我最好的机遇。有句话说得很好：如果你感觉你做的事，让你经常犯难，举步维艰，那恭喜你，命运已经悄悄地为你准备了一份美好。多年以后，你会感谢曾经的这份困难，因为这些所谓的困难，为自己积蓄了能量。

人民群众对美好生活的向往与自身发展的不平衡是现在最主要的矛盾。习近平总书记说，我们已经进入了新时代，教育也进入了新时代。在这个瞬息万变的时代，一不留神，就会被淘汰。所以，要改变我们以往的认知模型，从多个角度看待问题，掌握事物的本质，认清事物之间的原生逻辑，才能以不变应万变。显然,彭主任已经在这条大路走得很远,她是我学习的榜样。挑战与机遇并存,希望自己抓住这些机遇,迎接挑战,实现蜕变。无限风光在险峰,需要我们去攀登、去坚持。不负韶华,相信一切美好终将如期而至!

三、我的教学实录

1. 教学内容分析

圆锥曲线是平面解析几何的核心部分,其中圆锥曲线的综合问题是高考的热点问题,其沟通了代数与几何,是每年高考必考的一道解答题。高考试题中常以圆锥曲线与直线的位置关系的几何背景,以相关的角度、直线、定值、定点作为相关的几何素材进行命题,考查了转化与化归、数形结合、函数与方程的数学思想,体现了对逻辑推理、运算求解等核心素养的要求。

2. 学生学情分析

首先学生在一轮复习之后,基本理解了直线、圆、椭圆、双曲线、抛物线的定义与概念,以及能利用坐标法将定义转化成相应的代数表达式——标准方程。其次学生掌握了圆锥曲线相关的几何性质,但在圆锥曲线的综合问题上,特别是几何结论证明问题上,仍存在相应的问题,尤其代数运算是学生的薄弱点,本质上学生主要是对几何对象的几何特征挖掘不够充分,导致其转化成相关的代数表达不够简洁,使计算量偏大。

3. 教学目标分析

解析几何是高中数学的重要内容。高考主要考查直线与圆、椭圆、双曲线、抛物线的定义、标准方程和简单几何性质。其中,直线与圆、直线与圆锥曲线的位置关系是考查的重点。基于上述教材和学情分析,确立本节课的教学目标如下:

(1)掌握用代数方法研究几何问题的基本方法——坐标法;

(2)通过对几何对象几何特征的挖掘以及代数表达,理解数形结合思想、函数与方程思想、特殊与一般等思想方法;

(3)提升学生的推理论证能力和运算求解能力。

教学重点:几何对象中几何特征的挖掘,转化成几何对象的代数特征。

教学难点:由结论出发,由形到数,再由数到形,数形结合思想的掌握与理解。

4. 教学过程

教学环节	教学内容	教师活动	学生活动	设计意图
环节一：明晰高考要求	高考中常以圆锥曲线与直线的位置关系的几何背景，以相关的角度、直线、定值、定点作为相关的几何素材进行命题，考查了转化与化归、数形结合、函数与方程的数学思想，体现了逻辑推理、运算求解的核心素养	分析高考考试要求及考试大纲	学生思考，理解高考要求	通过对高考要求的分析，使学生能更加明确地学习圆锥曲线综合问题中的证明题，为接下来的题目分析做铺垫
环节二：例题精讲	例1：（2019 深圳一调）如图，在平面直角坐标系 xOy 中，椭圆 C 的中心在坐标原点 O，其右焦点为 $F(1, 0)$，且点 $P\left(1, \dfrac{3}{2}\right)$ 在椭圆 C 上。 （1）求椭圆 C 的方程； （2）设椭圆的左、右顶点分别为 A、B，M 是椭圆上异于 A、B 的任意一点，直线 MF 交椭圆 C 于另一点 N，直线 MB 交直线 $x=4$ 于点 Q，求证：A、N、Q 三点在同一条直线上。 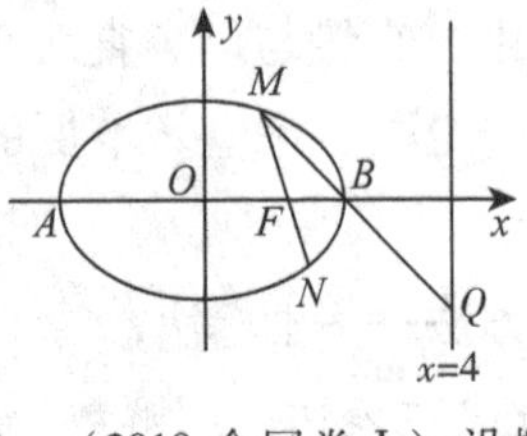 例2：（2018 全国卷Ⅰ）设椭圆 C：$\dfrac{x^2}{2}+y^2=1$ 的右焦点为 F，过 F 的直线 l 与 C 交于 A、B 两点，点 M 的坐标为（2, 0）。 （1）当 l 与 x 轴垂直时，求直线 AM 的方程； （2）设 O 为坐标原点，证明：$\angle OMA = \angle OMB$	从结论出发，从形到数，再从数到形，充分挖掘几何对象的几何特征	学生思考回答，体会几何对象的几何特征以及几何表示	通过分析题目中所需证明的结论，引导学生从结论中的形出发，表示成数，再通过对几何特征的挖掘，进一步简化代数运算，体验用坐标法解决几何问题的好处

续表

教学环节	教学内容	教师活动	学生活动	设计意图
环节三：课堂练习	（2017 新课标Ⅱ）设 O 为坐标原点，动点 M 在椭圆 $C: \frac{x^2}{2} + y^2 = 1$ 上，过 M 做 x 轴的垂线，垂足为 N，点 P 满足 $\overrightarrow{NP} = \sqrt{2}\,\overrightarrow{NM}$. （1）求点 P 的轨迹方程； （2）设点 Q 在直线 $x = -3$ 上，且 $\overrightarrow{OP} \cdot \overrightarrow{PQ} = 1$. 证明：过点 P 且垂直于 OQ 的直线 l 过 C 的左焦点 F		学生根据例题，自主完成	学生初步体会证明题的解题突破口，从结论出发，尝试对几何对象进行相应的代数表达
环节四：反馈总结	根据学生的反应，学生基本掌握了证明题的切入点，但对几何问题的几何特征挖掘不够，相关代数解答基本过关	教师总结	学生思考回答	教师通过习题的反馈，进一步了解学生的掌握情况，对下节课的备课具有指导意义
环节五：课堂小结	1. 分析证明的结论，等价转化成相关的几何代数关系。 2. "设而不求"，利用相关的几何条件进行运算求解，化简得到结论证明等价的几何表达式，几何特征挖掘越充分，代数表征才会越简洁	教师提问	学生思考回答	重新梳理整节课的主要内容，以内容为载体，渗透转化、化归、数形结合等数学思想方法
环节六：课后练习	例1：（2017 北京）已知抛物线 $C: y^2 = 2px$ 过点 $P(1, 1)$。过点 $\left(0, \frac{1}{2}\right)$ 作直线 l 与抛物线 C 交于不同的两点 M、N，过点 M 作 x 轴的垂线分别与直线 OP、ON 交于点 A、B，其中 O 为原点。 （Ⅰ）求抛物线 C 的方程，并求其焦点坐标和准线方程； （Ⅱ）求证：A 为线段 BM 的中点	教师布置作业	学生巩固练习	学以致用，检查学生的掌握情况

141

续 表

教学环节	教学内容	教师活动	学生活动	设计意图
环节六：课后练习	例2：（2019 广东一模）已知点 $(1, \sqrt{2})$，$\left(\dfrac{\sqrt{2}}{2}, -\sqrt{3}\right)$ 都在椭圆 $C: \dfrac{x^2}{a^2} + \dfrac{y^2}{b^2} = 1 \ (a > b > 0)$ 上。 （1）求椭圆 C 的方程； （2）过点 $M(0, 1)$ 的直线 l 与椭圆 C 交于不同的两点 P、Q（异于顶点），记椭圆 C 与 y 轴的两个交点分别为 A_1、A_2，若直线 A_1P 与 A_2Q 交于点 S，证明：点 S 恒在直线 $y = 4$ 上			

5. 教学效果与反思

教学效果：

（1）掌握用代数方法研究几何问题的基本方法——坐标法；

（2）通过对几何对象几何特征的挖掘以及代数表达理解数形结合思想、函数与方程思想、特殊与一般等思想方法；

（3）学生掌握了证明题的切入点，相关代数解答基本过关，学生的逻辑推理论证能力和运算求解能力有所提升。

反思：

（1）本节课主要讲解的是圆锥曲线的综合问题，对学生来说，这是一个难题，首先学生心理不过关，因此略显枯燥，学生容易走神；

（2）学生的接受程度远比预期的要好一点，不足的是，对几何、代数之间的转化，学生显得有点儿单薄，这需要后期进行更多的练习与总结归纳。

四、我的教学主张

随着课改的推进，现代教学观念的核心应在于培养学生的主体意识和参与意识，突出以素质教育为中心的系统原则。要全面认识数学教学的功能，它不单纯是教会学生掌握数学工具，更重要的是要进行文化素质教育，要通过严格训练，使学生养成坚定不移、客观公正的品格，形成严格而精确的思维习惯，激发学生追求真理的勇气和信心，锻炼学生探索事理的能力。所以，结合自己的教学实际和我个人的教学主张，一直以来自己慢慢在完善以下四个方面。

（一）情境教学，使知识生动、形象

数学来自现实生活，再被应用到现实生活中去。要用现实的方法学习数学，让学生通过熟悉的现实生活情境逐步发现和得出数学结论。

（二）不唯教材，要用教材教而不是教教材

第一，教学中，要有教材，要信教材，但不唯教材，应活用教材，要重视教材对教学的指引功能；第二，要创造性地使用教材，稳定性和通用性的教材必须与时效性和个性化相结合，才能产生新的整体效应；第三，要树立大教材观，整合一切教学资源为"我"所用。

（三）注重一题多解和多题一解

引导学生考虑一题多解，引导学生一题多变，引导学生一题多用。这是提高课堂效率的最有效的方法之一，最大的好处是能形成相应的知识网络，使学生记忆深刻，同时也是数学建模思想的体现，使学生可以多层次、广视角、全方位地认识数学问题。

（四）即时反馈，及时纠错，建立纠错本

对课堂作业以及测试，应即时快速地进行反馈，及时纠错，并建立纠错本，使学生记忆深刻。教师可以有针对性地进行授课，提高课堂学习效率。

五、他人眼中的我

在学生眼中，数学教师外表高大强壮，一言不发时给人一种生人勿近的感觉。但实际在课堂上，教师爽朗的笑声总能带给人亲切与温暖。语言要诙谐幽默，善于结合生活实际，让学生真正体会数学源于生活，让学生慢慢发现数学并没有想象的那么枯燥，原来数学也是生动的。教师要能以数学知识以及公式蕴含的哲理告诉学生生活和学习的道理，让学生容易接受，润物细无声，这样的道理会让学生很舒服。同时教师帮同学解惑时十分幽默，能使气氛融洽，使学生不会因为题不会而导致压力过大。教师耐心的讲解，让同学们思路清晰，理解到位。正因为有优秀的教师，学生才会都乐学好学数学，并学会不懂就问、积极思考的道理。

在教师眼中，教学基本功扎实、知识面广、知识拓展有深度，注重一题多解和多题一解、发散学生思维，能满足不同层次学生的学科需求；使用问题串教学，问题设计巧妙，师生互动良好，课堂氛围融洽；课堂把控能力好，注重启发式教学，教学严谨，语言幽默，授课要充分考虑学情教情，突出重点难点。

基于"问题引导，自主探究"教学研究

——以《直线的一般式方程》为例

新丰县第一中学　罗晓

问题是数学的心脏，也是数学思维的动力。《普通高中数学课程标准（2017 年版 2020 年修订）》提出数学素养的核心是学生通过提出、形成和解决数学问题而进行分析、推理和交流的能力。也就是说学生数学学科核心素养的形成和发展，是通过恰当的问题串，在教师的启发和引导下，学生通过自己的独立思考或与他人交流，最终自己"悟"出来的，是一种逐渐养成的思维习惯和思想方法。传统的满堂灌教学方式显然已不适合现在的课堂，而"问题引导，自主探究"教学模式能促进学生对数学知识本质的深入思考，从而使学生达到对知识的理解与迁移，使核心素养真正落地生根。

以新人教版选择性必修第一册第二章 2.2.3《直线的一般式方程》为例，我以"问题引导，自主研究"的模式进行教学，在课堂教学中做了一点尝试，力求通过问题设置，引导学生独立思考或小组合作与他人交流，从而形成概念，让学生从这个学习过程中体会数学思想方法，并激发学生对数学知识本质的深入思考。教学实践中，具体细节处理如下。

一、设置问题串，构建知识网络

很多数学知识之间是有联系的，教师通过设置问题串，循序渐进，把相关知识按一定关系进行组合。

问题 1：目前已经学习了直线方程的四种形式，有哪四种？具体表达形式分别是怎样的？

问题 2：你能说说这四种直线方程的关系吗？

问题3：这四种直线方程把所有的直线都表示全了吗？

教师通过提出问题，引导学生复习旧知。此时，教师边评价学生边启发引导，让学生发现它们之间的联系，提出直线方程的局限性，以及除了四种形式外的直线 $x = x_0$，提出直线分为两大类，即斜率存在和不存在，使学生认识到统一直线的一般式的必要性，为后面构建知识网络做好铺垫。

二、提出问题，创设情境

数学学科核心素养是在学生与情境、问题的有效互动中得到提升的。在教学中，教师要设计切合学生实际的情境与问题，引导学生用数学的眼光去观察现象、发现问题，使用恰当的数学语言、模型描述问题。

比如：数学家笛卡儿在平面直角坐标系中研究两条直线之间的位置关系时，碰到了这样一个问题：

问题4：平面直角坐标系中的任何一条直线 l 能不能用一种自然优美的"万能"形式的方程来表示？

问题5：任何一条直线的方程都可以写成关于 x、y 的二元一次方程吗？

问题6：特殊的直线 $x = x_0$，直观上观察到它只有一个变量，它怎么会是二元一次方程呢？

通过提出问题，引导学生回到问题的情境中。教师启发引导学生，让学生思考刚刚复习的四种直线方程之间的联系，使学生认识到，这都是二元一次方程，那就可以用数学语言或模型进行描述，为构建新知做准备。

三、问题引导，共同探究，形成概念

教师通过精心设计问题，引导学生独立思考，再让学生和小组成员讨论、学习，从而形成概念。小组分享方法、得出结论，派小组成员展示成果，这也是学科素养指标体系中一级指标落地。

探究一：

问题7：任何关于 x、y 的二元一次方程 $Ax + By + C = 0$ 都表示一条直线吗？

问题8：什么样的方程是直线方程？

问题9：为什么要讨论 $B \neq 0$，$B = 0$？

问题10：在探究一这个过程中，用到了什么数学思想？分类讨论，本质在讨论的是什么问题？

探究一是本节课的难点，由于此阶段学生身心发展的特点，学生还未形成转化与化归的思维，教师应根据学生的反应程度做出相应的引导，提出问题，利用问题引导，用小组合作、自主探究的方式，经过小组讨论，得出结论，推荐一人上黑板抢答展示成果，在教与学的过程中慢慢地渗透数学的思想方法，使学生理解二元一次方程和直线的关系，并形成对直线的一般式方程的概念（定义）。

探究二：

问题 11：在方程中，A、B、C 为何值时，方程 $Ax + By + C = 0$（A、B 不同时为 0）表示的直线

（1）平行于 x 轴；

（2）与 x 轴重合；

（3）平行于 y 轴；

（4）与 y 轴重合。

问题 12：以上几种特殊的直线本质讨论的是直线的什么问题？

学生依然进行小组讨论，并派代表展示成果；教师只巡视，并点评、完善学生的展示成果，引导学生从直线几何要素的角度分析问题，把握问题本质。通过这样的问题引导、思考，让学生能更深刻地理解直线的几何要素斜率和截距，同时也让学生从直线的一般式方程中感受几种特殊直线的情形，能提高学生分析问题的能力，进一步加深学生对二元一次方程与直线的对应关系的认识，提升学生的逻辑推理和直观想象等核心素养。

四、问题变式，理解运用

问题 13：据下列各条件写出直线的方程，并且化成一般式。

（1）斜率是 $-\dfrac{1}{2}$，经过点 A（8，-2）；

（2）经过点 B（4，2），平行于 x 轴；

（3）在 x 轴和 y 轴上的截距分别是 $\dfrac{3}{2}$，-3；

（4）经过两点 p_1（3，-2），p_2（5，-4）。

问题 14：把直线 l 的方程 $x - 2y + 6 = 0$ 化为斜截式，求出直线 l 的斜率以及它在 x 轴与 y 轴上的截距，并画出图形。

让学生自行解决问题 13 的数学问题；教师巡视，选择典例用手机拍照展示并点评成果，强调解题过程规范，使学生体会根据问题给出的条件选择适合的

直线方程，再转化为直线的一般式方程的过程，提高学生分析与解决问题的能力，培养学生数学运算能力的核心素养。

对于问题14，教师引导学生用多种方法上台演示解题过程。通过这样的方式学生更能深刻理解直线一般式方程的特点，掌握由直线的一般式方程转化为直线的点斜式方程。求解直线在 x 轴与 y 轴上的截距，并画图，使抽象问题具体化，能让学生初步体会解析几何数形结合的一般思想方法，发展学生逻辑推理、直观想象、数学抽象和数学运算的核心素养。

五、设置问题反思，总结归纳数学知识与思想方法

问题15：写出直线的一般方程。

问题16：直线的一般方程如何与其他形式进行互化？

问题17：本节课用到了哪些思想方法？

学生通过回答问题，回顾整节课的教学过程，对内容进行知识小结，并感受数学思想的渗透：转化与化归思想（直线一般式互化）、分类讨论思想（$B \neq 0$，$B = 0$?）、数形结合思想（根据方程画图）。基于活动经验的基础上提炼思维，提升自己的能力。

总之，问题引导、自主探究的教学模式中为促进学生思考创设的问题应贯穿数学课堂教学的始终。相信随着学生对一个个数学问题进行亲身探究实践，随着学生自主探究经验的不断积累，他们能自主探究的知识也会越来越多。这样的数学课堂就是核心素养下接地气的课堂。

参考文献：

［1］江金闪．以问题引导数学概念教学［J］．新课程，2021（26）：201.

［2］解娜．浅议高中数学"引导式"教学模式［J］．高考，2017（33）：86.

［3］张贤君．基于探究性"问题串"驱动的数学教学设计［J］．数学教学通讯，2020（27）：20 – 21.

新教材背景下信息技术与高中数学课堂的融合

新丰县第一中学　欧阳远青

《普通高中数学课程标准（2017 年版 2020 年修订）》指出，注重信息技术与课程内容的整合是实验版课程标准提出的课程理念之一。《普通高中数学课程标准（2017 年版 2020 年修订）》提出，要从信息技术与数学课程的有机整合、增强数学的可视化，从而提高数学的课堂效率以及运用信息技术改变学生的学习方式三方面建立信息技术与高中数学课堂的跨学科融合。《中国高考评价体系》要求高考要反映时代性，指出高考改革事关教育发展全局，要助力实现《中国教育现代化 2035》的规划目标。而《中国教育现代化 2035》文件要求充分利用现代信息技术，丰富并创新课程形式，加快信息化时代教育变革，建设智能化校园，统筹建设一体化智能教学、管理与服务平台。

在具体的教学实践活动中，我们可以从什么方面建立信息技术与高中数学课堂的融合呢？

首先，在创设情境环节，我们可以用微课来代替教师的讲授，从而让课堂更加生动饱满。比如人教 A 版数学必修二第七章第一节复数的概念，我们可以通过播放微视频，借助微视频里面简洁诙谐的语言，让学生明白为什么要引入复数这一概念以及数系扩充的历史进程。微课作为一种新形式的学习资源，正悄悄地改变着传统的教学课堂。微课突破了时间和空间的限制，能促进学生有效地自主学习，鼓励学生课外延伸学习。而互联网技术的发展，让学生可以在网络上搜集资料，扩充视野，也让学生有更多了解数学文化、数学历史等知识的途径，从而增强学生学习数学的兴趣。

其次，在概念生成环节，我们可以用几何画板、GGB 等软件增强数学的可视化，从而提高数学课堂的效率。几何画板、GGB 等数学软件具有动态性、形象性以及操作简单等优点，可以讲授抽象的数学概念、动态演示数学原理以及引导学生做数学实验。比如人教 A 版数学必修一第五章第二节三角函数的概念，教材根据研究函数的经验引入直角坐标系，借助角的终边与单位圆的交点坐标来研究三角函数值与交点坐标的关系，从而得出三角函数的概念的。但是，为什么借助单位圆来研究，教材并没有说明理由。为此我设计了两个问题串，引导学生去思考。

问题一：在初中，我们是如何表示直角三角形的三角函数的？

问题二：请同学们任意画一个锐角，结合之前研究函数的方法步骤，我们可以怎样研究这个角的三角函数值呢？

思考一：在终边上移动点 P 的位置，这三个比值会改变吗？

思考二：我们使线段 OP 的长为多少时，能简化上述计算？

如果我们用传统的教学方式解决思考一这个问题，就会发现我们并不能取任意的动点 P，但是借助几何画板或者 GGB 等软件，就可以兼备"数"和"形"两方面，更直观地展示不管怎样移动终边上 P 点的位置，这个角的三角函数值都不会改变。由此我们也得出思考二的答案，既然 OP 的长度为多少并不会影响这个角度的三角函数值，那么当 $OP=1$ 时，能简化三角函数值的计算，这就解析了为什么我们要借助单位圆来研究三角函数的概念。

再次，在习题巩固环节，我们可以借助希沃白板工作台拍照上传等功能提高课堂的互动性与灵活性。教学反馈是提高教学质量与效率、保证教学活动良性循环必不可少的措施。教学反馈使教师可以随时检测学生对知识的掌握程度。我们可以通过希沃平台投影、拍照上传学生的练习情况，打造师生互动、生生互动的教学平台，及时反馈学生的参与意识、合作情况、知识掌握程度等，便于教师灵活地调整教学活动。

又次，在数据处理环节，我们可以借助 Excel 软件分析和处理数据，从而提升学生的数学建模能力。Excel 软件既可以统计分析，又具有图表功能和自行汇总功能。比如人教 A 版选择性必修第三册第八章《成对数据的统计和分析》里面关于相关系数的计算、经验回归方程的模拟和计算、将离散的数据绘制成散点图或条形图等，都可以运用 Excel 软件来处理。概率统计被广泛应用于现实生活的方方面面，而借助计算机处理数据也为学生建模能力的提升提供了技术上的支持。

最后，在课堂小结环节，我们可以借助希沃的思维导图功能提炼关键词来提升学生的逻辑思维能力。思维导图能帮助学生将零散的知识结构化、条理化和系统化，提高学生的学习热情与效率，加强学生的形象记忆。学生在制作思维导图的过程中需要提炼关键词，还需要将知识点分类并且考虑一些与之相关的经典例题及进行易错点分析。学生根据自己对知识的理解，构造概念图并形成清晰的概念网络，加强对知识的理解，促进学生积极思考，从而激发他们的学习兴趣。经过对知识的反复提炼与整理，学生的思维方式将会发生变化，考虑问题会更加全面，更加具有创造性。

信息技术与高中数学课堂的融合，除了上述这些之外，还有问卷星、金山表单以及 UMU 互动学习平台等，这些小程序或学习平台可以加强教师与学生之间的互动或及时进行反馈，提升学生的自学能力。在互联网环境下，我们提升了知识共享与传播的效率，打破了时空的限制性，使师生交流、生生交流更加方便快捷。另外，教师可以在 UMU 互动学习平台添加事先录制好的微课，让学生利用课余时间或假期时间完成相应的学习任务，能让学生有效地利用好碎片化时间，完成对知识的积累与巩固等。

总之，信息技术的创新在驱动学习方式的变革，不管是教师抑或是学生，我们都要抓住时代发展的机遇与挑战，利用互联网技术的发展，打破时间与空间的限制，将学习者的碎片化时间化零为整，加强其自主学习的效率。

参考文献：

[1] 吴亮. 试论几何画板与《图形和几何》整合教学 [J]. 教育论坛，2016（4）：22–26.

[2] 李梅. 让思维导图走进初中数学课堂 [J]. 数理化解题研究，2016（9）：32.

一类"组合函数"的解决策略

新丰县第一中学 潘自知

近年来，高考试卷的压轴题中常以 e^x、$\ln x$ 与 x 组合的函数为基础来命制。将基本初等函数的概念、图像与性质整合在一起，发挥导数的工具作用。应用导数研究"组合函数"的性质、证明相关的不等式、求参数的取值范围，还注重对函数与方程、分类整合和数形结合等思想的灵活运用，着眼于知识点的巧妙结合，突出对数学思维能力的考查等。

由于这类问题综合性强，难度大，能力要求高，很多学生望而生畏，无从下笔。本文通过一些典型的例题，探究常见的一类有关 e^x、$\ln x$ 与 x 组合的函数问题，归纳总结三方面求解的策略，能帮助学生快速识别导数题型模式，并有针对性地选择解题方法，供读者参考。

一、利用不等式 $x - \dfrac{x^2}{2} \leqslant \ln(x+1) \leqslant x$ ($x \geqslant 0$) 进行放缩的策略

用导数容易证明不等式 $x - \dfrac{x^2}{2} \leqslant \ln(x+1) \leqslant x$ 在 $[0, +\infty)$ 时恒成立，证明如下。

证明：设 $f(x) = \ln(x+1) + \dfrac{x^2}{2} - x$，则 $f'(x) = \dfrac{x^2}{x+1}$，$f'(x) \geqslant 0$ 在 $[0, +\infty)$ 时恒成立，

所以函数 $f(x) = \ln(x+1) + \dfrac{x^2}{2} - x$ 在 $[0, +\infty)$ 上单调递增，所以 $f(x) \geqslant f(0)$，

所以 $\ln(x+1) + \dfrac{x^2}{2} - x \geqslant 0$，$x - \dfrac{x^2}{2} \leqslant \ln(x+1)$；同理可得，$\ln(x+1) \leqslant x$。

下面举例说明此不等式的应用。

例1：已知函数 $f(x) = x - \ln(x + a)$ 的最小值为 0，其中 $a > 0$。

（1）求 a 的值；

（2）若对任意的 $x \in [0, +\infty)$，有 $f(x) \leqslant kx^2$ 成立，求实数 k 的最小值。

分析：第（2）中，由不等式 $\ln(x+1) \geqslant x - \dfrac{x^2}{2}$ $(x \geqslant 0)$，

得出 $f(x) = x - \ln(x+1) \leqslant x - \left(x - \dfrac{x^2}{2}\right) = \dfrac{x^2}{2}$，

要证 $f(x) \leqslant kx^2$ 成立，只需证 $\dfrac{x^2}{2} \leqslant kx^2$ 成立即可。

解：（1）函数 $f(x)$ 的定义域为 $(-a, +\infty)$，由 $f(x) = x - \ln(x + a)$ 得 $f'(x) = 1 - \dfrac{1}{x+a} = \dfrac{x + a - 1}{x + a}$。

令 $f'(x) = 0$，得 $x = 1 - a > -a$，

当 $x \in (-a, 1-a)$ 时，$f'(x) < 0$，$f(x)$ 为减函数；当 $x \in (1-a, +\infty)$ 时，$f'(x) > 0$，$f(x)$ 为增函数，所以 $f(x)$ 的最小值为 $f(1-a) = 1 - a = 0$，所以 $a = 1$。

（2）由上述不等式 $\ln(x+1) \geqslant x - \dfrac{x^2}{2}$ $(x \geqslant 0)$，所以 $f(x) = x - \ln(x+1) \leqslant x - \left(x - \dfrac{x^2}{2}\right) = \dfrac{x^2}{2}$，要 $f(x) \leqslant kx^2$ 成立，只要 $\dfrac{x^2}{2} \leqslant kx^2$ 成立即可，所以 $k \geqslant \dfrac{1}{2}$，即实数 k 的最小值为 $\dfrac{1}{2}$。

思维策略：例题 1 的第（2）小题运用不等式 $x - \dfrac{x^2}{2} \leqslant \ln(x+1)$ $(x \geqslant 0)$ 进行放缩，避免了对参数 k 烦琐的分类讨论。运用 $x - \dfrac{x^2}{2} \leqslant \ln(x+1)$ 不等式证明，较为简洁明了。

例2：设 $f(x) = \ln(x+1) + \sqrt{x+1} + ax + b$，$(a, b \in R$，且 a、b 为常数），曲线 $y = f(x)$ 与直线 $y = \dfrac{3}{2}x$ 在 $(0, 0)$ 点相切。

（1）求 a、b 的值；

（2）证明：当 $0 < x < 2$ 时，$f(x) < \dfrac{9x}{x+6}$。

分析：第（2）问中，由（1）知 $f(x) = \ln(x+1) + \sqrt{x+1} - 1$，运用

不等式 $\ln(x+1)<x$，又由基本不等式可得 $\sqrt{x+1}<\dfrac{x+2}{2}$，从而当 $x>0$ 时，

$f(x)=\ln(x+1)+\sqrt{x+1}-1<\dfrac{3}{2}x$，记 $h(x)=(x+6)f(x)-9x$，可证 $h(x)$ 在 $(0,2)$ 内是减函数，由 $h(0)=0$ 得 $h(x)<0$，故问题得证。

解：（1）解略，易知 $a=0$，$b=-1$。

（2）证明：因为 $x>0$，由上述不等式得 $\ln(x+1)<x$，又 $\sqrt{x+1}=$

$\sqrt{(x+1)\times 1}<\dfrac{x+2}{2}$，所以 $f(x)=\ln(x+1)+\sqrt{x+1}-1<\dfrac{3}{2}x$。

令 $h(x)=(x+6)f(x)-9x$，

则当 $0<x<2$ 时，$h'(x)=f(x)+(x+6)f'(x)-9$

$$\leq \dfrac{3}{2}x+(x+6)\left(\dfrac{1}{x+1}+\dfrac{1}{2\sqrt{x+1}}\right)-9$$

$$=\dfrac{3}{2}x+(x+6)\times\dfrac{2+\sqrt{x+1}}{2(x+1)}-9$$

$$<\dfrac{3}{2}x+(x+6)\times\dfrac{2+\dfrac{x+2}{2}}{2(x+1)}-9$$

$$=\dfrac{x(7x-18)}{4(x+1)}<0$$

所以 $h(x)$ 在 $(0,2)$ 内是减函数，由 $h(0)=0$ 得 $h(x)<0$，于是当 $0<x<2$ 时，$f(x)<\dfrac{9x}{x+6}$。

思维策略：例题2的第（2）小题运用了 $\ln(x+1)\leq x$ $(x\geq 0)$ 以及基本不等式的放缩，简化了烦琐的运算，解题更加简便明了。

以上不等式的运用并不是千篇一律的，上述不等式 $\ln(x+1)\leq x$ 又可转化为 $e^x\geq x+1$ 和 $\ln x\leq x-1$ 的形式进行运用，下面举例说明。

例3：已知函数 $f(x)=e^x-a$。

（1）若函数 $f(x)$ 的图像与直线 l：$y=x-1$ 相切，求 a 的值；

（2）$f(x)-\ln x>0$ 恒成立，求整数 a 的最大值。

分析：第（2）小题将 $f(x)-\ln x>0$ 恒成立的问题转化为求两个不等式的恒成立问题，即 $e^x\geq x+1$ 与 $\ln x\leq x-1$ 恒成立，然后构建不等式 $e^x-2>\ln x$，从而确定 a 的最大值。

解：（1）略。

（2）现证明 $e^x \geqslant x+1$，设 $F(x) = e^x - x - 1$，则 $F'(x) = e^x - 1$，令 $F'(x) = 0$，则 $x = 0$，

当 $x \in (-\infty, 0)$ 时，$F'(x) < 0$，当 $x \in (0, +\infty)$ 时，$F'(x) > 0$，

所以 $F(x)$ 在 $(-\infty, 0)$ 上单调递减，在 $(0, +\infty)$ 上单调递增，所以 $F(x)_{\min} = F(0) = 0$，即 $F(x) \geqslant 0$ 恒成立，即 $e^x \geqslant x+1$，即 $e^x - 2 \geqslant x - 1$；

同理可得：$\ln x \leqslant x - 1$，

所以 $e^x - 2 > \ln x$，

当 $a \leqslant 2$ 时，$\ln x < e^x - 2 \leqslant e^x - a$，即当 $a \leqslant 2$ 时，$f(x) - \ln x > 0$ 恒成立。

当 $a \geqslant 3$ 时，存在 x 使 $e^x - a < \ln x$，即 $e^x - a > \ln x$ 不成立。

综上所述，整数 a 的最大值为 2。

思维策略： 例题 3 的第（2）小题，利用了不等式 $e^x \geqslant x+1$ 和 $\ln x \leqslant x - 1$，以 $x - 1$ 作为桥梁，有效地降低了试题的难度。

二、分离 $\ln x$ 与 e^x 的策略

例 4： 已知函数 $f(x) = ax^2 - x\ln x$。

（1）若函数 $f(x)$ 在 $(0, +\infty)$ 上单调递增，求实数 a 的取值范围；

（2）若 $a = e$，证明：当 $x > 0$ 时，$f(x) < xe^x + \dfrac{1}{e}$。

分析： 第（1）小题转化为当 $x > 0$ 时，不等式 $f'(x) \geqslant 0$ 恒成立，进而应用分离变量法求解；第（2）小题将待证不等式等价变形为 $ex - e^x < \ln x + \dfrac{1}{ex}$，再构造函数，进而分别研究所构造函数的最值解决问题。

解：（1）由题意知，$f'(x) = 2ax - \ln x - 1$。

因为函数 $f(x)$ 在 $(0, +\infty)$ 上单调递增，所以当 $x > 0$ 时，$f'(x) \geqslant 0$，即 $2a \geqslant \dfrac{\ln x + 1}{x}$ 恒成立。

令 $g(x) = \dfrac{\ln x + 1}{x}$（$x > 0$），则 $g'(x) = -\dfrac{\ln x}{x^2}$，

易知 $g(x)$ 在 $(0, 1)$ 上单调递增，在 $(1, +\infty)$ 上单调递减，则 $g(x)_{\max} = g(1) = 1$，

所以 $2a \geqslant 1$，即 $a \geqslant \dfrac{1}{2}$。故实数 a 的取值范围是 $\left(\dfrac{1}{2}, +\infty\right)$。

（2）若 $a = e$，要证 $f(x) < xe^x + \dfrac{1}{e}$，只需证 $ex - \ln x < e^x + \dfrac{1}{ex}$，即证 $ex -$

$e^x < \ln x + \dfrac{1}{ex}$。

令 $h(x) = \ln x + \dfrac{1}{ex}(x > 0)$，则 $h'(x) = \dfrac{ex - 1}{ex^2}$，

易知 $h(x)$ 在 $\left(0, \dfrac{1}{e}\right)$ 上单调递减，在 $\left(\dfrac{1}{e}, +\infty\right)$ 上单调递增，则 $h(x)_{\min}$

$= h\left(\dfrac{1}{e}\right) = 0$，

所以 $\ln x + \dfrac{1}{ex} \geqslant 0$。

再令 $\varphi(x) = ex - e^x(x > 0)$，则 $\varphi'(x) = e - e^x$，

易知 $\varphi(x)$ 在 $(0, 1)$ 上单调递增，在 $(1, +\infty)$ 上单调递减，则 $\varphi(x)_{\max} = \varphi(1) = 0$，所以 $ex - e^x \leqslant 0$。

因为 $h(x)$ 与 $\varphi(x)$ 不同时为 0，所以 $ex - e^x < \ln x + \dfrac{1}{ex}$，故原不等式成立。

思维策略： 若直接求导比较复杂或无从下手时，可将待证式进行变形，构造两个都便于求导的函数，从而找到可以传递的中间量，达到证明的目标。本题第（2）小题中变形后再隔离分析构造函数，便于探求构造的函数 $h(x) = \ln x + \dfrac{1}{ex}$ 和 $\varphi(x) = ex - e^x$ 的单调性，若直接构造函数则很难借助导数研究其单调性。

三、运用分离参数、设而不求的策略

例 5： 已知函数 $f(x) = \ln x$，$h(x) = ax(a \in \mathbf{R})$。

（1）若函数 $f(x)$ 的图像与 $h(x)$ 的图像无公共点，求实数 a 的取值范围；

（2）是否存在整数 m，使得对任意的 $x \in \left(\dfrac{1}{2}, +\infty\right)$，都有 $y = f(x) + \dfrac{m}{x}$ 的图像在 $g(x) = \dfrac{e^x}{x}$ 的图像下方？若存在，请求出整数 m 的最大值，若不存在，请说明理由。

分析： 第（1）小题函数 $f(x)$ 的图像与 $h(x)$ 的图像无公共点，等价于方程 $\dfrac{\ln x}{x} = a$ 在 $(0, +\infty)$ 上无解；第（2）小题将不等式恒成立问题转化为函

数的最值问题，通过求导判断函数的单调性，进而得到参数的取值范围。

解：（1）函数 $f(x)$ 的图像与 $h(x)$ 的图像无公共点，等价于方程 $\dfrac{\ln x}{x} = a$ 在 $(0, +\infty)$ 上无解，

令 $g(x) = \dfrac{\ln x}{x}$，则 $g'(x) = \dfrac{1 - \ln x}{x^2}$；令 $g'(x) = 0$，得 $x = e$。

当 $0 < x < e$ 时，$g'(x) > 0$，$g(x)$ 单调递增；

当 $x > e$ 时，$g'(x) < 0$，$g(x)$ 单调递减。

所以 $g(x)_{\max} = g(e) = \dfrac{1}{e}$，故要使方程 $\dfrac{\ln x}{x} = a$ 在 $(0, +\infty)$ 上无解，需满足 $a > \dfrac{1}{e}$，故实数 a 的取值范围为 $\left(\dfrac{1}{e}, +\infty\right)$。

（2）假设存在实数 m 满足题意，则不等式 $\ln x + \dfrac{m}{x} < \dfrac{e^x}{x}$ 对任意的 $x \in \left(\dfrac{1}{2}, +\infty\right)$ 恒成立，

即 $m < e^x - x\ln x$ 对任意的 $x \in \left(\dfrac{1}{2}, +\infty\right)$ 恒成立。

令 $v(x) = e^x - x\ln x$，则 $v'(x) = e^x - \ln x - 1$，

令 $\varphi(x) = e^x - \ln x - 1$，则 $\varphi'(x) = e^x - \dfrac{1}{x}$，

易知 $\varphi'(x)$ 在 $\left(\dfrac{1}{2}, +\infty\right)$ 上单调递增，$\varphi'\left(\dfrac{1}{2}\right) = e^{\frac{1}{2}} - 2 < 0$，$\varphi'(1) = e - 1 > 0$ 且 $\varphi'(x)$ 的图像在 $\left(\dfrac{1}{2}, +\infty\right)$ 上连续，所以存在唯一的 $x_0 \in \left(\dfrac{1}{2}, 1\right)$，使得 $\varphi'(x_0) = 0$，即 $e^{x_0} - \dfrac{1}{x_0} = 0$，则 $e^{x_0} = \dfrac{1}{x_0}$，$x_0 = -\ln x_0$。

当 $x \in \left(\dfrac{1}{2}, x_0\right)$ 时，$\varphi(x)$ 单调递减；

当 $x \in (x_0, +\infty)$ 时，$\varphi(x)$ 单调递增。

则 $\varphi(x)$ 在 x_0 处取得最小值，且最小值为 $\varphi(x_0) = e^{x_0} - \ln x_0 - 1 = \dfrac{1}{x_0} + x_0 - 1 > 2\sqrt{x_0 \cdot \dfrac{1}{x_0}} - 1 = 1 > 0$，

所以 $v'(x) > 0$，即 $v(x)$ 在 $\left(\dfrac{1}{2}, +\infty\right)$ 上单调递增，所以 $m \leq e^{\frac{1}{2}} - \dfrac{1}{2}\ln\dfrac{1}{2} =$

$$e^{\frac{1}{2}} + \frac{1}{2}\ln 2 \approx 1.99529,$$

故存在整数 m 满足题意，且 m 的最大值为 1。

思维策略： 在本题第（2）小问中，分离参数导数零点不可求，且不能通过观察得到，此时往往可以采用设而不求的方法。通过虚设零点 x_0 得到 $e^{x_0} = \frac{1}{x_0}$，$x_0 = -\ln x_0$，将 $e^{x_0} - \ln x_0 - 1$ 转化为普通代数式 $\frac{1}{x_0} + x_0 - 1$，然后使用基本不等式求出最值，同时消掉 x_0，即借助 $\varphi'(x_0) = 0$ 作整体代换，采取设而不求的方法，达到化简并求解的目的。

这一类有关 e^x、$\ln x$ 与 x 组合的"组合函数"问题，形式多样，方法灵活多变，技巧性强。这就要求我们在解题过程中，根据具体的题设条件，认真观察题目的结构特征，从不同角度、不同方向，加以分析探讨，从而选择恰当的方法快速准确地解出。系统地掌握这一类"组合函数"问题的解决策略，这无疑会对学生今后学习及培养分析问题和解决问题等能力都有很大的帮助。

参考文献：

［1］吴胜统．吴欣婷．例谈妙用函数型不等式巧解导数压轴题［J］．中学数学研究，2017（11）：10 – 14.

［2］徐秀．唐永．八类函数型不等式恒成立问题的探究［J］．中学生数学，2008（3）：27 – 29.

［3］赵忠平．例说高考导数解答题常见类型及解题方法［J］．理科考试研究，2017（7）：25 – 26.

［4］贺建勋．段雄伟．导数应用中的两个重要结论［J］．中学数学教学参考，2015（4）：41 – 43.

绘制思维导图在高中数学学习中的应用探究

新丰县第一中学　张丽颖

在新一轮的教改中，新课标提出，通过高中数学课程的学习，学生能提高学习数学的兴趣，增强学好数学的自信心，养成良好的数学学习习惯，发展自主学习能力。然而现状是学生在上高中以后，因为数学知识量大，难度大，容易发生知识混淆的现象，不少学生反映上课能听懂，但课后只能简单机械地解题，题目稍微变化便摸不着门道，知识认知模糊，遗忘率高，致使数学学习越来越艰涩、无趣。因此，让学生学会对已学的数学知识按照自己的理解进行重新组建，优化认知结构，在高中的数学学习中至关重要。

思维导图是一个帮助人们高效处理信息，记录思维过程与思考内容的工具。绘制思维导图就是记录思维的绝佳形式，绘制过程本身就是思考的过程。思维导图能帮助学生建构知识网络，提升逻辑思维能力，从而解决其认知模糊、思维混乱、遗忘快等问题。

一、利用思维导图进行概念学习，构建各关联概念之间的关系

高中数学概念多而且比较抽象，学生理解起来比较困难，而且容易产生混乱。利用思维导图进行概念学习，把新学的概念和原有的知识联系起来，并把新概念纳入原有的概念，明确新概念和原有概念的区别与联系，让学生在绘制思维导图的过程中抓住关键字，主动获取关键特征，辨析概念，明确其内涵和外延。

例如，新教材必修第一册第一章"集合与常用逻辑用语"，最初接触集合，学生总感觉非常抽象，学不得法。可以通过绘制思维导图，让学生厘清集合的概念（图1），比如数学语言交集（∩）、并集（∪）、补集（C_U）对应的文字语言"且""或""非"，再结合韦恩图画出图形语言（见图1），使抽象的概念

问题通过绘制思维导图具体化，使概念得以容易理解掌握。在处理充分必要条件时，搞清楚它们的本质意义，再结合从集合的角度，用集合之间的基本关系来理解充分必要条件，使问题更加清晰明了。最后再结合几何中的判定定理、性质定理、数学定义去理解充分与必要条件，为后面学习立体几何做铺垫。

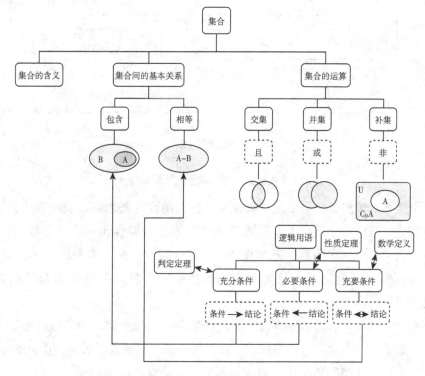

图1　集合思维导图

二、利用思维导图进行章节复习，建构知识结构网络

比起初中，高中的数学课程内容多、难度大。高一、高二课程紧，课堂上复习的时间十分有限，面对大量的内容学生自主复习时常常无从下手。利用思维导图，可以帮助学生建构知识网络，进行发散思维训练，使他们有效记忆内容。思维导图可以把跨度大、内容多的知识章节串联起来，使前后的知识点融会贯通。

新教材在每章安排了"小结"，包括了每章的知识结构和内容回顾。"本章知识结构"以框图形式体现了本章知识要点、发展脉络和相互之间的联系。教师可以指导学生在课本的知识网络结构框图的基础上进行回忆、发散、联想。

例如：必修一第三章"函数的概念和性质"，教材在小结部分的结构框图（见图2）比较简单，且高度概括。

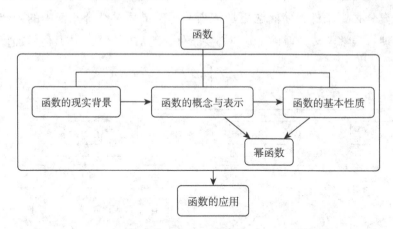

图 2　"函数的概念和性质"结构框图

学生可以根据教材给出的基础框架，整理函数的概念以及表示方法，如列表、图像、解析法，进而再回顾求解析式的方法，如换元、待定系数、配凑、构造方程组等。认识函数的基本性质：单调性、奇偶性，学会从数（解析式）和形（图像）两个角度去理解函数的性质，明白数形结合也是数学的重要思想。

本章的学习对后面研究有关函数的问题具有指导作用，我们可以在这一章的学习后，对初中学习过的一次、二次函数、反比例函数再认识，从新的角度、高度再去理解初中所学的这三个初等函数。在教材给出的框架上发散开去，通过绘制思维导图，加深对函数概念和性质的理解，对抽象的问题，以学过的具体的函数作为载体，具体分析，对函数的表示方法、基本性质体验由一般到特殊，再由特殊到一般的认知过程。

三、利用思维导图对章节之间进行横向对比，发现知识之间的共性，指导学生自主探究

我们知道，很多数学知识之间是有联系的，整理结构图并不是简单地把知识点放在一起，而是把相关的知识按一定的秩序组合，这个秩序就是它们之间的联系。

例如：必修一第四章"指数函数与对数函数"，对数对不少学生而言是一个难点。学生对数的形式难以接纳，运算公式繁杂记不住，函数的图像与性质

混乱不熟，若是被动学习，效率低下，容易遗忘。利用指数与对数之间的关系，在讲完指数与指数函数之后，用思维导图进行类比、联想，让学生自主探索，自主研究，发现其共同点，能帮助学生有效地进行数学思考，发现数学规律，在探索的过程中发现新知识亦是老朋友的惊喜，提高学生对数学的兴趣和学习数学的自信。通过基本活动经验的积累，提高其"四能"，落实其"四基"，从而培养学生"逻辑推理"的核心素养。

相似的方法还可以用在"等差等比数列的通项公式及性质""椭圆双曲线的定义、标准方程及性质""正余弦函数的图像与性质"等相关的内容上，让学生明白数学知识的内在联系，体会数学的整体性、思维的系统性、思想方法的一致性、知识发生发展过程的逻辑连贯性，让学生学会类比推理、联想、推广，举一反三。

四、利用思维导图，设计解题模型，进行题型归类，提升学生的解题能力

很多学生反映，课堂上听懂了，但课后一做题就错。要提高学生的解题能力，光靠大量刷题，没有进行系统研究归类总结是行不通的。

我们知道"从研究一个数学对象到解决一个数学问题都是有基本套路的"。在具体的解题训练中，利用思维导图归纳同一类问题的求解方法，针对给出的不同条件，搭配不同的解题方法，并延伸各种方法的步骤。要能抓住"繁杂事物中的关键，善于发现事物的本质、关系和规律"，做到任你题目千变万化，我心中依然有方法。让学生体会数学的乐趣，增强自信，让学生在绘制思维导图的过程中学会独立思考，勇于展示自己，善于表达自己，学会小组合作交流。

例如前面提到，求函数的解析式，有换元、待定系数、配凑、构造方程组、赋值等方法。那么这些方法适用于什么类型的题目？每种方法的步骤如何？这些问题在我们单元复习的阶段可以完全交给学生自己去整理归纳。

五、利用思维导图探索开放性问题，进行小专题发散思维训练，培养学生的知识迁移能力

建构思维导图，使学生把原本零散、看似不关联的知识点相互联系起来，加深对数学内部关联的认识，形成知识迁移的能力，从而对各个知识点能灵活运用。

例如，学完新教材必修第一册，我们开展了一个"1"的开放性小专题探

究，由"1"联想发散思维，让学生尽情发挥联想，把"1"补充丰满，学生以小组为单位绘制一份有关"1"的妙用思维导图，以下是截取一个小组整理的思维导图（见图3）。

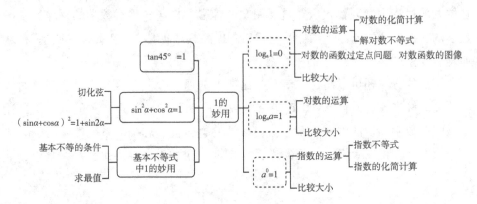

图3　1的妙用思维导图

通过开展活动，并在班级评出优秀作品，鼓励学生用绘制思维导图的方式展示自己，引导学生开展探究，激发学生的数学兴趣，渗透能力培养，进而落实核心素养。

思维导图能帮助学生建构知识网络，提升逻辑思维能力，能帮助解决学生认知模糊、思维混乱、遗忘快等问题。思维导图的作用越发被教师和学生认可，现在网上、资料书上都有不少思维导图。而我认为思维导图更重要的是建构的过程，绘制的过程比图来得更重要，绘制的过程就是思维的过程，这也是新教改强调的"数学基本活动经验"的积累过程。评价既要关注学生的结果，更要注重学生的学习过程。要学生通过自己去整理、归纳，形成自己的东西，并且在这个过程中扎实"四基"，提升"四能"，从而落实数学的核心素养。

参考文献：

［1］章建跃．数学抽象：从背景到概念再到结构：兼谈人教A版教材的教学问题创新设计［J］．中国数学教育高中版，2019（12）：8－15.

［2］章建跃．核心素养导向的高中教材变革：《普通高中教科书·数学（人教A版）》的研究与编写［J］．中学数学教学参考，2019（16）：6－10.

解三角形最值问题策略探究

新丰县第一中学　陈贤意

与解三角形相关的最值或范围问题在高中数学中经常出现，此类问题的命题角度主要有求边长的最值、三角形周长与面积的最值等，涉及的知识面广、灵活性大、综合性强，考查学生的思维能力和创新意识。

解三角形最值问题所涉及的考点很多，一道题目常常考查正弦定理、余弦定理、面积公式、三角形的几何性质等知识。此类问题的综合性较强，常与函数、不等式、平面几何知识相结合，因此解三角形最值问题可以从函数、几何图形、不等式等角度入手。解题策略有时会借助图形，转化为二次函数、三角函数等函数的最值问题；结合图形，利用平面几何的性质，通过解析法，将几何问题转化为代数问题；利用不等式的性质，甚至引入参数方程等相关知识求解。

一、已知一个角与对边的大小，求三角形的周长或面积的最值

1. 求三角形周长的最值

例 1：（2020 年全国 Ⅱ 理 17）在 $\triangle ABC$ 中，$\sin^2 A - \sin^2 B - \sin^2 C = \sin B \sin C$。

（1）求 A；

（2）若 $BC = 3$，求 $\triangle ABC$ 周长的最大值。

解：（1）由正弦定理可得 $a^2 - b^2 - c^2 = bc$，$\therefore \cos A = \dfrac{b^2 + c^2 - a^2}{2bc} = -\dfrac{1}{2}$，

$\because A \in (0, \pi)$，$\therefore A = \dfrac{2\pi}{3}$

（2）**解法一：利用余弦定理与基本不等式求解**

由余弦定理得：$a^2 = b^2 + c^2 - 2bc\cos A$，即 $9 = b^2 + c^2 + bc = (b+c)^2 - bc$。

又 $\because bc \leqslant \left(\dfrac{b+c}{2}\right)^2$（当且仅当 $b = c$ 时取等号），

$$\therefore 9 = (b+c)^2 - bc \geqslant (b+c)^2 - \left(\frac{b+c}{2}\right)^2 = \frac{3}{4}(b+c)^2,$$

即 $b+c \leqslant 2\sqrt{3}$（当且仅当 $b=c$ 时取等号）

$\therefore \triangle ABC$ 周长的最大值为 $3 + 2\sqrt{3}$。

解法二：利用正弦定理与三角函数的有界性求解

由正弦定理得 $\dfrac{a}{\sin A} = \dfrac{b}{\sin B} = \dfrac{c}{\sin C} = 2\sqrt{3}$，$\because b = 2\sqrt{3}\sin B$，$c = 2\sqrt{3}\sin C$，

$\therefore b+c = 2\sqrt{3}(\sin B + \sin A\cos B + \cos A \sin B) = 2\sqrt{3}\sin\left(B + \dfrac{\pi}{3}\right)$，

$\because B \in \left(0, \dfrac{\pi}{3}\right)$，$\therefore B + \dfrac{\pi}{3} \in \left(\dfrac{\pi}{3}, \dfrac{2\pi}{3}\right)$，$\therefore \sin\left(B + \dfrac{\pi}{6}\right) \in \left(\dfrac{\sqrt{3}}{2}, 1\right]$，$\therefore b+c \in$

$(3, 2\sqrt{3}]$，

当 $B = \dfrac{\pi}{6}$ 时取得最大值为 $2\sqrt{3}$，

$\therefore \triangle ABC$ 周长的最大值为 $3 + 2\sqrt{3}$。

解题反思： 本题考查了正弦定理、两角和与差的三角函数公式及三角函数的单调性与值域。解决这类已知边长求周长的最值问题，可以利用基本不等式或正弦定理把边转化为角，再利用三角函数的图像性质求出最值。

但如果题目增加限制条件，如锐角 $\triangle ABC$，求 $\triangle ABC$ 周长或面积的取值范围，能否继续用基本不等式求解？

例2： 在锐角 $\triangle ABC$ 中，$a = 3$，$A = \dfrac{\pi}{3}$，求 $\triangle ABC$ 周长的取值范围。

分析： 显然可用基本不等式的方法求出三角形周长取值范围的上确界，却不能确定范围的下确界，所以在分析时要及时掉头，换一个思维方向。

解： 利用正弦定理与三角函数的有界性求解

由正弦定理得 $\dfrac{a}{\sin A} = \dfrac{b}{\sin B} = \dfrac{c}{\sin C} = 2\sqrt{3}$，$\because b = 2\sqrt{3}\sin B$，$c = 2\sqrt{3}\sin C$，

$\therefore b+c = 2\sqrt{3}(\sin B + \sin A\cos B + \cos A \sin B) = 2\sqrt{3}\sin\left(B + \dfrac{\pi}{6}\right)$，

$\because B \in \left(\dfrac{\pi}{6}, \dfrac{\pi}{2}\right)$，$\therefore B + \dfrac{\pi}{6} \in \left(\dfrac{\pi}{3}, \dfrac{2\pi}{3}\right)$，$\therefore \sin\left(B + \dfrac{\pi}{6}\right) \in \left(\dfrac{\sqrt{3}}{2}, 1\right]$，$\therefore b+c \in (3, 2\sqrt{3}]$，

$\therefore a+b+c \in (6, 3+2\sqrt{3}]$　$\therefore \triangle ABC$ 周长的取值范围是 $(6, 3+2\sqrt{3})$。

解题反思： 从以上两道例题可以看出，如果只是求三角形周长的最大值，

用基本不等式的解法简单粗放，而求三角形周长取值范围所用的三角函数的解法相对细腻烦琐，属于精细化的解法。所以在遇到此类问题时，要认真审题，结合条件，明确目标，选择合适的解题方法，以免解错或使用烦琐的方法。建议求三角形周长的取值范围，用正弦定理边化角，转化为三角函数解决。

2. 求三角形的面积的最值

例3：在 $\triangle ABC$ 中，$a=2$，$A=\dfrac{\pi}{3}$，求 $\triangle ABC$ 面积的取值范围。

解法一：利用余弦定理与基本不等式求解

分析：根据已知条件，应选择面积公式 $S=\dfrac{1}{2}bc\sin A=\dfrac{\sqrt{3}}{4}bc$。

$\because \cos A=\dfrac{1}{2}=\dfrac{b^2+c^2-4}{2bc}$，整理得：$4=b^2+c^2-bc$，利用基本不等式

$\therefore 4=b^2+c^2-bc\geqslant 2bc-bc=bc$，即 $bc\leqslant 4$，$S_{\triangle ABC}\leqslant\sqrt{3}$（当且仅当 $b=c$ 时取等号）。

$\therefore 0<S_{\triangle ABC}<\sqrt{3}$。

解法二：利用正弦定理与三角函数的有界性求解

由正弦定理得 $\dfrac{a}{\sin A}=\dfrac{b}{\sin B}=\dfrac{c}{\sin C}=\dfrac{4\sqrt{3}}{3}$，$\because b=\dfrac{4\sqrt{3}}{3}\sin B$，$c=2\dfrac{4\sqrt{3}}{3}\sin C$，

$S_{ABC}=\dfrac{1}{2}bc\sin A=\dfrac{\sqrt{3}}{4}\times\dfrac{4\sqrt{3}}{3}\sin B\times\dfrac{4\sqrt{3}}{3}\sin C=\dfrac{4\sqrt{3}}{3}\sin B\sin C$

$\sin B=\sin(A+C)=\dfrac{\sqrt{3}}{2}\cos C+\dfrac{1}{2}\sin C$

$\sin B\sin C=\dfrac{\sqrt{3}}{2}\sin C\cos C+\dfrac{1}{2}\sin^2 C$

$\qquad\qquad =\dfrac{\sqrt{3}}{4}\sin 2C-\dfrac{1}{4}\cos 2C+\dfrac{1}{4}$

$\qquad\qquad =\dfrac{1}{2}\sin\left(2C-\dfrac{\pi}{6}\right)+\dfrac{1}{4}$，

$\because C\in\left(0,\dfrac{2\pi}{3}\right)$，$\therefore 2C-\dfrac{\pi}{6}\in\left(-\dfrac{\pi}{6},\dfrac{7\pi}{6}\right)$，$\therefore \sin\left(2C-\dfrac{\pi}{6}\right)\in\left(-\dfrac{1}{2},1\right]$，

$\therefore \sin B\sin C\in\left(0,\dfrac{3}{4}\right]$，当 $2C-\dfrac{\pi}{6}=\dfrac{\pi}{2}$，即 $c=\dfrac{\pi}{3}$ 时取得最大值为 $\dfrac{3}{4}$，

$\therefore 0<S_{ABC}=\dfrac{4\sqrt{3}}{3}\sin B\sin C\leqslant\sqrt{3}$。

解法三：利用数形结合与几何性质求解

三角形是平面几何图形，可通过分析其几何性质，数形结合，将三角形面积的最值问题转化为圆上动点问题，进而求解。

由正弦定理 $\dfrac{a}{\sin A}=2R$ 可求得 $\triangle ABC$ 外接圆的半径为 $\dfrac{2\sqrt{3}}{3}$，如图 1 所示，点 A 可看作圆 M 上异于 B、C 点的动点，若要 $\triangle ABC$ 的面积最大，只需要 $\triangle ABC$ 的高达到最大。当点 A 移动到 A' 位置时，高达到最大值，此时，$MD=\sqrt{MB^2-BD^2}=\dfrac{\sqrt{3}}{3}$，即 $h=R+MD=\sqrt{3}$，$S=\dfrac{1}{2}BC\cdot A'D=\dfrac{1}{2}\times 2\times\sqrt{3}$，

$$0<S_{ABC}=\dfrac{4\sqrt{3}}{3}\sin B\sin C\leqslant\sqrt{3}。$$

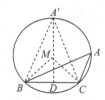

图 1

例 4：在锐角 $\triangle ABC$ 中，$a=2$，$A=\dfrac{\pi}{3}$，求 $\triangle ABC$ 面积的取值范围。

解法一：利用基本不等式的方法可求出三角形面积的取值范围的上确界，却不能确定范围的下确界

解法二：利用正弦定理与三角函数的有界性求解

$\because S_{\triangle ABC}=\dfrac{2\sqrt{3}}{3}\sin\left(2C-\dfrac{\pi}{6}\right)+\dfrac{\sqrt{3}}{3}$，$C\in\left(\dfrac{\pi}{6},\dfrac{\pi}{2}\right)$，

$\therefore 2C-\dfrac{\pi}{6}\in\left(\dfrac{\pi}{6},\dfrac{5\pi}{6}\right)$，$\therefore \sin\left(2C-\dfrac{\pi}{6}\right)\in\left(\dfrac{1}{2},1\right]$，

$\therefore \dfrac{2\sqrt{3}}{3}<S_{\triangle ABC}\leqslant\sqrt{3}。$

解法三：利用数形结合与几何特征求解

如图 2 所示，在 $\triangle ABC$ 外接圆 M 中，$\because A=\dfrac{\pi}{3}$，$\therefore \angle BEC=\dfrac{\pi}{3}$，当 $CE\perp BC$ 时，$\tan\dfrac{\pi}{3}=\dfrac{BC}{CE}$，$CE=\dfrac{2\sqrt{3}}{3}$，

$\therefore \triangle ABC$ 的高的取值范围是：$\dfrac{2\sqrt{3}}{3} < h \leqslant \sqrt{3}$，

当点 A 位于劣弧 DE 时，满足锐角三角形的条件，

$$\dfrac{2\sqrt{3}}{3} < S_{ABC} = \dfrac{1}{2}BC \cdot h \leqslant \sqrt{3}。$$

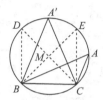

图 2

解题反思：根据边或角的某种定量关系探索出三角形的某个顶点运动的轨迹，把代数问题转化为几何图形问题，进而将此问题转化为动点的最值问题来求解，即用"形"的观点去解决问题。这种数形结合的解题方法，使问题的求解更加直观，学生更容易理解。

二、已知一个角与邻边的大小，求三角形的面积的取值范围

例 5：（2019 全国 II 卷理 18）已知 $\triangle ABC$ 的内角 A、B、C 的对边分别为 a、b、c，已知 $a\sin\dfrac{A+C}{2} = b\sin A$。

（1）求内角 B；

（2）若 $\triangle ABC$ 为锐角三角形，且 $c = 1$，求 $\triangle ABC$ 面积的取值范围。

解：（1）根据题意 $a\sin\dfrac{A+C}{2} = b\sin A$ 由正弦定理得 $\sin A\sin\dfrac{A+C}{2} = \sin B\sin A$，

因为 $0 < A < \pi$，故 $\sin A > 0$，消去 $\sin A$ 得 $\sin\dfrac{A+C}{2} = \sin B$。

因为 $0 < B$，$0 < \dfrac{A+C}{2} < \pi$ 故 $\dfrac{A+C}{2} = B$ 或者 $\dfrac{A+C}{2} + B = \pi$，而根据题意 $A + B + C = \pi$，故 $\dfrac{A+C}{2} + B = \pi$ 不成立，所以 $\dfrac{A+C}{2} = B$，又因为 $A + B + C = \pi$，代入得 $3B = \pi$，所以 $B = \dfrac{\pi}{3}$。

（2）分析题意，结合三角形面积公式可知，只需求解 a 的取值范围即可解决面积的取值范围。

解法一：利用正弦定理与三角函数的有界性求解

$\because B = \dfrac{\pi}{3}$，$\therefore A + C = \dfrac{2\pi}{3}$，因为$\triangle ABC$是锐角三角形，故$\dfrac{\pi}{6} < C < \dfrac{\pi}{2}$

由正弦定理$\dfrac{a}{\sin A} = \dfrac{c}{\sin C}$，$\therefore a = \dfrac{c\sin A}{\sin C}$，$\therefore S_{\triangle ABC} = \dfrac{1}{2}ac \cdot \sin B = \dfrac{1}{2}c^2 \dfrac{a}{c} \cdot \sin B$

$= \dfrac{1}{2}c^2 \dfrac{\sin A}{\sin C} \cdot \sin B = \dfrac{\sqrt{3}}{4} \cdot \dfrac{\sin\left(\dfrac{2\pi}{3} - C\right)}{\sin C} = \dfrac{\sqrt{3}}{4} \cdot \dfrac{\sin\dfrac{2\pi}{3}\cos C - \cos\dfrac{2\pi}{3}\sin C}{\sin C} = \dfrac{\sqrt{3}}{4} \cdot$

$\left(\sin\dfrac{2\pi}{3}\dfrac{\cos C}{\sin C} - \cos\dfrac{2\pi}{3}\right) = \dfrac{3}{8}\dfrac{\cos C}{\sin C} + \dfrac{\sqrt{3}}{8}$

又因$\dfrac{\pi}{6} < C < \dfrac{\pi}{2}$，故$\dfrac{\sqrt{3}}{8} = \dfrac{3}{8}\dfrac{\cos\dfrac{\pi}{2}}{\sin\dfrac{\pi}{2}} + \dfrac{\sqrt{3}}{8} < S_{\triangle ABC} < \dfrac{3}{8}\dfrac{\cos\dfrac{\pi}{6}}{\sin\dfrac{\pi}{6}} + \dfrac{\sqrt{3}}{8} = \dfrac{\sqrt{3}}{2}$，

$\therefore \dfrac{\sqrt{3}}{8} < S_{\triangle ABC} < \dfrac{\sqrt{3}}{2}$，

可得$\triangle ABC$面积的取值范围是$\left(\dfrac{\sqrt{3}}{8}, \dfrac{\sqrt{3}}{2}\right)$。

解题反思： 前面提到三角函数解法细腻烦琐，属于精细化的解法。三角函数的有界性，必须确定角的正确范围，而很多同学认为角C的取值范围是$\left(0, \dfrac{\pi}{2}\right)$，使角$C$的范围无形中被放大，从而错解。

解法二：利用余弦定理与不等式组求解

由于$S_{\triangle ABC} = \dfrac{1}{2}ac\sin B = \dfrac{\sqrt{3}}{4}a$，只需要解决$a$的取值范围即可解决$\triangle ABC$面积的取值范围。

由$\triangle ABC$为锐角三角形，$\therefore \begin{cases} \cos A > 0 \\ \cos B > 0, \\ \cos C > 0 \end{cases}$ 即$\begin{cases} a^2 + b^2 > c^2 \\ a^2 + c^2 > b^2, \\ b^2 + c^2 > a^2 \end{cases}$

又$\because b^2 = a^2 + c^2 - 2ac\cos B = a^2 - a + 1$，$\therefore \dfrac{1}{2} < a < 2$，$\therefore \dfrac{\sqrt{3}}{8} < \dfrac{\sqrt{3}}{4}a < \dfrac{\sqrt{3}}{2}$

可得$\triangle ABC$面积的取值范围是$\left(\dfrac{\sqrt{3}}{8}, \dfrac{\sqrt{3}}{2}\right)$。

本题主要考查了锐角三角形的几何特征，利用$\triangle ABC$三个内角的余弦值都是正数，将题目转化为不等式组求解a的取值范围。当三角形给定一个角度与

其一条邻边，如果我们从余弦定理入手的话，其实是研究一个二元二次方程的另外两边的变量关系。由于另外两边是一个函数关系式，当求其面积或者边长的取值范围时，只需要研究函数性质即可求其范围。

解法三：利用数形结合与几何特征求解

如图 3 所示，为满足 $\triangle ABC$ 为锐角三角形，只需要满足点 C 在 C_1 与 C_2 之间，当点 C 在 C_1 的位置时，此时 $BC_1 = \dfrac{1}{2}$，则 $AC_1 = \dfrac{\sqrt{3}}{2}$，

$$\therefore S_{\triangle ABC_1} = \frac{1}{2} \times \frac{1}{2} \times \frac{\sqrt{3}}{2} = \frac{\sqrt{3}}{8};$$

当点 C 在 C_2 的位置时，此时 $BC_2 = 2$，则 $AC_2 = \sqrt{3}$，

$$\therefore S_{\triangle ABC_1} = \frac{1}{2} \times 1 \times \sqrt{3} = \frac{\sqrt{3}}{2};$$

所以 $\triangle ABC$ 面积的取值范围为 $\left(\dfrac{\sqrt{3}}{8}, \dfrac{\sqrt{3}}{2} \right)$。

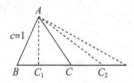

图 3

解题反思：结合图形寻找解题方向，借助直角三角形分析点 C 成立的临界值，相比较解法一利用三角函数求解，更为直观形象，计算量更为简单。因此，解决最值问题关键在于审题，把握题干，提取信息，寻找更为简单的解法，达到事半功倍的效果。

三、已知一边与另外两边的关系，求三角形面积的最值

例 6：满足条件 $AB = 2$，$AC = \sqrt{2}BC$ 的 $\triangle ABC$ 的面积的最大值是_____。

解法一：利用余弦定理与二次函数思想求解

分析：设 $BC = x$，利用三角形面积公式以及余弦定理得到关于 x 的二次函数，再利用二次函数的性质求出面积的最大值。

解：如图 4 所示，设 $BC = x$，则 $AC = \sqrt{2}x$，

$$\therefore S = \frac{1}{2}AB \cdot BC \cdot \sin B = x\sin B = \sqrt{x^2 \left(1 - \cos^2 B\right)}$$

$\because \cos B = \dfrac{BC^2 + AB^2 - AC^2}{2BC \cdot AB} = \dfrac{4 - x^2}{4x}$,

$\therefore S = \sqrt{x^2\left(1 - \left(\dfrac{4-x^2}{4x}\right)^2\right)} = \dfrac{1}{4}\sqrt{-x^4 + 24x^2 - 16} = \dfrac{1}{4}\sqrt{-(x^2 - 12)^2 + 128} \leqslant 2\sqrt{2}$,

当且仅当 $x = 2\sqrt{3}$ 时取等号,此时 $\triangle ABC$ 面积的最大值为 $2\sqrt{2}$。

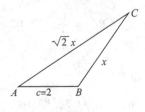

图 4

此解法主要是利用三角形面积公式建立函数关系式,利用函数思想使问题得以解决。

解法二:利用余弦定理与三角函数思想求解

由余弦定理 $\cos C = \dfrac{a^2 + b^2 - c^2}{2ab} = \dfrac{3}{2\sqrt{2}} - \dfrac{2}{\sqrt{2}a^2}$

$\because S = \dfrac{1}{2}ab \cdot \sin C = \dfrac{\sqrt{2}}{2}a^2 \sin C$, $\therefore \sin C = \dfrac{\sqrt{2}S}{a^2}$

又 $\because \sin^2 C + \cos^2 C = 1$, $\therefore \dfrac{2S^2}{a^4} + \left(\dfrac{3}{2\sqrt{2}} - \dfrac{2}{\sqrt{2}a^2}\right) = 1$,

化简得 $S^2 = -\dfrac{1}{16}(a^2 - 12)^2 + 8 \leqslant 8$,

$\therefore S \leqslant 2\sqrt{2}$

解法三:利用数形结合与二次函数思想求解

如图 5 所示,以 A、B 所在直线为 x 轴,线段 AB 的垂直平分线为 y 轴建立平面直角坐标系,设点 $C(x, y)$,$A(-1, 0)$,$B(1, 0)$,由 $AC = \sqrt{2}BC$,$\therefore$

$\sqrt{(x+1)^2 + y^2} = \sqrt{2}\sqrt{(x-1)^2 + y^2}$,化简得 $y^2 = 8 - (x - 3)^2 \leqslant 8$,

$\therefore 0 < y \leqslant 2\sqrt{2}$,

$S_{(\triangle ABC)\max} = \dfrac{1}{2} \times 2 \times 2\sqrt{2} = 2\sqrt{2}$。

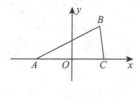

图 5

解题反思：构造函数法是指设定某一元素为变量，结合题目条件以及三角形的边角关系建立关于变量的关系式，将问题转化为函数最值问题进行求解的一种方法。在建立函数关系式时，要灵活运用正余弦定理、勾股定理、三角形的面积公式等对三角形的边角关系进行转化。

解法四：利用数形结合与化归思想求解

如图 6 所示，以 A、B 所在直线为 x 轴，线段 AB 的垂直平分线为 y 轴建立平面直角坐标系，设点 C（x，y），由 $AC = \sqrt{2}BC$，得到点 C 的轨迹方程为 $(x-3)^2 + y^2 = 8$，圆心为 M。

要使 $\triangle ABC$ 面积取得最大，只需要高达到最大。

显然当 $CM \perp x$ 轴时，$\triangle ABC$ 的面积最大，

此时 $|CM| = 2\sqrt{2}$，

所以 $S_{(\triangle ABC)\max} = \dfrac{1}{2} \times 2 \times 2\sqrt{2} = 2\sqrt{2}$。

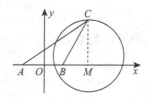

图 6

解题反思：利用坐标与方程思想、转化与化归思想能使问题趋于简单化，使问题迎刃而解。三角形是平面几何图形，因此在解决一些与三角形有关的最值问题时，要善于发现三角形的几何特征，通过解析几何的解法解决问题。而解析几何常见的方法是解析法，是高中数学解析几何中最重要的方法，其解题思路是：通过建立平面直角坐标系，把几何问题转化为代数问题，从而利用代数知识使问题得以解决。

解法五：利用直角三角形与二次函数思想求解

如图 7 所示：设 $BC = x$，则 $AC = \sqrt{2}x$，$BD = t$，

过点 C 作 CD 垂直 AB 于 D，

则 $CD^2 = x^2 - t^2$，又 $CD^2 = 2x^2 - (2+t)^2$，

由此可得 $x^2 = 4 + 4t$，从而 $CD^2 = -t^2 + 4t + 4 = -(t-2)^2 + 8 \leqslant 8$，$CD_{max} = 2\sqrt{2}$，

所以 $S_{(\triangle ABC)max} = \dfrac{1}{2} \times 2 \times 2\sqrt{2} = 2\sqrt{2}$。

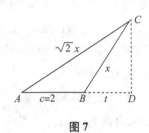

图 7

解题反思：教材在引入正、余弦定理时，先通过推导直角三角形中公式成立，再推广到一般三角形中也成立，因此在求解三角形问题时，灵活运用直角三角形，可以达到事半功倍的效果。

从以上可以看出，已知三角形的边或角，求解面积或周长的取值范围或最值问题是解三角形的常见问题，而这类问题出现的形式灵活，且注重与函数、不等式及几何知识的综合，因此解决此类问题的策略归纳起来有：①基本不等式法，将所求用"边"表示；②三角函数的有界性法，将所求用"角"表示；③几何法，利用动点的几何性质求解；④函数思想，利用二次函数的有界性求解。面对形式多样的题目，建议学者透过现象看本质，根据自身对知识的掌握程度合理地去选择解题方法。

参考文献：

［1］高磊．一题多变，玩转解三角形最值问题［J］．高中数理化，2020（17）：13 - 15.

［2］钟国城．三角形中的最值问题［J］．数理天地（高中版），2021（1）：3 - 6.

［3］陈锁．探寻解三角形中的最值问题，提升学生逻辑推理核心素养：从2019 年一道解三角形题谈起［J］．中学数学研究（华南师范大学版）：下半月，2020（8）：37 - 39.

新高考数学结构不良问题的案例探析

新丰县第一中学　陈贤意

2016 年教育部考试中心提出构建高考评价体系，高考数学科研究了基于高考评价体系的数学科考试内容改革实施路径，新时期高考内容改革的重要特征就是从能力立意到素养导向的转变。在此背景下，2020 年新高考数学科试题结构不良题型便应运而生。

一、数学结构不良问题的含义与特点

结构不良和结构良好是相对的两个概念。一般来说，数学结构不良问题是指题目提供的信息不完整、数学结构（或研究对象）不理想、问题目标不明确、解决过程和答案不稳定等的问题。

从认知心理学的角度来看，结构不良试题具有条件模糊、解决方案多样、结果开放的特点。任子朝认为数学结构不良问题的主要特点有：问题条件或数据部分缺失，问题目标界定不明确，具有多种解决方法、途径，具有多种评价解决方法的标准，所涉及的概念、规则和原理等不明确，需要学习者表达个人的观点或信念等。

二、数学结构不良问题的案例探析

2019 年 12 月山东省进行了新高考模式下的高考模拟考试，试题的命制在教育部考试中心的指导下完成。试题中首次出现结构不良问题，其以数列为素材和背景进行设计，要求考生在题目所提供的三种方案中选一种，并结合已知的若干条件确定等差数列的通项公式，进而根据所获得的数列研究其对应的前 n 项和的不等式。

例 1：（2019 年山东新高考模拟卷）①$b_1 + b_3 = a_2$，②$a_2 = b_4$，③$S_5 = -25$，

这三个条件中任选一个，补充在下面的问题中，若问题中 k 存在，求 k 的值；若 k 不存在，说明理由。

问题：设等差数列 $\{a_n\}$ 的前 n 项和为 S_n，$\{b_n\}$ 是等比数列，_____，$b_1 = a_5$，$b_2 = 3$，$b_5 = -81$，是否存在 k，使 $S_k > S_{k+1}$ 且 $S_{k+1} < S_{k+2}$？

又如 2020 年 7 月山东新高考 I 卷（海南新高考 II 卷）第 17 题以解三角形为背景设计的结构不良试题。

例2：（2020 年山东新高考 I 卷、海南新高考 II 卷第 17 题）在①$ac = \sqrt{3}$，②$c\sin A = 3$，③$c = \sqrt{3}b$，这三个条件中任选一个，补充在下面的问题中，若问题中的三角形存在，求 c 的值；若问题中的三角形不存在，请说明理由。

问题：是否存在 $\triangle ABC$，它的内角 A、B、C 的对边分别为 a、b、c，且 $\sin A = \sqrt{3}\sin B$，$C = \dfrac{\pi}{6}$，_____？

通过分析这两个结构不良试题，可以发现一些相同之处：一是两个问题都是提供三种方案，要求选择其中一种方案并结合已知条件进行数学问题的探究；二是解答的结果是三个方案中有两个方案能使问题成立，这意味着进一步求值，而有一个方案是使问题不成立，然后结束解答。从问题解答的长度和步骤可以看出，选择使问题不成立的方案性价比最高，因为只需完成一件事情，不需要进行求值。选择本身是试题要考查的内容之一，不同的选择方案可能导致不同的结论，难度与用时也会有所区别。因此，结构不良题型的设计，有助于部分考生获得更为简洁的解答过程，这样也给善于思考的学生提供了展示的机会，更好地体现考试选拔和区分鉴别功能。

（一）以数列为背景的数学结构不良问题

新高考结构不良试题为数列的考查形式创设了新的情境，对学生加深数列知识的理解、数学探究能力的考查是积极和深刻的，主干知识主要考查等差数列和等比数列的概念、通项公式以及前 n 项和公式，这些知识点是新课程标准对数列内容的基本要求，因此高考从这方面命题体现出"四翼"中的基础性要求，同时高考命题当中往往都将条件的缺失设置在求数列通项公式上。

例3：（2020—2021 年佛山市普通高中高三教学质量检测一）在①$\log_2 a_{n+1} = \log_2 a_n + 1$，②$a_{n+1} = a_n + 2^n$，③$a_{n+1}^2 - a_{n+1}a_n = 2a_n^2$（$a_n > 0$），这三个条件中任选一个，补充在下面的问题中，并作答。

问题：已知 $\{b_n - a_n\}$ 为等差数列，$\{b_n\}$ 的前 n 项和为 S_n，且 $a_1 = 2$，$b_1 = 2$，$b_3 = 14$，是否存在正整数 k，使 $S_k > 2021$，若存在，求 k 的最小值；若

不存在，说明理由。

解析：本题无论选择哪个条件都可以先求出数列 $\{a_n\}$ 的通项公式，继而求出数列 $\{b_n\}$ 的通项公式和前 n 项和 S_n 的表达式。

选择条件①$\log_2 a_{n+1} = \log_2 a_n + 1$，则$\log_2 a_{n+1} - \log_2 a_n = 1$，利用对数运算性质，即$\log_2 \frac{a_{n+1}}{a_n} = 1$，故$\frac{a_{n+1}}{a_n} = 2$，数列 $\{a_n\}$ 是以 $a_1 = 2$ 为首项，2 为公比的等比数列，$\therefore a_n = 2^n$。

选择条件②$a_{n+1} = a_n + 2^n$，则 $a_{n+1} - a_n = 2^n$，利用数列求和的"累加法"，得 $a_n = a_1 + 2^1 + 2^2 + \cdots + 2^{n-1} = 2^n$。

选择条件③计算方面较复杂，由 $a_{n+1}^2 - a_{n+1} a_n = 2a_n^2$（$a_n > 0$）可得，$(a_{n+1} + a_n)(a_{n+1} - 2a_n) = 0$，因为 $a_n > 0$，则 $a_{n+1} - 2a_n = 0$，故$\frac{a_{n+1}}{a_n} = 2$，数列 $\{a_n\}$ 是以 $a_1 = 2$ 为首项，2 为公比的等比数列，$\therefore a_n = 2^n$。

$\because b_1 = 2$，$a_1 = 2$，$b_3 = 14$，$a_3 = 8$，$\therefore b_1 - a_1 = 0$，$b_3 - a_3 = 6$

所以等差数列 $\{b_n - a_n\}$ 的公差为 $d = \frac{(b_3 - a_3) - (b_1 - a_1)}{3 - 1} = 3$

$\therefore b_n - a_n = (b_1 - a_1) + (n-1)d = 3(n-1)$　　$\therefore b_n = 2^n + 3(n-1)$

$\therefore S_n = (2^1 + 2^2 + \cdots + 2^n) + 3(1 + 2 + \cdots + n - 1) = 2^{n+1} - 2 + \frac{3n^2 - 3n}{2}$

由 $S_k > 2021$ 得 $n \geq 10$，即存在正整数 k，使 $S_k > 2021$，且 k 的最小值为 10。

探析：在求解等差数列和等比数列的通项公式方面，教材习题主要从两个视角出发：一是基于方程视角，强调通过等差数列和等比数列的基本量构成方程组，解方程组获得基本量，从而求解数列的通项公式，突出方程的思想；二是基于函数视角，强调对前 n 项和公式结构特征的识别与理解，由此判断数列特征，并通过项与和的关系，解得数列的通项公式，相当于函数的解析式。有了解析式，后面的求和等各方面问题便迎刃而解。同时也强调在函数的观点下研究数列的前 n 项和的最值问题，突出函数的思想。在双重视角下，数列内容蕴含了转化与化归、函数与方程的数学思想，学生可从中锻炼自己的逻辑思维、推理论证以及运算求解等关键能力。

正是由于数列的基本量和结构特征有多个选择，才使等差、等比数列通项公式的确定有多种方案和选择，才有多种看待问题的视角。尽管教材在习题编排设计的形式上并没有结构不良题型，但是基于结构不良问题的特点以及数列具有多个基本量的特点，在新高考背景下，数列非常适合作为命制结构不良试题的背景和素材。

（二）以三角形为背景的数学结构不良问题

三角形是最基本的几何图形，三角形中的数量关系在天文、地理、航海等领域中都有着广泛的应用。《普通高中数学课程标准》将"解三角形"安排在了主题三"几何与代数"的"平面向量及其应用"中，更加凸显了三角知识和数学核心素养之间的融合，使运用三角知识解决实际问题成为发展数学素养的重要载体。解三角形，也就是利用三角形蕴含的基本方程与不等式，即正、余弦定理，三角形的内角和定理，三角形的三边不等关系等，解决代数或几何条件下的三角形三边与三角的度量问题。

例4：（2021年顺德一模）：在①$\triangle ABC$的面积为$\dfrac{\sqrt{3}\,(a^2-b^2-c^2)}{4}$，②$2b+c=2a\cos C$，③$c\sin A=3a\sin B$，这三个条件中任选一个，补充在下面的问题中，若问题中的三角形存在，求$\triangle ABC$的周长；若问题中的三角形不存在，请说明理由。

问题：是否存在$\triangle ABC$，它的内角A、B、C的对边分别为a、b、c，$a=\sqrt{3}b$，$c=1$，_____？

解析：本题选择条件①和②三角形存在，选择条件③三角形不存在，可以有以下两种解法。

解法一：（不满足三角形三边不等关系）

$\because c\sin A=3a\sin B$，由正弦定理得：$ac=3ab$，$\because a\neq 0$，$\therefore c=3b$ 且 $c=1$

$\therefore b=\dfrac{1}{3}$，$\therefore a=\dfrac{\sqrt{3}}{3}$，$a+b=\dfrac{\sqrt{3}+1}{3}<1=c$，三边不构成三角形，所以三角形不存在。

解法二：（不满足三角函数的有界性）

$\because c\sin A=3a\sin B$，由正弦定理得：$ac=3ab$，$\because a\neq 0$，$\therefore c=3b$

若$\triangle ABC$存在，则有$b=\dfrac{1}{3}$，$a=\dfrac{\sqrt{3}}{3}$。

$\because \cos A=\dfrac{\dfrac{1}{9}+1-\dfrac{1}{3}}{2\times 1\times\dfrac{1}{3}}=\dfrac{7}{6}>1$ 与 $A\in(0,\pi)$，$\cos A<1$矛盾，所以三角形不存在。

探析：解答三选一的结构不良试题，需要学生有更强的逻辑推理能力和批判性思维。若没有三角形是否存在问题，三个条件是平行的，选哪个条件都可解答问题，学生基本能做到规范作答、严谨推理；若出现三角形是否存在问题时，学生往往会选"貌似简单"的条件计算出结果，却不会用批判的思维去检验三角形是否存在，导致出现结论性错误。

三角形存在性问题属于开放性问题，也是教学中的重点和难点。在平时的教学过程中，教师要教会学生如何用逻辑推理、批判性思维将不合适的条件排除，选择不同的条件"性价比"更高。

三、小结与建议

结构不良问题，其实就是条件缺失的问题，本质上依然是结构良好问题，只不过是给考生提供了一个选择的机会，让学生在有限的时间里选择自己最熟悉的条件解决问题，于是便有了相对学生而言性价比最高的条件。在解决结构不良数学问题的过程中往往能体现一个人学习的迁移能力、思维的变通能力等，因此结构不良问题可使试题具有良好的"区分度"。

解决结构不良问题的关键在于整理信息。面对纷乱繁杂的信息，学生在新的情境下要学会如何根据需要选择有用的信息和方案，而更加有用的信息依赖于学生对知识的认识。将数列和解三角形作为结构不良的素材是基于其本身有多个基本量，而基本量的确定可以建立方程组获得，需要多少个基本量就需要多少个方程。这就解释了为何要进行方案的选择，理解了这一点后，学生会在知识层面上更有信心。

因此，在课堂教学中，教师要充分关注学生的学习，培养学生解决问题的能力，在课堂中要引导学生研究知识的本质，寻找架构知识之间的内在逻辑；要引导学生研究如何从数学思维层面理解问题，进而使他们发现问题、分析问题、解决问题。

参考文献：

[1] 任子朝，赵轩. 数学考试中的结构不良问题研究 [J]. 数学通报，2020，59（2）：1–3.

[2] 李同吉，吴庆麟. 论解决结构不良问题的能力及其培养 [J]. 华东师范大学学报（教育科学版），2006（1）：63–68，75.

[3] 童其林. 数学考试中结构不良问题的含义、功能及解法 [J]. 教学考试，2021（2）：33–37.

物理组论文篇

SOLO 分类理论指导下的高考物理复习课设计

——以静电场中的图像为例

新丰县第一中学 潘英显

2017 年 12 月教育部颁布了《普通高中物理课程标准（2017 年版 2020 年修订）》，为高中物理教学活动的实施和评价提供了更具体的指导。这次课标把物理学科核心素养的水平划分为五个等级，同时也把学业质量水平划分为五个等级。而这五个等级与 SOLO 分类理论当中的"前结构"、"单点结构"、"多点结构"、"关联结构"和"抽象扩展结构"五个层次可以依次进行对应。而在高考复习时，静电场中的图像对不少同学来说是难点和易错点。因此，本文以静电场中的图像为例探讨一下如何在新课程标准的指导下利用 SOLO 分类理论进行高考物理复习课设计。

一、用 SOLO 分类理论判断学生的物理学习水平

SOLO 是 "Structure of the Observed Learning Outcome" 的英文简写，其意为 "可观测的学习结果结构"。应用 SOLO 分类理论分析物理学习，我们可以把物理学习情况分为五个层次，具体含义如下。

（1）前结构水平（Pre – stuctural level）。学习者对所提出的问题不理解，或者虽理解题意，但完全不知如何作答，思维处于空白或混乱的状态。就是学生在进行物理学习时，基本无法理解所给出的物理现象，不能找出与之相关的物理知识或只能给出一些逻辑混乱、没有任何依据的答案。例如，把电势 φ 和电场强度 E 混淆，无法区别 $\varphi - x$ 图像和 $E - x$ 图像代表的意义，这时学生对静电场中的图像掌握水平定义为前结构水平，简称"P 水平"。

（2）单点结构水平（Uni – stuctural level）。学习者对所提出的问题没有全

面的理解，只能联系到解决问题一个方面的因素，或只能找出一种解决问题的方法，通过一个知识点进行分析得出答案。例如，能发现 $\varphi - x$ 图像是代表电势随位置变化，能比较两个电势的高低，但不清楚该图像的斜率代表什么意义，这时学生对静电场中的图像掌握水平定义为单点结构水平，简称"U 水平"。

（3）多点结构水平（Multi - stuctural level）。学习者对如何解决所提的问题有了多方面的知识准备，可以联系到解决问题的多个独立的因素。例如，解决问题时能考虑与解决问题相关的知识中的至少两种：①牛顿第二定律 $F = ma$；②电场力 $F = qE$；③电场强度与电势能关系式 $U = Ed$；④电势能公式 $Ep = p\varphi$；⑤电势沿电场线方向下降；⑥电场力做正功电势能减小；⑦会求图像的斜率和图像围成的面积等，但没有找出这些知识点内在的联系，或者没有将这些知识与静电场中的图像联系起来，就可以认为学生处于多点结构水平，简称"M 水平"。

（4）关联水平（Relational level）。学习者对问题的解决有了整体的把握，可以联系问题的多个方面并将这些方面联系起来，从宏观系统的角度理解问题并作答。例如，学生能把上面列举的解题所需的知识结合在一起应用到对静电场中的图像的理解中，能正确回答或者判断题目的问题，这时学生就处于关联水平，简称"R 水平"。

（5）抽象扩展水平（Extended Abstract level）。学习者不仅能将知识相互关联、概括，还可以把问题迁移到相关的不同情境中，创造性地在新情境中对问题进行归纳和演绎。如果学生能把上述问题的解题方法应用到教师没有讲过的图像，或者能自己推导出当题目条件或情境发生变化后的新结论，这时学生就达到了抽象扩展水平，简称"E 水平"。

解不出题的同学一般是对问题的掌握处于前三个水平，我们在指导学生复习时，就要先判断学生处于哪个水平。学生处于不同水平时，教师指导的方法、提出的问题、设置的例题和作业就要发生相应的调整。

二、利用 SOLO 分类法分析学生情况，确定教学目标

（一）学情分析

目前，大多数学校都采取大班教学，学生对一个问题的掌握情况通常差别较大，所以我们在复习教学前需要先了解学生的掌握情况，因此利用 SOLO 理论进行分类评价是一个比较好的方法。因此，我们可以在课前设计几个问题，了解学生处于对应 SOLO 理论的 5 个水平中的哪一个层次。

例如，我设计如下题目放在导学案中，并要求学生课前完成。

导学问题 1：如图 1 甲所示，电场中有一条电场线是直线，A、B 是这条电场线上的两点。若将一个带负电的点电荷从 A 点由静止释放，它将沿电场线从 A 向 B 运动，$v-t$ 图像如图 1 乙所示。试回答下面问题，并在旁边解释一下原因：

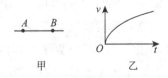

图 1

（1）该电荷所受的电场力方向由____指向____；（请在横线上填 A 或 B）

（2）电场线方向由____指向____；（请在横线上填 A 或 B）

（3）A 的电势 φ_A____B 的电势 φ_B；（请在横线上填 $>$、$<$ 或 $=$）

（4）该电荷在 A 的电势能 E_{pA}____B 的电势能 E_{pB}；（请在横线上填 $>$、$<$ 或 $=$）

（5）该电荷在 A 的加速度 a_A____B 的加速度 a_B；（请在横线上填 $>$、$<$ 或 $=$）

（6）A 的电场强度 E_A____B 的电场强度 E_B；（请在横线上填 $>$、$<$ 或 $=$）

导学问题 2：如图 2 甲所示，一条电场线与 Ox 轴重合，取 O 点电势为零，Ox 方向上各点的电势随 x 变化的情况，如图 2 乙所示。若在 O 点由静止释放一电子，电子仅受电场力的作用，请回答下面的问题，并用简洁的文字叙述一下判断依据：

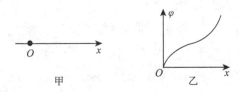

图 2

（1）电场线指向哪个方向？

（2）电子将沿哪个方向运动？

（3）电子的电势能将如何变化？

（4）电子运动的加速度将如何变化？

判断学生物理学习水平的方法：如果学生一个问题都解释不清楚，则说明其处于 P 水平；能解释清楚 1 到 2 个问题，则处于 U 水平；能解释清楚 3 到 7

个问题，则处于 M 水平；能解释清楚 8 个以上问题，则处于 R 水平或以上。

（二）确定教学目标

物理图像具有形象、直观、动态变化过程清晰和信息丰富等特点，是描述物理过程、展现物理规律、揭示物理问题的重要方法之一，能培养学生的物理思维。而静电场中的图像是一个比较综合的问题，教师要根据自己所任教的班级的具体掌握情况判断这节课需要达到的教学目标。例如，本人任教的班级大多数同学处于 U 水平和 M 水平，我最终确定本节课的教学目标如下：

（1）了解静电场中的 $v-t$、$\varphi-x$、$E-x$ 和 E_p-x 图像代表的意义（U 水平）；

（2）知道上面 4 种图像的斜率、面积或者正负所代表的含义（有些是没有意义的）（M 水平）；

（3）能从上面 4 种图像获取信息，并判断电场线方向、电势高低（M 水平）；

（4）能根据上面 4 种图像，判断某电荷的运动情况、受力情况、加速度情况、做功情况、能量变化情况（M 水平）；

（5）通过静电场中的图像的学习，课后进行归纳、整理各种非常规图像的分析方法和思路，应用数学相关知识并联系物理情景对图像描述的物理过程进行分析（E 水平）。

三、利用 SOLO 分类法由浅入深安排教学内容，设计教学环节

为了让大部分同学在课堂能有所收获，我们在设计课堂问题时应当按照从低到高的水平，即 P－U－M－R－E 的顺序设计问题。本节课按照 $v-t$、$\varphi-x$、$E-x$ 和 E_p-x 图像顺序进行分析，其中 $\varphi-x$、$E-x$ 图是并列关系，是分析的重点。设计问题应当先从简单的 U 水平问题开始分析，重点分析 M 水平，最终达到 R 水平，E 水平一般留给学生进行课外拓展。下面以两个例题进行具体说明。

例 1：（$v-t$ 图像）两个等量同种电荷固定于光滑水平面上，其连线中垂线上有 A、B、C 三点，如图 3 甲所示，一个电荷量为 2C，质量为 1kg 的小物块从 C 点静止释放，其运动的 $v-t$ 图像如图 3 乙所示，其中 B 点处为整条图线切线斜率最大的位置（图中标出了该切线），则下列说法正确的是（　　）

A. B 点为中垂线上电场强度最大的点，场强 $E=2V/m$

B. 由 C 到 A 的过程中物块的电势能先减小后变大

C. 由 C 点到 A 点的过程中，电势逐渐升高

D. AB 两点电势差 $U_{AB} = -5V$

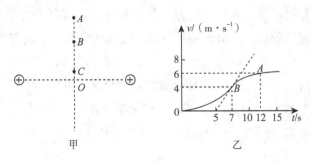

图 3

解题引导问题（如果学生能自己说出来则省略对应的问题，让学生自己说）：

（1）B 点处图线切线斜率最大代表什么量最大？并求出这个量的具体数值。（U 水平）

（2）可以根据上面得出的数据求出 B 点的电场强度吗？如果不能，请思考用什么物理规律可以找出电场强度与第（1）问的物理量的关系。（M 水平和 R 水平）

（3）可以在图像中读出小物块在 C、B、A 各点的速度吗？（U 水平）

（4）由 C 到 A 的过程中小物块所受力做功和能量变化情况是怎样的？（M 水平和 R 水平）

（5）根据什么规律可以求出 AB 两点电势差？（M 水平和 R 水平）

例 2：（$\varphi - x$ 图像）两个电荷量分别为 q_1 和 q_2 的点电荷固定在 x 轴上的 A、B 两点，两点电荷连线上各点电势 φ 随坐标 x 变化的关系图像如图 4 所示，其中 P 点电势最高，且 $x_{AP} < x_{PB}$，则（　　）

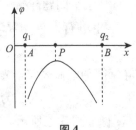

图 4

A. q_1 和 q_2 都是负电荷

B. q_1 的电荷量大于 q_2 的电荷量

C. 在 A、B 之间将一负点电荷沿 x 轴从 P 点左侧移到右侧，电势能先减小后增大

D. 一点电荷只在电场力作用下沿 x 轴从 P 点运动到 B 点，加速度逐渐变小

解题引导问题

（1）哪点电势最大？试画出 AP 和 PB 处的电场线方向。（U 水平和 M 水平）

（2）试根据前面的分析结果，判断 q_1 和 q_2 的电性。（M 水平和 R 水平）

（3）如何比较 q_1 和 q_2 的大小？（R 水平）

（4）该图像的斜率有什么意义？（M 水平和 R 水平）

（5）一负点电荷沿 x 轴从 P 点左侧移到右侧，所受的力做功和能量变化情况怎样？（M 水平和 R 水平）

通过上述问题的引导可以训练学生的解题能力，提高学生思维水平，从而提升学生的物理学科核心素养。

四、利用 SOLO 分类法进行课堂小结，指导学生课后巩固，拓展提高

练习结束后，要进行课堂小结，列出解题要点（M 水平），找出各个知识点之间的联系（R 水平），提出拓展性问题，引导学生进入深度学习（E 水平）。例如，解题结束后可以先引导学生通过表格对比各个图像某个点、斜率、面积和正负的意义，再区分不同图像判断电场线方向、电势高低的方法，并学会判断电荷在一段过程的运动情况、受力情况、加速度情况、做功情况、能量变化情况等方法，最后让学生课后归纳整理各种非常规图像的分析方法和思路，应用数学相关知识并联系物理情境对图像描述的物理过程进行分析。

综上所述，SOLO 分类理论对高考物理复习课的设计有很强的指导意义，很符合目前新课程标准的精神，可以用于细化课标要求，既方便我们对学生的物理学习情况进行分析评价，同时又能应用于教学活动的设计，很适合在教学中应用推广。

参考文献：

［1］王较过，李婵，赵欢苗. SOLO 分类法在物理教学形成性评价中的应用［J］. 物理通报，2011（10）：102 – 106.

［2］王较过，赵欢苗. SOLO 分类理论在物理教学设计中的应用［J］. 当代教师教育，2012（1）：57 – 62.

高中物理导学案与微课融合教学模式的探究

新丰县第一中学　潘光戚

一、引言

新形势的物理教学往往采用导学案与微课融合起来的方式，而微课是一种新型的学习资源，具有简单便捷的特点，可以对教师的解题思路进行概括，将这两者完美地融合起来，有利于解决高中物理的重点和难点问题。导学案与微课融合的模式，能促使学生由原来的被动学习转变为主动学习，在落实素质教育、提高教学成效方面占据不可替代的位置。因此，加强对高中物理导学案与微课融合模式的研究具有重要的指导意义。

二、高中物理教学中导学案和微课融合的优势

首先，导学案中无法呈现的内容可以由微课来演示。导学案只能指导学生的学习流程，比如先了解基本概念，再记住相关定律，最后进行解题分析等，因此导学案最主要的作用就是引导学生进行思考。但是对一些抽象的概念或是具体的实验现象，导学案很难给学生提供具体的学习方法，此时就需要用到微课了。微课可以用动态的画面把抽象的内容具体化。因此，在设计导学案时，教师要结合微课的优点，明确告诉学生在什么地方可以借鉴微课的内容。

其次，导学案可以补充微课中没有涉及的知识。微课内容短小精悍，时间基本限制在十分钟左右。典型的分析可以利用微课的形式进行课堂播放，但是一些具体的习题则不能放在微课中。教师要把练习题目放在导学案里，从而促进微课和导学案方法的相互融合。

三、高中物理教学中将导学案和微课结合起来的有效策略

（一）以微课为载体，重视课前预习并引入问题

导学案与微课融合之后，更要注重课前预习，同时，教师可以利用微课的形式来组织学生进行课前预习，让学生明确本节课所要学习的重点和难点，以及这节课结束之后自己应该掌握的知识和能力。教师利用多媒体给学生展示相关的视频，改变传统的预习方式，让学生在反复观看视频的过程中了解本节课要讲的主要内容，从而提高学生学习的积极性，为其进一步学习物理内容打好基础。

例如，在学习《万有引力与航天》这节内容时，教师可以在上课之前利用导学案布置相关的问题，如"我国最近发射升空的航天飞船是什么？科学家们是如何把它送上太空的？它在太空中做什么运动？为什么会做这样的运动？"运用问题导学的形式帮助学生明确学习目标并激发学生的学习兴趣。

（二）以导学案为基础，注重课内讨论并及时解决问题

教师在实际教学的过程中，要注意及时解决学生在课堂中提出的问题，以及解决导学案布置的问题，争取做到课堂上不留问题。学生通过课前预习已经对新知识有了一个初步的了解，因此，教师可以利用微课的形式逐步引导学生对该问题进行设想和猜想，鼓励学生利用已经掌握的知识对新知识进行联想，找到新旧知识之间的相关性，充分利用多媒体网络资源来解决学习中遇到的困难，提高学习效率。同时，在课堂中要留给学生适当的时间进行讨论，并结合小组合作学习的方法，依据学生的特点，将学生分成若干个小组，让他们对自己的疑惑进行假设和验证，小组成员共同讨论并解决问题。

例如，在学习《自由落体运动》时，学生提出问题的共性都会集中在一点上，即物体下落与质量有无关系。教师可以组织学生分组讨论，然后让学生通过实验观察牛顿管中同一高度金属片与羽毛的下落情况，然后得出物体下落与质量无关这一答案。在学生得出答案后，为了进一步完善教学，教师可以利用微课展示实验结果，然后进行精讲，运用比较、发现等方式，帮助学生梳理思路，完善知识结构网络。通过导学案与微课融合这样的合作探究，学生不仅培养了合作精神，而且还激发了学习兴趣，提高了学习效率。

（三）以精选练习实现课后巩固，强化记忆

学生在课堂中完成学习后，进行适当的练习对所学的内容加以巩固和强化记忆是十分必要的。由于学生在基础、知识接受能力等方面存在一定的差异，

为了实现均衡发展的目标，教师要结合学生的层次，制定具有针对性的练习题目，确保所有学生都能有所提高。因此，在练习的选题上就要做到精挑细选，要有一定梯度，使不同水平的学生都能有所收获。另外，要发挥微课的作用，在学生有需要的情况下，可以在家中或者学校电脑室进行补充学习。

例如，在学习完《动能定理》这部分内容后，教师制作导学案的时候可以选取单个物体单个过程运用动能定理解决的问题与多个物体多个过程运用动能定理解决的问题相结合的形式进行巩固练习。学生可以依据自身的基础，自行选择完成哪部分的练习，基础好的可以完成多个物体多个过程部分，基础比较薄弱的学生可以选择完成单个物体单个过程部分。遇到不懂的问题，学生还可以利用网络观看微课来进行复习巩固和补充学习。这样导学案与微课相互补充，能使学生达到更好的学习效果。

（四）完善教学评价体系，优化导学案和微课

教学评价是教学环节中非常重要的一部分，完善的教学评价不仅有利于提高教学效率，更重要的是还可以培养学生的学习积极性和自信心。同时，导学案是实施素质教育的重要方式，而微课是新时代背景下一种新兴的教学模式，在将两者结合的过程中应该更加重视教学评价的作用。利用这一教学模式来完善和优化导学案，能充分发挥出两者的优势。此外，教师还要充分利用互联网的优势，借助网络平台，如建立家长群、班级群等来了解学生在学习中遇到的问题，加强师生之间的交流，从而在导学案和微课教学结合的教育背景下提高学生的学习能力，促进学生的全面发展。

四、结语

总之，在实际教学中，高中物理教师要以微课为载体，重视课前预习并引入问题，激发学生的学习兴趣。同时，也要以导学案为基础，注重课内讨论并及时解决问题；以精选练习实现课后巩固，强化学生记忆。最重要的是，教师还要完善教学评价体系，优化导学案和微课。

参考文献：

［1］陈海华.浅谈高中物理问题导学模式的构建［J］.中学物理教学参考，2015（12）：28.

［2］蒋成玉.导学案与微课融合下的高中物理教学模式研究［J］.教学实践，2017（6）：117.

立足于物理建模教学 发展科学思维

——以自由落体运动为例

新丰县第一中学 黎丽花

《普通高中物理课程标准（2017年版2020年修订）》在整合原来的三维目标的基础上，提出了物理学科核心素养。学科核心素养是学科育人价值的集中体现，是学生通过学科学习而逐步形成的正确价值观念、必备品格和关键能力。物理核心素养的提出从发展学生核心素养的角度集中体现了物理学科的育人价值，是新课程三维目标的提炼和升华，它包括四个要素：物理观念、科学思维、科学探究、科学态度与责任。其中，科学思维是从物理学角度对客观事物的本质属性、内在规律及相互关系的认识方式，是基于经验事实建构物理模型的抽象概括过程。"科学思维"主要包括模型建构、科学推理、科学论证、质疑创新等要素。

同时也是在新课改的背景下，高中物理在课堂上的教学方式和理念发生了很大的变化，在以学生为主体的物理教学中，学生的科学思维培养和发展成为现代物理教师课堂教学中的重点和难点。这不仅是因为新高考新课改，同时也是因为高中阶段的知识内容相对于初中阶段的知识内容增加了很多的难点。高中物理多以单调无趣的理论知识、概念为主，因此如何在课堂教学中实现对学生科学思维能力的培养，是物理课堂教学中值得探讨的问题。

在高中阶段，模型化思想应用广泛，如匀变速运动模型、过程模型等。模型建构的思想能帮助学生整合思维，简化问题研究，对学生科学思维习惯的形成、科学思维能力的发展具有实际意义。由此本文研究的是如何在课堂教学中立足于物理建模教学，发展科学思维。物理建模的实际意义，还是要从物理实际研究对象分析。由于物理学科是一门很贴近实际生活的科学，所研究的对象极为宽泛、复杂，而且往往我们要研究的对象并不是单独存在的，而是存在很多外部影响条件；为了便于物理研究对象的分析，大多数时候都需要舍去这些外部条件产生的因素，从中抽象出我们所要研究对象的简化物理模型，这样才能更加有利、快速地抓住解决问题的关键，这就是物理建模。给确定的研究对象建立理想的物理模型和在研究物理的过程中选择最简单的物理模型进行分析并结合情境解决问题，这是无论在教学中还是在现行的高考题目中都经常涉及的模型建构能力，如在平时的教学或考查交变电流、变压器、平抛运动、自由落体运动等知识点时。因此，物理建模教学，有其特殊的教学功能。

下面我以"自由落体运动"这一内容的课堂教学为例，分析如何在课堂教学中立足于物理建模，发展学生科学思维。

一、创设物理情境导向

理解情境是建构模型的前提。中国高考评价体系指出，情境是高考考查的载体。物理知识的学习和分析要有具体的真实情境，没有真实情境、实际事物的支撑，学生在学习高中物理的未知新知识的时候很难理解，也无从分析，这对物理的建模教学来说是非常关键的环节。本环节的内容如表 1 所示。

表 1 教学内容

1. 情境小游戏：锻炼反应能力的游戏（此过程邀请学生和教师共同完成）
2. 渐进提问，引发思考：第一次游戏的时候同学没抓到笔，为什么呢? 生活中还有哪些类似的现象?
3. 动态情境图、视频展示，引入新课

在课堂的新课引入环节，我设计了"锻炼反应能力"的情境小游戏：邀请一位学生上台与教师配合，我将一支笔从某高处（靠近学生手处）由静止开始释放，学生的手呈现小环状，在笔释放的时候学生靠自己的反应抓住它，抓到就奖励学生抓到的这支笔，如图 1、图 2 所示。

图1　第一次没抓住笔

图2　第二次抓住笔

　　小游戏不仅能将学生引入情境，容易激发起学生学习的动机，培养学生学习兴趣，还可以以此进行防骗教育，同时恰当地提问：同学们观察到第一次游戏的时候这位同学没抓到笔，这是为什么呢？生活中还有哪些类似的现象？等本节课我们学习了自由落体运动的知识之后，同学们就知道其中的奥秘了。由此引入新课。通过创设合理情境，激发学生的学习动力，让学生明确本堂课的学习目标，也激发学生学习研究的浓厚兴趣，还可以加强学生将落体运动抽象为自由落体运动模型的能力，使其对自由落体运动的模型构建有初步的认识。

二、小组任务驱动合作——模型构建

　　在这一环节我将进行实验探究，结合问题导向、小组合作讨论交流引导学生小组交流讨论，层层递进，同时引导学生分析并进行实验验证。其中问题导向1：生活中影响物体下落快慢的因素究竟是什么？引导学生从创设情境环节中分析，猜想：影响物体下落快慢的因素是重力还是空气阻力？问题导向2：进行任务驱动内容1实验探究，你发现了什么？能不能因此就得到：重的物体下落得快的结论？问题导向3：进行任务驱动内容2实验探究，你发现了什么？说明了什么？问题导向4：进行任务驱动内容3实验探究，你发现了什么？说明了什么？问题导向5：综上所述，说明物体下落快慢可能与什么因素有关？为什么树叶飘落总比石块下落得慢？引导学生观察实验结果思考并总结：说明物体下落快慢与轻重无关，可能与空气阻力有关。问题导向6：观察牛顿管实验现象，你可以得出什么结论？

　　任务驱动合作实际为小组实验合作，内容如表2所示。

表2　任务驱动内容

1. 将面积一样的硬币和纸片同一时间从同一高度由初速度为零释放，观察降落现象
2. 将两张一样的纸，一张揉成团，另一张不作改变，两张纸同一时间从同一高度由静止释放，观察降落现象
3. 一张大纸和一张小纸，将小纸揉成团，大纸不做改变，两张纸同一时间从同一高度由静止释放，观察其现象
4. 牛顿管实验

我结合前面的具体情境设计了一系列问题，结合问题导向引导学生先自主学习，再通过小组合作学习共同构建模型的方法解决问题。问题的设计从学生原有的认识入手，以学生的认知发展过程为主线，可用生活所见的真实场景为支撑，在教师适时、适度的引导下，让学生小组合作一步步经历从简单到复杂的问题解决过程，逐步构建模型，提升学生的物理科学思维。在讲授新课的过程中，选取几例生活中常见的实际落体运动现象，通过动态图、视频展示让学生观察，从中发现问题，如梨树上的梨和树叶会向下掉落……学生观察发现这些物体下落快慢的不同，进而猜想物体轻重是影响物体下落快慢的原因。接着通过小组合作、讨论进行实验验证

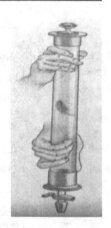

图3　牛顿管

和猜想；其中，小组实验之一的牛顿管实验在三种不同条件下进行。通过减小物体自身以外的因素影响，抽象物理模型，实现物理建模，落实发展物理科学思维。牛顿管实验：把形状和质量都不同的小金属和羽毛放入一端封闭、另一端有开关的牛顿管（仪器见图3），实验主要内容见表3。

表3　牛顿管实验

实验内容	现象
牛顿管内有空气	金属片和羽毛下落的快慢不同
牛顿管内的空气被抽出一些	金属片和羽毛下落的快慢比较接近
牛顿管内空气被全部抽出（近似真空）	金属片和羽毛下落的快慢完全相同

通过小组合作完成牛顿管实验，学生完成了自由落体模型的建构，验证了影响下落物理运动快慢的因素是空气阻力作用的猜想。

三、展示交流小结

跳出满堂灌的教学方式，实验完成后小组代表展示小组交流成果，其他小组进行质疑、补充。教师对学生的实验过程、模型建构过程出现的问题进行点拨，同时引导学生归纳总结实验结果，如图4、图5所示，进而加深学生对本节课知识点的认知、理解，使学生对自由落体运动的模型构建有更进一步的认识，进一步提升学生的科学思维能力。

图4　教师演示

图5　展示交流

四、检测巩固

知识源于生活，又应该回到生活中去。因此，要通过实际情境化的习题进行检测，结合贴近生活的题型让学生在题目的分析过程中能将实际问题中的对象和过程转换成物理模型，能在熟悉的问题情境中根据需要选用恰当的模型解决简单的物理问题。在此过程中通过小组讨论交流，引导学生运用自由落体运动公式来求解，通过解题深化对公式所反映的物理规律的认识，培养学生的物理科学素养，也可以此更进一步提升学生的科学思维能力。

例题：一小块铁球从距离地面高度为 5m 的平台上由静止开始下落，重力加速度 $g = 10 \text{m/s}^2$。求 2s 后小铁球的速度。

本题是一个真实情境的物理问题，解决此情境物理问题需要引导学生对小铁球的整个运动情境有一个完整的认识，同时要把题目中的实际问题中的对象和过程转换成物理模型，即自由落体运动模型。具体分析此题就会发现，小铁球 2s 后的速度为 0。因为小铁球自由落体运动 1s 时已经掉落停止在地面了。

学生在分析发现习题的检测巩固的过程中，再次构建自由落体模型，把本堂课学习过程中所建立的物理模型变成长久的记忆，储存在脑海中，且能对模型加以灵活运用。

总之，在教学中构建物理模型的目的就是培养和发展学生的科学思维，落实物理核心素养。课堂教学中利用不同的真实情境让学生充分地活用物理模型，培养学生构建模型和利用物理模型解决实际问题的能力。因此，立足于物理建模教学发展科学思维的教学模式能有效地培养和促进学生的物理科学思维能力。引导学生基于教师提出的问题或分析在生活中常见的物理问题情境，通过对常见的问题情境能构建出研究对象模型进行思考，可以很好地锻炼学生思考问题、构建模型、解决问题的综合能力，提升学生的物理科学思维能力，进而提高其物理综合素养。

巧设问　活课堂

——以《探究感应电流的产生条件》的教学为例

新丰县第一中学　曾红梅

以学科核心素养为背景的课程改革对高中物理课堂提出了新的要求，这就需要我们物理教师必须确立新型教学观，从知识本位的教学转向素养本位的教学，让核心素养落地于高中物理课堂。课堂提问在高中物理课堂中是必不可少的一个环节。美国优秀教师格蕾塔曾说过，如果一定要我说教学有什么诀窍的话，那就是问题。问题是学生思维的引擎，学生在课堂上的思维就是围绕问题展开的。所以教师在不同的设问点巧妙设计一些有质量的问题，不仅可以启发学生的思维，激发学生的学习兴趣和求知欲望，培养学生认识事物、思考问题的能力，还可以维持课堂秩序和活跃课堂气氛，从而有利于培养学生的物理核心素养。

现在笔者以选修 3－2 第一章电磁感应第二节《探究感应电流的产生条件》的教学为例，展现在高中物理课堂中如何通过"设置情境—提出问题—合作探究—深入研究—总结升华"，丰富课堂内容，活跃课堂气氛，激活学生思维，从而帮助学生形成物理核心素养。

一、课前布置，精心准备

笔者在讲第一章电磁感应第一节《电磁感应现象》的课堂中布置了一项课后作业。笔者在课室桌子上摆了三组实验器材，请同学们以小组为单位利用课余时间探究："怎样操作才能使闭合电路产生感应电流？"并要求学生设计好表格，做好记录。当然，在此要针对"怎样设计表格""记录什么内容"等问题加以说明，引导学生从进行什么操作、观察到什么现象、说明什么问题等方面进行表格设计并做好记录。

三组实验器材如图 1～图 3 所示。

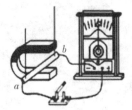

第1组：利用蹄形磁铁的磁场：将导体ab和电流表连接组成闭合电路。

图 1

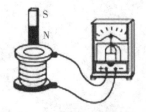

第2组：利用条形磁铁的磁场：将螺线管和电流表连接组成闭合电路。

图 2

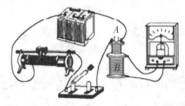

第3组：利用螺线管的磁场：小螺线管A通过变阻器和开关连接到电源上，大螺线管B和电流表连接组成闭合电路。

图 3

布置这样一道课后作业有三个目的：其一，调动学生的积极性，引导学生进行有效预习；其二，鼓励学生进行小组合作探究，使学生对问题的理解更深入；其三，为课堂上的深入探究预留足够的时间。

二、创设情境，导入新课

结合教学内容，笔者选择了一段在战争期间电力中断的情况下军人利用脚踏人工发电方式让电报能顺利发出的视频创设情境，抛出第一个问题：用这种方式发电军人累不累？以感性的问题调动学生的情绪。接着再抛出第二个问题：这种发电方式是用什么能转化为电能的？然后展示一台手摇式发电机，并请同学上来体验一下。在学生体验的过程中，不断地要求他加快手摇的速度，请其他同学观察灯泡的亮度变化。最后抛出第三个问题：为什么转动手柄，就会产生感应电流呢？以学生体验人工发电为切入点，引发学生对感应电流的产生条件的再思考。

三、提出问题，合作探究

基于之前布置的课后作业探究："怎样操作才能使闭合电路产生感应电

流?"并要求学生设计好表格,做好记录。要求同学们以小组为单位,每个小组派一位同学上来展示他们组的探究成果。探究成果展示包含三部分内容:一是针对每组实验器材所设计的表格,以及表格中要记录的项目和内容;二是展示探究的过程,并亲自操作一遍;三是通过实验和表格的记录信息可得出什么结论。通过展示,从中挑选出设计较好的一组成果进行提问,深入探究。

第 1 组实验见图 1。

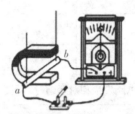

第1组:利用蹄形磁铁的磁场;将导体 ab 和电流表连接组成闭合电路。

图 1

操作	指针有无偏转	有无感应电流
导体 ab 向左平移	有	有
导体 ab 向右平移	有	有
导体 ab 上下平移	无	无
导体 ab 不动	无	无
实验结论:当导体在磁场中做切割磁感线运动时,闭合电路中产生感应电流		

问题 1:一定要切割磁感线才能产生感应电流吗?

第 2 组实验见图 2。

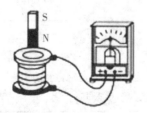

第2组:利用条形磁铁的磁场;将螺线管和电流表连接组成闭合电路。

图 2

操作		指针有无偏转	有无感应电流
N 极向下	插入	有	有
	不动	无	无
	拔出	有	有
S 极向下	插入	有	有
	不动	无	无
	拔出	有	有
实验结论：当磁场和闭合电路发生相对运动时，闭合电路中产生感应电流			

问题2：一定要发生相对运动才能产生感应电流吗？

第3组实验见图3。

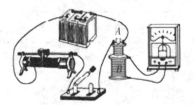

第3组：利用螺线管的磁场：小螺线管A通过变阻器和开关连接到电源上，大螺线管B和电流表连接组成闭合电路。

图3

操作	指针有无偏转	有无感应电流
开关接通瞬间	有	有
接通 滑片不动	无	无
接通 移动滑片	有	有
开关断开瞬间	有	有
实验结论：当改变磁场的强弱时，闭合电路中产生感应电流		

问题3：三个实验采用的方法不同，但都能产生感应电流，能否从本质上概括出产生感应电流的条件？

在本环节中，笔者希望通过分组合作探究以及展示探究成果，使学生的思维在争论中被激活，加强学生之间的互动，同时以层层递进的方式进行设问，进一步引导学生思考产生感应电流的根本原因。在此过程中培养学生以下三个方面的能力：第一，具有科学探究的意识，能在观察和实验中发现问题，提出合理猜想与假设；第二，具有设计探究方案和获取证据的能力；第三，具有交流的意愿与能力，能准确表达、评估和反思探究过程与结果。

四、讨论交流，分析论证

针对各组实验进行设问，引导学生分小组讨论与交流，并进行分析论证。

第一步：要求学生画出俯视图或磁感线的分布图。

第二步：提出一系列的问题。

问题1：根据表格记录的信息，产生感应电流时，闭合电路中什么物理量发生了变化？（此问题针对第1组实验）

根据表格记录的信息，产生感应电流时，闭合电路中的磁通量 Φ 有没有变化？（此问题针对第2、3组实验）

问题2：如何变化？

问题3：是什么原因引起了它的变化？

第三步：学生通过分析可知，产生感应电流时，闭合电路中的磁通量 Φ 发生了变化，磁通量 Φ 增大或减小。引起磁通量 Φ 变化的原因有：①磁场的磁感应强度 B 不变，有效面积 S 发生变化；②有效面积 S 不变，磁场的磁感应强度 B 发生变化。

基于对以上问题的分析，笔者继续深化问题。

第四步：根据 $\Phi = BS$，如果磁感应强度 B 和有效面积 S 同时发生变化，那么闭合电路中一定能产生感应电流吗？

创设两个情境，让学生进行讨论与交流。

情境1：如图4所示，导体棒 ab 在导轨上向右运动的同时磁场的磁感应强度 B 在减小，请问此闭合电路中是否有感应电流的产生呢？

学生通过讨论得出，此闭合电路中不一定有感应电流，因为虽然磁感应强度 B 和有效面积 S 同时发生变化，但根据 $\Phi = BS$ 可知，磁通量 Φ 不一定变化。

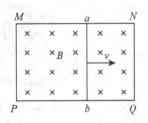

图 4

情境 2：如图 5 所示，一个根据条形磁铁的磁感线分布图而特制的一个类似的喇叭壳，有一面积可变的线圈紧贴着喇叭壳从位置 1 下滑到位置 3，下滑过程中线圈的面积在变大，请问，此过程中线圈能不能产生感应电流？

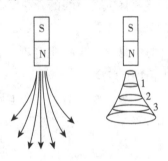

图 5

学生通过讨论分析可得，此过程中线圈不能产生感应电流。因为虽然磁感应强度 B 在减小、有效面积 S 在增大，但通过观察图中的磁感线分布可知，穿过此线圈的磁感线的条数并没有发生变化，即磁通量 Φ 不变。紧接着用该实验装置进行演示，验证实验结果是否与分析的结果一样，可观察到在此过程中，线圈确实没有产生感应电流。

五、归纳总结，升华主题

通过以上的实验及分析讨论，提出两个问题——

问题 1：虽然引起感应电流的表面因素很多，但闭合电路中产生感应电流的本质原因是什么？

学生便可很快概括出产生感应电流的条件是：只要穿过闭合电路的磁通量变化，闭合电路中就有感应电流产生。

问题 2：请认真观察手摇式发电机的构造，根据本节所学的知识，解释为什么转动手柄就会产生感应电流。

通过观察和学习，学生找到了其中的原因。平常的手摇发电机中的基本构造组件就是定子跟转子，定子一般是永磁体，转子是线圈，在外力的带动下线圈在磁场中转动，线圈的磁通量发生了变化，由于内部线圈通过电刷与外部电路构成一个闭合的回路，所以产生了感应电流，灯泡才会发光。

本节《探究感应电流的产生条件》的教学设计，主要想通过在不同的教学环节和设问点巧妙地设计一些有质量的问题，让学生始终在问题的引导下步步深入，科学地进行层层探究。在课前预习中，通过设问引导学生探究实验，让学生具有科学探究意识；在新课引入中，通过设问激发学生学习的兴趣和求知欲望；在展示探究成果中，通过设问让学生具有交流的意愿与能力，能准确表达、评估和反思探究过程与结果，同时使学生在别人展示的过程中，产生思维的碰撞，有助于学生形成科学思维；在分析论证中，通过设问引导学生深入探讨，对问题进行科学推理、找出规律；在归纳总结中，学生找出了产生感应电流的条件，形成了结论，并学以致用，解决现实生活当中的问题。综上所述，在高中物理课堂中，巧妙地设问可使教师不断地将培养学生的"物理观念""科学思维""科学探究""科学态度与责任"四个方面的物理学科核心素养渗透在教学过程中的各个环节，并且还可以借此来调控课堂秩序和活跃课堂气氛，从而提高高中物理课堂的教学质量。

参考文献：

[1] 余文森．核心素养导向的课堂教学［M］．上海：上海教育出版社，2017.

[2] 李美娟．以有效设问为抓手，培养理性精神的核心素养：以《价值与价值观》教学为例［J］．新课程，2017（21）：84.

新课标下高中物理概念教学策略

——以《电磁感应现象》为例

新丰县第一中学　潘冬娇

《普通高中物理课程标准（2017 年版 2020 年修订)》提出，物理学科核心素养包括物理观念、科学思维、科学探究、科学态度与责任四个方面。其中，物理观念是从物理学视角形成的关于物质、运动和相互作用、能量等的基本知识，是物理概念和规律等在头脑中的提炼与升华，是从物理学视角解释自然现象和解决物理问题的基础。由此可以看出，物理概念的教学，对学生物理观念的形成尤为重要。新课标下进行高中物理概念教学应采取怎样的策略呢？下面我以粤教版必修第三册第五章第三节《电磁感应现象》为例，谈谈个人看法。

"电磁感应"本身就是一个物理概念，学生在初中九年级物理教科书第二十章第五节《磁生电》中就学习了电磁感应这个概念，"由于导体在磁场中运动而产生电流的现象叫作'电磁感应'"，并形成了较为深刻的印象。在本节课中，需让学生体会到切割并不是产生感应电流的充要条件。让学生通过实验探究分析归纳，从磁感应强度和磁通面积两个因素入手，自然引出磁通量的物理概念，并得出磁通量的变化是产生感应电流的充要条件。在本节课的教学中，为了促进学生物理学科核心素养的养成和发展，我采取了如下教学策略。

一、创设情境，营造氛围

在《中国高考评价体系》中，其内在逻辑和总体特征可以从"核心价值金线"、"能力素养银线"和"情境载体串联线"三条线索进行理解和把握。其中，情境作为考查载体，是"金线"和"银线"的串联线。所以，我们在日常教学中，要特别注意创设情境，让学生在情境中培养和发展自主学习的能力。

在《电磁感应现象》这节内容教学中，电磁感应这个概念不能光从字面上去理解，我创设了这样的引入情境：用纸包住一个神秘物品，插入螺线管，能使与螺线管连成闭合回路的小灯发光。这个神秘物品到底是什么呢？这成功地吸引住所有同学的目光，使其产生学习和研究物理的好奇心与求知欲，变被动接受知识为主动求取知识。

二、搭建平台，主动探究

在传统的教学中，在引入概念时并没有让学生获得足够的感性认识而是直接给出物理概念，致使学生只是死记物理概念的内涵和外延，而没有真正理解物理概念的实质，使物理概念在他们的头脑中成为空中楼阁。我校是县里唯一一所高中，入读高中的学生素质参差不齐。大多数学生自信不足，学习主动性不够，教学过程中参与课堂的欲望不强。在以往的传统教学课堂中，教师即使用尽浑身解数，学生也无动于衷。在本节课中，我给学生准备了一堆器材：灵敏电流计、蹄形磁铁、导体棒、大小螺线管、滑动变阻器、开关、电池、条形磁铁、若干导线等，让学生通过阅读课本后分组进行实验探究如何通过实验产生感应电流。事实证明，在给学生搭建一个这样的探究平台后，学生的主动性被激发了出米。学生通过动手实验，形成一定的科学探究方面的体验，并能在小组实验中主动与他人合作，尊重他人。

三、针对学情，适度引导

《普通高中物理课程标准》提到，学生通过高中物理课程的学习，应达到这样的目标：具有科学探究的意识，能正确实施探究方案。对基础比较薄弱的学生，如何在日常教学中培养学生达成这样的目标呢？这就需要教师的适度引导了。

本人在组织学生实施科学探究时，让学生选出能进行实验探究的器材进行探究。因为在初中已形成了"导体在磁场中运动能产生电流"的印象，学生基本能对导体棒切割磁感线进行有效探究，即实验探究一（见图1）。

图1　实验探究一

但第二个探究实验（见图2），则出现了一定的阻力。此时，我适当地加以引导，主动挑选出器材让学生进行组装。这样，学生在以往形成的"切割"观念的指引下，顺利地完成实验探究二，即将条形磁铁插入或拔出螺线管中，能让螺线管所在的闭合回路产生感应电流。而对第三个探究实验，学生就无从下手了。观察到这种情况，我展示出相应的电路连接图，让学生进行连接后继续探究，即实验探究三（见图3）。当学生通过各种操作尝试并产生了感应电流后，其认知发生了惊人的变化：并非要切割磁感线才会产生感应电流。到此，学生的探究结束。学生的知识生成由自主探究得来，印象自然是十分深刻的。教师的引导应根据学生的学情进行，自主不是放任，要适度，但不过度。

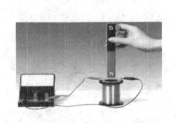

图2 实验探究二

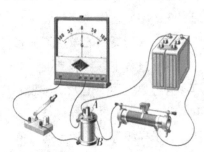

图3 实验探究三

四、问题导向，分析论证

课标还提到，学生通过物理课程的学习，应能在观察和实验中发现问题，提出合理的猜想与假设，具有设计探究方案和获取证据的能力，描述并解析探究结果，具有交流的意愿与能力，能准确表述、评估和反思探究过程与结果。物理概念是从物理现象中总结出来的，人们首先看出的是现象的表面特征和它与周围事物的一些联系，而对它的本质特征、内在联系却不容易看出。我们必须透过现象进行思维加工，最终才能形成概念，使感性认识上升到理性认识。在本节课中，学生进行探究之后，教师提出：根据实验记录，分析三个探究实验中产生感应电流时闭合电路的什么发生了变化。学生通过认真分析后得出，实验探究一是闭合电路的有效面积 S 发生了变化，实验探究二是闭合电路中的磁感应强度 B 发生了变化，实验探究三也是闭合电路的磁感应强度 B 发生了变化。此时再抛出下一个问题：三个实验采用的方法不同，但都能产生感应电流，能否从本质上概括出产生感应电流的条件？通过这样层层深入的问题设置，引发学生认真思考，使学生在大脑中形成合理的猜想与假设。

五、揭示本质，形成概念

学生在充分探讨之后，得出：产生感应电流的充要条件是穿过闭合回路的磁通量变化。这样，学生对电磁感应现象的认识、产生感应电流的条件的把握就顺理成章，水到渠成，学生的概念形成源于学生个人的亲身体验，本节的学习任务也顺利完成了。

总的来说，在本节概念课的教学中，教学策略主要表现为创设情境、自主探究，学生在探究过程中体现小组合作，揭示本质时以问题导向的形式引起学生进行思维的碰撞，使物理概念教学走出死板、固化的灌输模式。

英语组论文篇

新课改背景下高中英语教学中的问题与对策

新丰县第一中学　周海英

一、新课改背景下高中英语教学面临的问题

新课改背景下高中英语教学主要面临三个问题。

（1）教师的教学理念落后，教育理念的更新较慢。新课改背景下教育理念和教育观念的交锋十分激烈，教师在教育中的思想与观念决定着教育形式和教育模式。很多教师还是秉承以往的教育理念，教育中依旧以教授英语知识为主，教学中以自身为主体，忽略了学生的个性和自主性，使学生依旧处于被动学习状态，制约着英语教学质量的提升，轻视学生英语表达和英语交际能力，使学生英语应用能力低下。

（2）英语课堂角度和教学的方法不科学、不合理。新课改中教材的更新比较缓慢，很多地区都是新课改旧教材，或者依旧以教授词汇和语法为主，忽略了对学生听说读写等综合能力的培育，单向灌输的教学模式严重降低了学生的英语学习兴趣，使很多学生对英语教学产生厌恶情绪。此外，还有不少教师的教学被局限于英语教材中，没有从现代化教育背景中挖掘更多有用的英语教学资源，局限了学生学习的视野，致使学生的英语思维能力较弱。

（3）基于以上两个原因，导致学生英语的学习兴趣不高，英语课堂教学质量低下。新课改背景下多数英语教师开始注重学生英语学习主体地位，开始进行师生互动交流，但交流却局限在一问一答的形式上，没有针对问题、知识以及学习技巧等进行深入探究，讨论对象也局限在教材内容中，无法激发学生创造性思维，阻碍了学生综合能力的提升，且每位学生参与时间长短不同，纵使讨论氛围比较热烈，但内容过于狭隘，无法激发学生的英语学习兴趣，收效甚微，更无法满足新课程标准对学生英语运用能力和思维能力的培养要求。

二、新课改背景下高中英语教学问题的解决对策

教学的提高有赖于教师、课堂以及学生三个方面的相互促进，相辅相成（见图1）。当教师着力于学生和课堂，课堂又能为学生提供助力，学生才能获得更大的提升。基于此，本文从以下三个方面提出高中英语教学问题的解决对策。

图1 教学结构图

（一）提高新时代教师素养的厚度

随着信息时代的来临，提升新时代教师素养迫在眉睫。因此，本文提出了培养新时代教师素养结构图，其包含提高教师的业务素养、媒介素养和情怀素养（见图2）。具体来说，要做到以下三点。第一，在新课改背景下针对教师的执教能力进行培训和锻炼，基于新课程改革的需求制定合适的业务培训机制，先要促进高中英语教师对新课改理念、方法的学习，使其认识新课改背景下学生教学的主体地位，激发学生学习兴趣，充分发挥学生的积极性和主动性，引导学生自觉学习和自主学习。例如，采用案例教学法，结合学生日常交际以及沟通情况，在课前将主题内容推送给学生，由学生自己搜集材料和编写对话，在课堂中教师进行案例应用和练习，指导学生在课前进行学习，教师本身在这个过程中逐步掌握各种教学方法，提升自己的教学能力。第二，提升教师媒介素养，促使高中英语教师丰富自身的英语知识结构，不断学习新时代下的各种教学工具和教学技术，掌握翻转课堂、微课以及慕课等新时代教学方法，提高自身的工作能力和工作水平，理性反思自身教学缺陷和不足，积极更新教学方法以满足学生学习需求。第三，提升教师对教育的情怀素养，使教师做到热爱教学、热衷研究最新教学理念和了解社会动态。

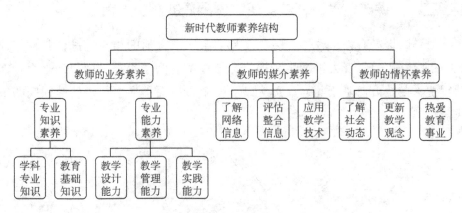

图2 新时代教师素养结构图

（二）提高英语课堂教学的深度

采用合理的英语教学方法，为学生创建优质的学习氛围，采用多元化、多样化的教学方法激发学生学习热情，构建轻松、和谐的教学氛围，调动学生的积极性和主动性。例如，用多媒体设备和情境教学方法，在口语交际教学前，先为学生播放一段英语交际的片段，然后让学生接着英语交际的话题交流和讨论，在课堂学习中创设优质的学习氛围，进而提高学生英语能力和教学质量。教师在教学中应贯彻落实以学生为主体的教学模式，尊重学生的主体地位。在开展英语课堂教学活动时，教师引导学生参与教学活动，增强教学效果的同时将课堂还给学生，由学生展开课堂活动，提高学生学习的主动性。此外，还可以利用多媒体、微课以及互联网等多种技术创设相应的教学情景，激发学生的学习热情，提高学生英语学习的有效性。例如，教师可根据教学内容利用图片、视频以及音频等制作微课视频，在课堂下使用QQ或者微信推送给学生，便于学生课前预习，直接在课堂中针对学生学习情况进行知识巩固和能力训练，能有效提高学生课堂学习的有效性，构建高效的高中英语教学课堂，加深学生对教学内容的了解与应用，使学生更好地理解并掌握英语知识，并在实际生活中提高学生英语能力。基于此，建立高效的英语课堂，要做到教学目标清晰，能较好地把握课堂教学的中心任务，主要体现在以下几个方面（见表1）。

表1 建构高效课堂指引表

教学维度	指导思想	目的
教学过程	以学生为中心	调动学生参与课堂活动的积极性
教学内容	以教材为中心	促进学生对所学知识的掌握与巩固
教学活动	以话题为中心	提高学生使用英语的综合语言能力
教学艺术	以实践为中心	拓宽学生的思维空间和提高学生学习的积极性

（三）提高学生学习英语兴趣的浓度

要提升学生英语文化知识和能力，教师在教学中就不能局限于教材知识，要积极展开实践活动，采用"授之以鱼，不如授之以渔"的理念，在教学中注重加强学生对英语学习方法的掌握，转变以往英语知识的教育方式，引导学生在理解和掌握知识的基础上，在课堂中进行英语学习方法教学和思维导图教学，引导学生采用思维导图对知识点进行归纳与总结，用英语对话的形式营造优质的语言环境，促使学生构建英语知识体系，采用思维导图预习、复习和巩固知识点，提高学生学习效率，锻炼学生英语表达和交际能力，促进学生英语素质的全面提升。基于此，笔者在教授动词非谓语后，引导学生自主建构非谓语动词的思维导图，以下是一位学生的学习成果（见图3）。

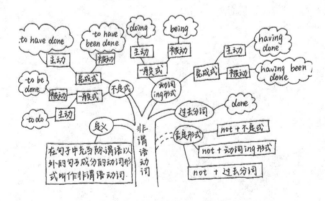

图3 非谓语动词的思维导图

三、结语

新课程标准下解决目前高中英语教学面临的问题，应从教师、学生和课程三方面入手，优化教师的业务素养，转变教师的教育观念，促使教师采用合理的教学方法，营造优良的教育氛围；注重学生的主观能动性，使其主动参与课堂教学活动，激发学生学习热情，提高英语教学的有效性；课程教学要指定合适的教学目标，基于新课程标准的要求，以学生综合素质和英语核心素养培育为主，从情感、技能和素质三个维度制定合适的教育目标，为高中英语教学改革创新指明方向。

参考文献：

［1］黄志强．新课改背景下高中英语教学中的问题与对策［J］．当代教研论丛，2016（5）：91.

［2］洪燕．新课改背景下高中英语教学的问题及对策研究［J］．课程教育研究，2018（17）：96.

"产出导向法" 在高中英语词汇教学中的应用初探

新丰县第一中学　谭玉琳

要建起英语语言能力这座大厦，英语词汇是砖瓦。英国著名语言学家维金斯曾写道："Without grammar, very little can be conveyed; without vocabulary, nothing can be conveyed."（Wilkins 1972：111）

以"讲授法"学习英语词汇的教学方式已经不能适应新课标对英语词汇量的要求，新课标明确指出，"词汇在语境中传递信息"（新课标 2017：21）。

因此，高中英语词汇教学需注重创设词汇使用的语境。山区高中英语面临着"学生不愿学—教师不想教"的困境。众多研究表明，"产出导向法"下的英语教学能提高学生学习兴趣和增强学生学习动机，解决"学用分离"的困境。

本文尝试将"产出导向法"应用在高中英语词汇教学中，旨在解决山区高中英语词汇教学的困境，并在高中英语词汇教学方式上有所突破和创新。

一、背景

（一）新高考新课改新教材背景下高中英语词汇教学面临的挑战

广东省英语新高考中阅读的重要性越发凸显，其除了在阅读题中考查了学生的阅读理解能力，还在读后续写部分要求学生在读懂的基础上续写逻辑合理的故事。阅读量，在某种程度上意味着词汇量。

在新课改新高考新教材的背景下，高中英语词汇教学面临着改革和挑战。《普通高中英语课程标准（2017 年版）》明确提出了英语学科核心素养，其中语言能力是英语学科核心素养的基础要素，对学生英语水平的提高有着相当基础和关键的作用。掌握 3000 多词汇是学习高中英语必不可缺的重要基础，这对落后的粤北山区学生来说是巨大的挑战。

2019 版新人教版《普通高中教科书　英语》是依据新课标的精神修订的，

主要目的是全面落实立德树人根本任务，发展学生的英语学科核心素养。

本套教材的教学资源非常丰富，教师能便利地使用这些教学资源，但新教材也要求教师对听说读写的教学法进行革新，不断更新理论知识，践行新的教学模式，灵活设计适合本班学情的教学流程，才能充分发挥新教材的作用。

（二）山区高中英语教师在词汇教学中教的困境

山区高中英语教师会将词汇当成重点进行讲授，将词汇课作为一个独立的课型放在阅读课前或者阅读课后。然而，高中阶段科目多、课程紧，大部分英语教师会选择使用传统的讲授法进行词汇教学，但是讲授法的效果不是很理想，学生容易感到枯燥，尤其是基础差的学生，对英语词汇学习会越来越没兴趣。英语教师面对这么多对英语持消极态度的学生，热情也被渐渐磨灭，有时会失去信心和耐心，形成"学生不愿学—教师不愿教"的恶性循环。因此，"一言堂"的英语词汇教学模式不可取。

为发展学生的自主学习能力，教师对"一言堂"的英语词汇教学模式进行了调整。教师只讲十分钟，学生自习半小时。这样的课堂突出了"以学生为中心"的教学理念，但是这种模式也并非对所有学生都适用。新高考考试科目众多，学生缺乏课外自主探讨学习的时间，这就需要教师充分发挥课堂的主导作用，做好引领者，给学生搭建好脚手架。对英语词汇量匮乏的学生，英语教师更需要在课堂上做好引导者，向课堂要效率，让"学习"真正发生。因此，英语教师教授英语词汇的困境亟待解决。

（三）山区高中学生在英语词汇学习中学的困境

粤北山区学生学习英语起步较晚，基础较薄弱。很多学生在小学、初中阶段不重视英语词汇的积累，只会采用死记硬背的方法记单词，效果甚微。他们缺乏自主学习能力，加上课程繁多，英语词汇的缺乏让学生难以读懂句子，他们更难以体会到英语表达出来的意境和美感。学生在高中对英语课容易产生畏难情绪，甚至对英语词汇带有抵触情绪，慢慢对英语学习失去兴趣和信心。有些学生意识到词汇的重要性，他们知道自己英语有很多不会的地方，但不知道自己哪方面不会。有意识地"注意"是"输入转化为摄入的充分必要条件"（Schmidt 1990：130），让学生有意识地注意到他们不会的知识点和相关输入是很重要的。

新高考对学生的听说读写能力的要求都提高了，除了要能读会写英语，还要理解会用，高中英语新课标明确要求了高中学生应有的词汇量和阅读量。因此，学生的英语词汇基础必须扎实，才能在英语考试中运用理解。因此，学生学习英语词汇的困境也亟待解决。

二、英语词汇教学

《普通高中英语课程标准（2017 年版）》对词汇教学做出了明确的要求和建议。"高中阶段的词汇教学除了引导学生更深入地理解和更广泛地运用已学词汇外，重点是在语境中培养学生的词块意识，并通过广泛阅读进一步扩大词汇量，提高运用词汇准确理解和确切表达意义的能力。"（新课标 2017：21）新课标还主张词汇教学要"学用结合"，不能将词汇进行独立的片段式教学。"教师要重视真实情境的创设，明确参与各方的身份和关系，引导学生学会选择得体的语言形式开展有效的交流。"（新课标 2017：53）也就是说，英语词汇教学不再是纯语言形式的教学，而是要把语言的"学"和"用"结合。注重学生语言的学用能力的英语词汇教学方法有任务型教学法和词块教学法。

任务型教学法被广泛应用在初中英语和高中英语的听说读写中，学生在任务环的各种任务，如信息差、解决问题、观点交流等后进行词汇句法的分析和操练。这对基础比较好的学生而言是个查漏补缺的好方法，但是对基础较薄弱的学生来说难度太大，万一学生在任务环节遇到了因词汇理解不到位而无法读懂、无法表达观点等问题，就会挫伤学生的学习积极性，使学生对后面的词汇句法学习有畏难情绪，削弱学生的学习动机。

近十几年来，词块法被运用到英语词汇教学的成果颇丰，陈玉梅（2015）研究发现词块法是记忆单词的完美模式，能全面提高学生的理解能力并鼓励学生继续进行英语学习。应晓霞（2018）强调教师应设置情境，让学生对词块有身临其境的感觉，激发学生的主观能动性，以创意学习为教学手段，引导学生创造性记忆。汪经超（2018）认为教师应注重词块教学，为学生创设良好的学习氛围；应引导学生在课前预习教材中的词块，培养学生的学习自信；应着重训练出现频率高的词汇，提高学生的学习效率。

词块法对提高学生英语词汇水平的作用毋庸置疑，但是在激发学生学习兴趣和学习动机方面的作用甚微。

近年来，应用"产出导向法"的高中英语教学的研究越来越多。众多研究表明，"产出导向法"下的英语教学能提高学生英语学习兴趣和增强学生英语学习动机，注重英语学习和英语运用的有机结合。

三、产出导向法概述

"产出导向法"（Production – Oriented Approach，POA）是文秋芳教授提出的

本土英语教学理论，其初衷在于解决大学英语教学"学用分离"和"文道分离"的困境。文秋芳教授认为我国外语存在的两个根本问题就是"输入与输出"分离，"语言技能训练与人格塑造分离"（文秋芳 2020：28）。"一切语言教学活动都与运用紧密相连，做到'学'与'用'无边界"（文秋芳 2015：550）。POA从提出构想到形成体系经历了十几年的时间，经过多次修订，形成了 POA 理论体系 3.0 版本（文秋芳 2020：37），其内容包括 POA 的教学理念、教学假设和教学流程（见图 1）。

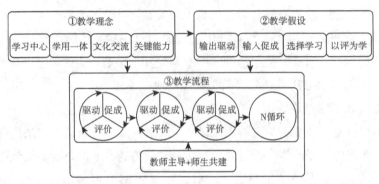

图 1　POA 理论体系 3.0 版本（文秋芳 2018：393）

"产出导向法"的教学理念与高中英语核心素养的要求是一致的，其教学流程"驱动—促成—评价"组成的若干循环链（一个单元会设计一个大产出目标，然后将其分解成若干个小产出目标，小产出目标之间虽有前后逻辑关系，但各自相对独立）（文秋芳 2020：50）（见图 2），这有利于为基础较差的同学搭建脚手架。通过不同的小任务，循序渐进地促成学生英语知识和英语能力的形成，通过评价完成大人物的情况，让学生准确知道自己不会的英语知识点和能力点，在今后的英语词汇学习中能有的放矢。

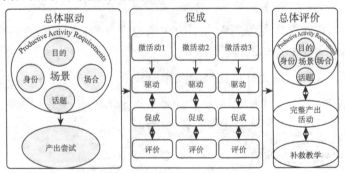

图 2　POA 单元教学流程（文秋芳 2020：75）

在"产出导向法"的教学流程中，"驱动—促成—评价"各环节都有其质量指标供教师参考。评估"驱动环节"的质量指标有三个：交际真实性、认知挑战性、产出目的恰当性。驱动方式也要符合学生的心理特征，不要让个别学生在公众场合过于难堪（文秋芳 2020：50）。衡量"促进环节"的指标有三个：精准性、渐进性和多样性（文秋芳 2017：51）。评价环节时，"评价"可以是对促成活动进行的及时评估，也可以是对产出成果进行的即时或延时评估。

"产出导向法"提出了外语教育的六种关键能力：语言能力、学习能力、思辨能力、文化能力、创新能力和合作能力（文秋芳 2020：83），这与高中英语学科核心素养的目标是一致的。虽然"产出导向法"最初是针对大学的教学困境提出来的教学理论，但是高中英语和大学英语同属于我国英语教学的分支，高中英语教学也存在"学用分离"和"费时低效"等现象，也面临着相似的教学困境，该理论同样适用于高中英语教学，在教法上有可借鉴的部分。

四、"产出导向法"在高中英语词汇教学的应用案例

笔者尝试将"产出导向法"应用于新人教版必修一 Welcome 单元的英语词汇教学中，该词汇教学设计时长为 2 个课时，基于 POA 理论体系 3.0 版本（2020）的教学流程，笔者进行的教学步骤具体如下。

（一）总体驱动环节

高一学生从初中升到高中，在学习第一本英语教材前，学生对高中生活有了较多体验，他们经历了军训，认识了新同学、新教师，所见所闻所感都比较丰富。经过了一个暑假，大部分学生缺少使用英语的机会，对英语比较生疏。英语教师要引导学生适应高中英语的教学模式，并培养学生对高中英语学习的兴趣。

笔者根据 2019 年人教版英语必修一 Welcome unit 的话题，创设云交流场景，力争构建出任务真实。

1. 课前要求学生完成本单元核心高频词导学案，Welcome unit 的核心高频词包括 nation、annoy、frighten、impress、concentrate、confident、organize、improve、curious、personality 等，让学生积累相关的词形变化。

2. 呈现交际场景，明确身份和目的，给出交际问题，要求学生使用已预习的词汇完成对话。

交际场景：你和你的表姐李华从小一起长大感情很好，五年前她家移民外国。她得知你成功升入高中，为你感到高兴，微信视频聊天问起你在高中生活的

所见所闻,她的美国同学 Mary 对此也感兴趣,以下是 Mary 列出的问题,请你用英文来回答。

How did you feel on your first days in the high school?

What did you do during the first week?

How many subjects do you need to study? What are they?

What are your favorite subject/place?

What are your future plans and dreams?

让学生尝试完成任务,可以夹带中文来回答,让学生意识到其英语词汇的匮乏以及在英语词汇具体使用中的困难,以激发学生的学习动机。

3. 教师使用小视频引出"高中生活"这一主题,激活学生已有的相关具体内容。

4. 最后明确本节词汇课的教学目标。

语言目标:学生能识记单元话题相关词和相关词形变化,能正确使用单元核心高频词的相关用法。

交际目标:学生能描述自己的高中生活和表达自己的感受,能恰当使用所学单元核心高频词相关词形和用法。

(二)促成环节

促成环节包括 3 个小任务:学习词形变化、领悟单词用法和使用词汇完成对话。

任务 1:

告知学生下个月即将进行英语词汇竞赛,以激发学生学习本课词形的兴趣。要求学生在 10 分钟内核对高频词导学案答案,互改并修正。在互改中,学生能加深对核心高频词的词形变化的记忆。

教师对学生完成情况进行即时评价,肯定学生的课前努力和课中的互助精神,并对不规则词汇变形进行点拨。要求学生课后对已学单词和词块进行整理分类,形成系统的思维导图,然后进行单元词汇测试,检测学生对已学新授词块的掌握情况。

任务 2:

学生跟读本课多模态词汇微课视频,在图片和例句中理解和记忆单词的中文意思。

教师列出单元核心词在牛津词典中的例句,要求学生独立观察并归纳核心词的用法。教师讲授单元核心词,然后学生做配图翻译句子练习巩固知识。

以下是单词 curious 的例句。

They were very curious about the people who lived upstairs.

I was curious to find out what she had said.

It was curious that she didn't tell anyone.

归纳出 curious 的用法是 be curious about sth.；be curious to do sth.；It is curious that...

翻译句子：①宝宝对一切都很好奇。②我很好奇他为什么没有来学校。③很奇怪他穿了条裙子。

教师请学生进行互评，从语法和表达两方面打分。教师对完成情况进行即时评价，并就学生发现不了的语法错误和表达错误统一讲解。

任务 3：

再次呈现产出任务的问题，给出挖空的句子，要求学生尽可能多地使用本单元新授词汇完成填空。

How did you feel on your first days in the high school? —I am _____, because I _____ .

What did you do during the first week? —I registered and had military training _____ .

How many subjects do you need to study? What are they? —I had to study 12 subjects. They are _____ .

What are your favorite subject/place? —I like the new gymnasium best, because _____ .

What are your future plans and dreams? —I dream to be a writer, because my learning style is _____ and my learning strategies are to keep a learning diary _____ .

让学生角色扮演，两两进行对话练习，鼓励学生练习时尽可能多地改变本单元新授词汇的词形或者表达方式，也可以增加相关话题的其他内容。

例如：

How did you feel on your first days in the high school?

—I am curious about everything, because this is the first time that I have been studying in such a well-equipped school.

—I am curious to go around everywhere, because this is the first time that I have been studying in such a well-equipped school.

邀请两组学生分享角色扮演对话，其他同学上交对话的纸质最终版。若有条件，现场连线表姐和她的朋友，现场进行"云交流"。笔者的表姐五年前移民美国，可以给学生提供真实的场景练习对话。

（三）评价环节

课堂上对学生的口头产出任务进行师生共评，从两个方面进行评价：是否使用上了新授词汇，词汇的用法是否恰当。然后学生以同样的评价标准在小组内对同伴的纸质版对话进行即时评价。课后，教师对学生的纸质版对话进行延时性评价，如发现语法错误、中式表达等问题，在下一次课上进行补救性教学。

五、结语

笔者所任教的学校处于经济较落后的粤北山区，学生学英语起步晚，师资相对落后，英语教学方法和教学模式的更新速度较慢。"产出导向法"使输入和输出对接，能让学生在短期内看到自己明显的学习效果，适合功利性较强的英语后进生。笔者尝试将"产出导向法"应用在高一新生的英语词汇教学中，引导学生学用结合，以提高学生的词汇学习能力和词汇水平，增强学生的成就感。这对改善我校的英语词汇学习氛围、建立适合我校学情的"产出导向法"指导下的英语词汇教学模式有一定的实践性意义。

中华人民共和国成立以来我国基础教育先后进行了多次改革，"历史证明，没有教师真正参与的课程改革，课程改革的成效是不理想的"（伍家文 2009：269）。因此，在高中英语词汇教学中，英语教师要使用新的教学理论，尝试更新词汇教学方式，才能使学生在新高考改革背景下实现英语语言能力的突破性发展。

参考文献：

［1］Schmidt, R. 1990. The Role of Consciousness in Second Language Learning ［J］. Applied Linguistics, 1990（13）：129－158.

［2］Wilkins, D. A. 1972. Linguistics in Language Teaching ［M］. London Melbourne Auckland.

［3］陈玉梅. Lewis 的词汇法在高中英语词汇教学中的实证研究 ［D］. 贵阳：贵州师范大学，2015.

［4］汪其超. 高中英语词汇教学中词块法的应用 ［J］. 校园英语，2018（37）：177.

［5］ 文秋芳. 构建"产出导向法"理论体系［J］. 外语教学与研究，2015（4）：547－558.

［6］ 文秋芳."产出导向法"教学材料使用与评价理论框架［J］. 中国外语教育，2017，10（2）：17－23.

［7］ 文秋芳. 产出导向法：中国外语教育理论创新探索［M］. 北京：外语教学与研究出版社，2020.

［8］ 伍家文. 我国新时期中学英语课程改革与发展研究［D］. 重庆：西南大学，2009.

［9］ 应晓霞. 词块法在高中英语词汇教学中的应用探索［J］. 高考，2018（2）：110.

语文组论文篇

撷谈语文教学中德育渗透点的选择艺术

新丰县第一中学　温艾玲

《语文课程标准》提出要培养学生高尚的品德情操和健康的审美情趣，使他们形成正确的价值观和积极的人生态度。这是语文教学的重要内容，教师不能将它们当成额外的附加任务，而要将其熏陶感染融入日常教学过程中。在高中语文教学中，教师要从文本中选择合适的德育渗透点，将思想品德教育融入其中，这样才能让学生提升道德认识，成长为社会发展需要的人才。

一、创设情境，学会同情怜悯

传统教学中常常以教师为主，忽视了学生的主体作用。在高中阶段，学生的自我意识不断提升，他们逐步形成了一种关怀自身品德发展的意识。因此，教师要适应学生成长的需要，尝试结合文本的内容创设德育情境，使学生进入特定的情境中，让他们自主体验和感受。这样学生能将心比心，容易对作品中的人物产生同情怜悯之心，进而完善自己的品德。

在学习《祝福》的时候，教师可以引导学生寻找文章中的细节，尝试展开对比，看看祥林嫂前后出现了怎样的变化，然后分析这些变化出现的原因是什么。学生发现文章用外貌细节描写的方式展现了祥林嫂前后的巨大差异。在"我"最后一次看到祥林嫂的时候，她的头发已经全白了，而且十分消瘦，脸色黄中带黑，眼睛也失去了神采，宛然成了一个乞丐；但是在此前看到祥林嫂的时候，她的脸颊还是红润的，甚至口角间也有了一丝笑意。教师引导学生分析："造成祥林嫂变化的原因是什么？尝试从人际关系、社会因素这些角度入手分析。"学生认识到由于当时的人们怀有封建伦理思想，所以对祥林嫂持歧视态度。在这样的分析中，学生能认识到祥林嫂的悲剧实际上是社会造成的，要想改变她的生活状态，需要人们的思想得到彻底改变。最后教师还引导学生展开角色扮演，展现祥林嫂的一生。在特定情境的感染中，学生对祥林嫂产生了同情之心。

教师要避免成为"授之书而习其句读"的教师，要引导学生进入德育情境中，使他们得到感染和熏陶，形成同情弱小的心态。学者车尔尼雪夫斯基认为，艺术教育人们摒弃一切虚伪的坏东西，了解一切善的魅力，热爱一切崇高的美。教师要引导学生进入善的情境中，进而促使他们提升品德修养。

二、正面截取，认识美好善良

正面截取指的是选择文本中各种好思想、好品德的具体片段，引导学生展开分析探索，尝试从中得到感染，进而认识到什么是真善美，并结合自己的实际生活进行感悟，思考应该如何在生活中体现出善良的人性。教师可以引导学生评价作品中的人物，探究其思想和行为，这样学生的心理同时也会受到影响。

在学生阅读《老人与海》时，教师引导他们找出文章中展现桑地亚哥内心独白的文字，看看作品是如何展现硬汉的形象的。学生发现老人的外表和老人的行为、心理之间形成了鲜明的对比，桑地亚哥不如年轻人那样孔武有力，他却有坚毅的品格和永不服输的气魄，所以在面对狂风激浪和大鱼时他也没有丝毫退缩。此后，教师又引导学生结合作品中的某些词句展开深入探究，如围绕"你尽可把他消灭掉，可就是打不败他"进行分析，思考这句话是否存在逻辑矛盾，为何能被消灭，却不能被打败，让学生认识到这展现了人的尊严，人类无法逃脱生老病死，在历史的场合中必然会逐渐消亡，但是人们的精神力量却可以永垂千古，并会一直感染后人。在这番感悟后，学生体会到了主人公身上的美好品质，他们自己的内心也会受到感染。教师引导学生撰写读后感，让学生说说老人的故事对自己有什么启迪。学生就可以尝试反思自己的行为，思考自己在面对困难时是否也有永不服输的精神。

教师要引导学生分析文章中的细节部分，评价人物行为，探究其产生的原因，然后学生会在脑海中逐步形成完整的形象和思想品德。若有条件，教师还可以引导学生撰写阅读心得，写一下自己的感悟。

三、反面关照，树立理想信念

反面关照指的是结合文本中的内容和其中人物身上的不良品德或者思想、行为，然后分析其带来的严重后果，这样能促使学生树立正确的理想，坚定信念，从而学会明辨是非。教师可以引导学生用读写结合的方式辅助学习，让学生尝试写一下对反面人物的评价，挖掘其思想劣根性，若能结合现实生活中的事例进行分析则更好。

　　学习《雷雨》时，教师引导学生结合周朴园这样的反面形象进行分析，让学生思考如何分辨是非。教师引导学生思考："周朴园是矿业公司的董事长，按理说他也是受了先进思想影响的人，但是纵观其行为，你觉得他是否体现出了时代性呢?"学生结合文本内容进行思考，尝试对人物进行评价："虽然周朴园代表了资产阶级，但他却成长在封建地主阶级家庭中，所以他的身上带有浓厚的封建思想。他在年轻时也曾经想过追求自由，但是迫于家族的压力而放弃了侍萍。当他拥有了话语权后，却自觉成了维护封建家庭的人。"在这样的分析中，学生认识到了周朴园身上的问题，体会到了他的复杂人格。教师继而又引导学生结合自身进行思考："那么，我们在生活中要如何体现出时代性、进步性呢? 大家有没有受到传统思想的影响呢?"在结合自身进行分析后，学生认识到要树立理想信念，并身体力行，避免成为周朴园这样冷酷而伪善的人。

　　在反面观照的过程中，学生逐步形成了正确的人生态度，他们也认识到自己应该在社会生活中扮演怎样的角色。若有条件，教师还可以结合学生身上具体出现的事例或者存在的问题引导其展开分析，这样能进一步起到德育的效果。

四、拓展激励，建构健康人格

　　在高中语文教学中，教师不能仅仅将注意力放在教材内部，还要拓展开来，引导学生展开课外主题拓展阅读，然后围绕其中的各种问题展开探索。在此过程中，学生能陶冶性情、涵养心灵，从而形成健康的人格。

　　《廉颇蔺相如列传》展现了廉颇和蔺相如的形象，廉颇虽然莽撞，但是他知错能改，而蔺相如则给人豁达的感觉，他们的身上都有值得人学习的亮点。在教学中，教师引导学生进行拓展阅读，让学生尝试阅读《史记》中的其他片段，使学生从中得到激励，进而建构健康的人格。在自主阅读中，学生从勾践、李广、刘邦等人物的身上得到启迪，挖掘出他们身上的闪光点。教师组织学生展开小组讨论，让学生说说自己阅读了哪些片段，并说说从人物的身上获得了什么启迪。

　　在拓展阅读过程中，学生的意志力得到了提升，他们也逐步形成了高尚的道德情操。教师要结合学生的年龄特点、性格爱好等给学生推荐适合的读物，引导他们展开自主阅读，同时还可以组织学生结合所读的内容展开小组讨论，使他们在沟通中得到更多感悟。

五、参与实践，深化生命意识

《语文课程标准》提出教师要引导学生积极参与实践活动，让他们学习认识社会、认识自我、规划人生，这在促进学生走向自立的教育中会产生重要的作用。所以在德育教育中，教师也要从课本阅读中寻找机会，引导学生展开主题实践，促使他们在生活感悟中一步步提升生命意识。

在学习《热爱生命》后，教师组织学生展开主题实践活动，让学生围绕"探究生命的奥秘"这个主题展开自主活动。学生可以组织成小组参与各种相关的活动中，如可以参与敬老院或者幼儿园的志愿者服务，从老人和孩子的身上得到启迪，感受生命的轮回；又如，可以来到田野乡村，参与农业活动，感受一下动植物的生命力，从而获得对生命的感悟；学生还可以展开拓展阅读，了解海伦·凯勒等名人的故事，并体会他们身上体现出的生命活力。在学生参与活动后，教师引导其结合活动经历撰写文章，让他们说说自己对生命的感悟。学生可以选择用诗歌来讴歌生命、赞美生命，也可以用散文的形式展现对生命的思考，也可以通过撰写小说的方式展现出具有生命力的人物形象。在这样丰富多彩的活动中，学生更深入地了解了什么是生命，提升了生命意识。

在参与实践活动的过程中，学生对自己的生命有了更深刻的认识，同时也认识到要珍视并尊重自己和他人的生命，关心其他各种动植物生命体。教师可以引导学生进行自主管理，促使他们在实践中提升自身综合能力。

联合国教科文组织提出现代教育和传统的观念、实践相反，应该适应于学习者，要在潜移默化中展开品德教育。所以，教师要在高中语文教学中，也要在课本中寻找各种教学资源，引导学生深入阅读，提升其品德修养。

参考文献：

[1] 肖珍．高中语文教学渗透德育教育策略探究［J］．高考，2020（35）：85－86．

[2] 柳靖．高中语文教学中的德育渗透探赜［J］．成才之路，2020（24）：22－23．

指向美育理论的审美感知力培养策略

新丰县第一中学　温艾玲

审美感知力指的是审美主体在进行审美活动的时候，其审美器官进入某种特定的心理活动，进而对审美对象进行审美化感知的能力。审美感知力不仅包括了对事物的声音、颜色、形状等外部形象的感知，也包括了对事物所传达的情感、象征意义、价值取向等的感知。提升学生审美鉴赏和创造能力，是语文核心素养的重要组成部分。在高中语文教学中，教师也要基于美育理论展开教学，挖掘文本中的各种审美元素，促使学生全面提升审美感知力。

一、创设情境，聚焦审美对象

席勒的审美教育理论认为："让美走在自由的前面……因为正是通过美，人们才可以走向自由。"因此，教师在教学中也要创设自由的审美情境，促使学生展开个性化审美感悟。提升学生审美感知力的第一步就是要创设情境，引导学生在文字、图片、视频多元结合的多媒体课件中获得感悟，促使他们将注意力凝结并聚焦在审美对象上，这样就能更好地展开下一阶段的审美活动。

在学习《念奴娇·赤壁怀古》时，教师尝试创设美的情境，给学生播放多媒体课件，在其中展现赤壁的自然景观，并展现和赤壁之战有关的影视剧作品片段，此外还可展示一些体现作者苏轼人生经历的内容。这样就使学生进入了特定的情境，感受到作品的豪迈之气和历史沧桑感。此后，教师引导学生展开自主探究，聚焦苏轼展开分析，说说苏轼此时眼前所看到的是怎样的景象，他的内心又想到了什么，他抒发了怎样的情感。学生尝试表述自己脑海中想到的场景："作者此时看到了长江浩瀚无边，惊涛骇浪汹涌而来。而此时他的内心也波涛汹涌，他想到了当年三国时期的英雄人物，周瑜当时十分年轻，而他却能指挥千军万马。然而作者想到自己已经一把年纪，却空有报国之志，难以实现自己的宏图大略，所以他心中十分悲伤。"在这样的学习中，学生对作品的美有了整体感悟。

在审美感悟的过程中，若教师能结合学生的兴趣点创设审美情境，那么就能更好地激发学生的阅读兴趣，学生急于讨论人物的内心世界，他们就能更接近审美对象。这样就使美育过程顺其自然，水到渠成。

二、指导美读，读出作者情感

接受美学理论认为作品并不是由作者一个人来完成的，而是由读者和作者共同完成的。作品的意义是读者带着自己的阅读期待在阅读过程中积极、主动阐释和创造而形成的。教师要引导学生积极展开美读，尝试唤醒他们的阅读期待，进而读出作者的情感。正如学者叶圣陶所说："美读得其法，不但了解作者说些什么，而且与作者的心灵相感通了，无论兴味方面或受用方面都有莫大的收获。"

学习《声声慢·寻寻觅觅》时，教师引导学生诵读这首作品，并让他们体会作者的情感。在诵读的过程中，学生首先注意到的是这首作品的韵脚，他们发现其押的是"i"韵，开口不大，在诵读时整体给人一种凄婉低沉的感觉。此后教师又引导学生结合作品中的词句，进一步分析隐藏在其中的情感。学生发现："在这首作品中所用的意象都展现出了秋日的寂寥，如黄花的凋零、细雨敲打梧桐等，这些也都衬托出了作者内心的情感，展现出了她的哀愁。"由此学生认识到这首作品的整体基调是"愁"。教师继而又尝试引导学生和作者形成共鸣："那么，你知道作者此时遭遇了什么吗？为什么她的人生会如此悲凉呢？"学生尝试基于知人论世的思想展开分析，很快就发现作者当时经历了国仇家恨，生活状态很不如意，所以她就更需要在作品中展现自己的"愁"。在这样的阅读中，学生深入地体会到了作者的情感变化。

在美读的过程中，教师要引导学生从整体入手感知文本，从单个形象的感悟进入对整体意境的把握。此时学生逐步提升了审美感知力，同时也提升了阅读兴趣，挖掘出了作品中蕴含的美的因素。

三、唤醒不羁的想象，深化美的感知

多媒体资源和网络资源拓展了人们的学习途径，同时也在很大程度上刺激了学生的听觉和视觉，有助于他们调动自身审美感知能力。教师可以结合文本搜索一些背景资料，以图文并茂的形式展现在学生面前，让学生更立体地感受作品的魅力。同时教师还要引导学生积极展开想象，尝试再现作品中的各种场景，这样学生的理解会更深入。

在学习《醉花阴·薄雾浓云愁永昼》时，教师给学生展示多媒体课件，让学生看到独自赏菊的女子形象，并引导其展开想象，让学生思考该作品体现了什么样的人物形象，她的内心世界是怎样的，继而促使学生获得更多对美的感知。比如有学生发现："这首作品展现的是女子房间中的场景，从香炉、龙脑香等物品中就能看到房间的环境十分雅致，这就让人联想到住在其中的主人公是否也是一个美貌的女子形象。"教师继而引导学生进行想象："那么，这位女子的心中为何而忧愁呢？"学生结合词句展开分析："作者在重阳节思念亲人，她感受到了寂寞，因此给丈夫写了这首作品。从这首词中能感受到她对丈夫的爱，虽然作品也写愁，但是却给人一种温馨的感觉。"在多媒体的辅助下，学生的想象力更为丰富，深刻地体会到了作者的内心世界，感受到了其复杂的心绪。

教师要注意适当使用图片和视频，要将其作为引子，主要目的是唤醒学生的想象力。若将多媒体当作主要手段，使用频率过高，反而有可能破坏文字本身的内涵和魅力，进而破坏学生的想象力或阻碍其感知能力。

四、课外拓展，挖掘更多美的因素

高中语文课本中收录的文章大多都是作者根据审美法则创作出来的作品，具有文质兼美的特点，其中包含了人类各个领域中的美的内涵。教师要引导学生先挖掘课本中的美的元素，体会语言美、结构美，然后再拓展开来，展开课外阅读，让学生尝试体会自然美、社会美、艺术美、科学美等其他美的因素。这样学生能了解更多美的形式，促进其审美感知力发展。

在学习《林黛玉进贾府》时教师引导学生展开课外拓展阅读，让其尝试品读《红楼梦》全书。教师还可以推荐学生观看由《红楼梦》改编的电视连续剧，让其挖掘出各种美的元素，展开对比分析，了解如何将文学作品更好地改编成戏剧。在课外阅读中，学生尝试分析作品的结构特点，思考如何围绕中心事件描写人物，怎样运用多种不同的手法展现人物形象，如何将人物描写和环境描写整合在一起。此外，学生还思考了文学作品和影视剧的差异，学生发现："影视剧能直接通过展示形象的方式来体现美，但是文学作品则不一样，需要用细节描写的方式体现出美，还可以通过心理、动作、语言等细节描写展现人物形象。和影视剧相比，文学作品体现美的方式更为含蓄一些。"在拓展阅读的过程中，学生还尝试了解《红楼梦》展现的历史背景，体会其中展现的社会美。

教师要引导学生在阅读的过程中积极挖掘美育因素，引导学生通过课文掌握丰富的文化遗产，获得深刻的情感体验，掌握多样化的表达手段。在拓展阅读中，学生的视野更广阔，审美感知力也能得到持久发展。

五、组织社团活动，丰富各种形态的美

马克思的审美教育理论认为人通过社会实践活动能自由地发挥个性的能力，进而促使人自由地发挥个性的潜力，并能按照美的规律来进行塑造。教师要组织学生在课外积极参加各种社团活动，尝试用多种不同的形式展现美。这样能起到内外渗透的作用，有事半功倍的效果。

在学习《雷雨》之后，教师组织学生参与课后社团活动。在戏剧社活动中，学生要自主阅读《雷雨》全文，并尝试展开表演。在表演戏剧的过程中，学生要试着用各种不同的方式展现美。首先是在人物形象上要体现出真实性，学生要尝试了解周朴园、鲁侍萍等人物生活的时代背景，思考他们行为的合理性，在演绎台词的过程中还要思考如何能在动作、表情上展现出人物的特点，通过调节语调、语速等方式更好地展现台词。在剧情演绎时，学生要思考如何能在演绎原情节的基础上进行适当改编，尝试将自己的想法融入作品中。不仅如此，学生还在道具设计、场景设计和海报设计上下功夫，尝试将自己对作品的感悟融入进去，同时也展现出美。在这样的戏剧社团活动中，学生对话剧的了解更为深刻，同时也认识到戏剧的特点，了解如何展现戏剧人物，学习效果自然有所提高。

教师要注意在拓展第二课堂时也要结合各种语文元素展开，教师可以组织学生参加戏剧社的活动，组织辩论大会、诗词大会等，这样学生不仅能更好地感受美，而且还能全面提升自身的语文综合能力。

学者苏霍姆林斯基认为，感知和领悟美是审美教育的基础和关键，也是审美素养的核心。在高中语文教学中教师要基于各种审美教育理论展开教学，促使学生体会到作品中的自然美、社会美、艺术美、形式美等各种美的元素，继而更好地展开阅读活动，和作者进行心灵对话，产生情感共鸣，进而达到更好的阅读效果。

参考文献：

［1］ 叶建国．高中语文课堂教学中审美感知力渗透培养探究［J］．语文教学通讯，2020（32）：45－47.

［2］ 吴申道．高中语文课堂教学中审美感知力渗透培养探究［J］．语文教学通讯：学术，2019（6）：34－36.

用有效的方法做好中学德育引路人

新丰县第一中学　罗玉芹

学校的德育工作是指教育者有目的、有计划、有系统地对受教育者施加思想、政治和道德等方面的影响，并通过受教育者积极地认识、体验与践行，以使其形成社会所需品德的教育活动。现行高中阶段，德育内容重点在于抓好爱国主义教育、理想前途教育和成人成才教育，引导和教育学生自觉遵守社会公德和法律法规，帮助学生树立正确的世界观、人生观和价值观，使学生能自觉遵守道德规范，成为对社会有益的好公民。作为德育工作者，教师在思想上要认识到此工作的重要性，深知其影响力，且行且思，以身作则，用有效的方法开展德育工作。

班级是德育工作的基层单位，在以学生为主体的高中班级中，教师要做好德育工作，首先应以尊重的态度对待学生，突出学生的主体地位，构建自主管理模式；其次，正面管教，使学生凝德向善，塑造其阳光心态；最后，以共情之心感化学生，建立和谐的师生之情。

一、尊重学生，构建自主管理模式

著名的教育家爱默森曾说"教育成功的秘密在于尊重学生"。高中阶段的学生自我意识高度发展，开始考虑自己的人生道路，经常思考一些诸如"我是一个什么样的人，我要成为一个什么样的人"的问题。他们自我评价偏高，容易使他们的行为表现较为自负，常常听不进别人的意见。班主任为了更好地管理班级，仅从自身的要求去设定班规，这样反而适得其反，学生认为这是"你"认为的，而不是"我们"想要的，他们不会心甘情愿地做好。我们教师要转化教育理念，尊重学生在班级中的主体地位，尊重学生的意愿和需求，把学生设为班级的管理者，尝试让他们去制定班规，为共建良好的班集体出谋划策，学生的积极性和主动性也会发挥出来。例如，班级可以细分多个职务，如班会统筹班长、学习班长、考勤班长、防疫班长、纪律班长等，变换职务称呼对学生来说，自我认可度比较高，积极性高。班级的各职务班干形成管理小组，统筹管理班级事务，班主任适时给予建议，充分尊重学生的管理成果。比如尊重班级值日班长对卫生值日的安排，教师只需等待劳动成果的验收；尊重班会统筹班长对主题班会的安排、设定的主题、小组制作的课件、收集素材等，教师以观赏者的身份观摩整个课堂，并给予适当的点评与鼓励；尊重班级纪律班长对班级不良行为的处理办法，作为班主任不能时刻在班上，对班上同学发生不愉快的事情，纪律班长可以利用同学之间的关系进行适当处理，当然班主任要关注事情缘由；尊重其他同学的情绪表达，同学对班级管理小组有意见或不同看法，班主任要认真倾听，做好学生之间的沟通。著名教育家魏书生曾说，教师不替学生说学生自己能说的话，不替学生做学生自己能做的事，学生能讲明白的知识尽可能让学生讲。既然如此，那我们教师不妨给予学生充分的尊重，发挥学生的主动性。

二、正面管教，塑造阳光心态

正面管教，是由美国教育学博士、杰出心理学家简·尼尔森提出的，它是一种既不惩罚也不骄纵的管教孩子的方法。其以相互尊重与合作为基础，把和善与坚定融为一体，有效地运用鼓励，关注于解决问题，培养学生的社会责任感或集体感，让学生体验归属感和自我价值感等。虽然"正面管教"的出发点是教育孩子，但亦适用于教育学生。

简·尼尔森认为，"孩子只有在一种和善而坚定的气氛中，才能被培养出自律、责任感、合作以及自己解决问题的能力，学会受益终生的社会技能和人生技能，取得良好的学业成绩"。和善而坚定，"和善"即尊重学生，尊重自己，用语言表达对学生感受的理解；"坚定"即制定和实施限制，学生要参与进来，要理解设立限制的必要性以及自己在其中的责任。当学生存在不良行为时，教师避免与学生正面冲突，运用"和善"的语言，如"我们待会儿再说这件事""我们先做好自己的事，半小时后我们再碰头，说说发生了什么事，你觉得原因是什么？"……在冲突中避免对学生进行说教、惩罚，尽量不说不尊重学生的话语，运用冷静期帮助学生学会相互尊重和寻找解决问题的方法。曾有位高三的曾同学，学习勤奋刻苦，成绩在班级前列，但他个人对自我的期望值比较高，以致每次考试前夕，他心里就紧张，压力倍增，考试结果不尽如人意，产生了严重的挫败感。其他同学一个小小的举动就会触发他不好的情绪，他会与同学争吵起来，甚至出现推搡过激的行为。如果教师只把它当作学生冲突事件来处理，也许会使曾同学的挫败感加重，对他的心理健康不利。教师了解了事件缘由，用和善的话语去表达对他的理解，可以缓解他内心的压力；面对他对同学做出的推搡等不恰当的行为，用明确的态度表达对此行为的不认可。在这个过程中，教师对他表达了和善的态度，又明确了他行为的不恰当性，这样的处理方式对学生来说比较容易接受。学生接受教师的教育，有了正确的是非价值观，有利于他们的心理健康发展。

美国著名儿童心理学家、教育家鲁道夫·德雷克斯曾说"孩子们需要鼓励，正如植物需要水。没有鼓励，他们就无法生存"。简·尼尔森的《正面管教》中亦提到，"鼓励，是给孩子提供机会，让他们培养'我有能力，我能贡献，我能影响发生在我身上的事情，我能知道我该怎么回应'的感知力"。当学生勇于表达自己对学习的不同看法时，教师应以尊重、欣赏的态度给予鼓励；当学生通过勤奋学习取得好成绩时，教师要鼓励学生进行自我评价，设立新的目标来激励自身；当学生对共建班集体提出建议时，教师要认可学生的集体责任感，鼓励学生行动起来，为班级做实事；当学生陷入学习和生活困境时，教师要鼓励学生相互合作，寻求解决办法。面对学生的各种问题，教师要想方设法地鼓励学生，鼓起学生表达的勇气，使学生以阳光的心态面对问题，学生自然会往积极向上的方向发展。但鼓励并非一味的表扬，必须考虑长期效果，保持鼓励的长期效果在于让学生产生自信。高中生自我意识强，面对师生关系、同学关系时，往往会以自我为中心，造成关系紧张的局面。教师不理解、不信任的态度，容易使学生产生对抗心理，甚至产生压抑感、消极情绪；同学之间关系不融洽，有矛盾冲突，学生就会产生孤独感，逐渐形成一个"孤岛"。曾有位廖同学，作为班长，他积极主动地做好班级事务，但因个人性格内敛没有处理好与同学之间的关系，同学们不配合他的工作安排，班级活动开展不顺利，使他产生了严重的挫败感，情绪十分低落。他质疑自己是否应该做班长，是否有能力做好班长。其实廖同学是一位责任感强、工作认真负责的班干部，只是他个人言语沟通不足，容易使同学对他产生误会，因而不理解也不支持他的做法。我在与他交流的过程中，首先认可他对班集体的责任感，赞赏他的行动力，鼓励他多用语言表达自己的想法，向教师或同学学习语言表达的艺术。其次分析他在人际关系中存在的问题，让他把问题看作学习的机会，寻找解决这些问题的办法，使他摆脱不良情绪，增强自我认同感，重新树立信心。通过一段时间的调整，廖同学恢复了信心，主动表达自己管理班级的想法，慢慢地得到了其他同学的认可，班级氛围也越来越好。

简·尼尔森提到，"正面管教的首要目标是要让大人和孩子都能在生活和关系中体验到更多的欢乐、和谐、合作、分担责任、相互尊重"。与之相似，德育工作也希望教师和学生在学习和生活中和谐相处，互相体会到责任、尊重、合作和快乐，心向阳光。

三、以共情之心感化学生，建立和谐的师生之情

共情是由人本主义创始人罗杰斯提出的，是指体验别人内心世界的能力。运用到德育工作中，可以这样理解：教师借助学生的言行，深入对方内心去感受他的情绪；借助知识和经验，分析学生的情感体验与他个人经历的关系，更好地理解问题的实质；运用谈心交流等技巧，把自己的共情传达给学生，以影响他并取得反馈。具体的操作分四步。第一，教师放下自己的参照标准，与学生达到共鸣，身临其境地把自己放在学生的处境来感受他的喜怒哀乐，接纳学生的看法和立场，体会其行为的原因。教师可以反问自己："我是否主观性过强？我设置的这个活动是自己的想法，是否适合学生？是否认真倾听、接纳了学生提出的想法……"第二，通过观察学生的言行举止，准确地理解学生的情绪。学生的语言、语调、面部表情、行为动作等都可以反映出他们内心的情绪，教师要细心观察，根据经验做出判断。第三，用恰当的语言表达对学生的理解，让学生感受自己的共情。如果学生感受不到教师的理解，内心会产生抵抗情绪，排斥教师的教育。这就需要教师通过阅读书籍不断丰富自身的言语词汇，要常保持学习的心态，增强自身的业务能力。第四，引导学生对自身情绪进行反思。教师理解学生，与学生产生共鸣，但不能被学生的悲喜情绪影响，应鼓励学生寻找解决问题的办法。共情的教育价值在于走进学生的内心世界，帮助其正视自己的问题，促使其自我分析、自我感悟、自我认知和自我成长，使他们对自我有更新的认识与领悟。

新时代赋予了德育工作新的内容，《中小学德育工作指南》明确指出，深入贯彻习近平总书记系列重要讲话精神和治国理政新理念新思想新战略，始终坚持育人为本、德育为先，大力培育和践行社会主义核心价值观，以培养学生良好的思想品德和健全人格为根本。作为德育工作者，要做好这些工作，应以自身为榜样，身体力行，用有效的方法做好引路人，尊重学生，正面引导，共情感化，达阳光教育之境。

一心向党铸师魂，大爱无边援新疆

新丰县第一中学　罗思思

白雪皑皑，红旗招展，她在海拔 4733 米的红其拉甫出入境边防检查站参加"永远跟党走"主题党日活动中重温了自己的入党誓言。誓言在雪山回荡，党徽与日月同辉！她更加深刻地感受党的伟大、祖国的伟大，不忘援疆初心，牢记援疆使命，她时刻铭记自己是一名党员教师，为教育事业奋斗终生。

温艾玲，新丰一中的副校长、南粤优秀教师、韶关市第三批名校长、新丰县十大模范人物、新疆第三师图木舒克市第二中学挂职副校长、华南师范大学本科师范生兼职导师。2020 年，突如其来的新型冠状病毒感染肺炎在武汉首发，随即蔓延至全国。在这次重大突发公共卫生事件面前，她提高政治站位，强化责任担当，积极响应组织的号召，向逆行者学习，搁下家里两岁半嗷嗷待哺的孩子，毅然奔赴新疆边远地区支教。

一、含泪辞别幼儿，真情请缨援疆

这场突如其来的战役，让她感到了祖国的伟大。看到一个又一个的逆行者，她也涌起了一股甘愿为祖国奉献自己一切的豪情。于是，她积极响应党的号召，主动请缨援疆。

然而援疆于她而言，需要克服的问题很多。她不仅要考虑如何防范疫情中难以预料的病毒，考虑自己弱小的身躯如何适应新疆的生活，还要鼓起巨大的勇气割舍高龄产育的小宝贝。对孩子而言，此刻最需要的是她的陪伴和爱护；对家中老人而言，此刻最需要的也是她的照顾；对丈夫而言，此刻也需要与她并肩作战。但是，她毅然决然援疆。而当她做出要援疆的决定时，出乎意料的是全家人都给予了她支持。

疫情面前，舍弃小家，独自援疆，她不曾后悔；不顾自己弱小的身躯，她敢于挑战。选择援疆，就是选择责任和奉献。她说："真情请缨援新疆，义无反顾心志坚，辞别家中三岁儿，唯愿边陲桃李芳。无论前方有多大的困难，我一定会全力以赴，无愧一年半的援疆光阴……"这是对她作为党员的锤炼，让她更能体会到党员教师的责任，更能追寻党的足迹，领悟党的精神。这也是对她作为师者的锤炼，让她更能体会到新疆学生求学的不易，更能坚定她为师的初心。

二、善于直面问题，勇于克难制胜

援疆期间，她遇到了许多问题。除了生活上的适应问题，还有工作上的授课语言问题。据了解，在图木舒克市第二中学，有 60% 以上是维吾尔族学生。民族师生的国家通用语言文字基础相对薄弱，有的少数民族学生听普通话比较费劲，更不要说弄通弄懂古诗文了。

但是她并没有灰心，而是直面问题，她始终谨记自己是一名党员教师，越是在困难的时候，越要牢记初心使命，越要迎难而上。于是她虚心向当地师生请教，认真听取他们的意见和建议。在教学中不断磨合、反复思考、努力适应。在课堂的组织上，她更加注意细节问题；课后她主动跟维吾尔族师生交朋友，了解少数民族风俗，向他们学维吾尔族语言等。于是，她渐渐地学会了简单的维吾尔族语言，渐渐地，维吾尔族师生也喜欢和她进行交流了。

她还积极带领学生参与各项普通话活动，比如开展"凡人凡语"表白祖国朗诵微视频的拍摄等活动，指导学生参加"中国梦·我的梦""建党100周年"等主题征文比赛，参加"粤疆青少年'手拉手'写书信活动"，开展"加强民族团结'手拉手'送春联"活动……

令她非常欣慰的是，学生喜欢上了她的课堂，喜欢上了她这个教师，也爱上了她所教的国家通用语言文字。对生活上和工作上遇到的问题，她着眼大局，善于直面问题，勇于克难制胜，展现了最美的师德力量！

三、牢记初心使命，传递光和热

在援疆期间，她牢记使命，不仅要求自己做一个爱岗敬业的好教师，履行教育教学职责，还发挥自己的光和热，带动更多的好教师。

她引导教师更新观念，开展 3 次线上教学；力推"青蓝工程"（二中支教工作组与 18 位本地教师结对，其中有 12 位少数民族教师）；"名师工程"，援疆教师主持吸纳本地教师参与了 14 项课题研究；开设第二课堂，开展教师"三字一话"基本功大赛、教案论文、优质课评比等教学大比武等活动，提高校本教学教研水平。她应邀走进师市职中，进行《且行且思，历练成长》专题讲座，助力班主任队伍建设；她应邀走进师市文化馆，面向市民开设《托起明天的希望》讲座，积极参与构建学校、社会、家庭共同体活动。她需要做的还有很多，很多……

习近平总书记曾说："一个人遇到好教师是人生的幸运，一个学校拥有好教师是学校的光荣，一个民族源源不断涌现出一批又一批好教师则是民族的希望。"她毫无保留地真情付出，如同春风与甘霖，呵护着学生的成长。她不仅自己是一位好教师，还带动了更多好教师的产生，她让希望之光照到了更多的人、更多的地方。

她，让我恍若看到了山间一束幽兰，看到那不染浮华的真诚；恍若看到了海面泛起的涟漪，崇高的师德带来滋润心灵的恒久力量。她是一名党员教师，她的心永向党，永随党走。她走过的地方都留下了希望和温暖！而她却说自己一直都只是在尽最大的努力去做好自己的本职工作，尽自己应尽的责任，践行自己入党的誓言，做一名合格的党员教师。

教有所教，学有所学

——让师生都喜欢上作文课

新丰县第一中学　雷小梅

　　作文教学是每位高中语文教师在教学中必须承担的一项工作，其包含写作指导、作文训练、作文批改和作文讲评几大块，系统性较强，是语文教学中的一大重点和难点。以作文批改为例，因其需要投入大量的时间，需保持纵览把握全文的专注和进行作文面广、关注点多的总结反馈，所以成为语文教师教学中强度和难度最大的一项工作。然而，现实却是很多教师在付出大量时间和精力之后，依然收效甚微，自己受累不说，还让学生谈写作而色变。究其原因，和作文教学理念、课堂教学方式、批改的有效性、讲评的针对性等因素有直接的关联。本文将尝试摸探出一条切合教师和学生实际、让二者皆受益的作文教学路径。

一、带着种子进课堂

　　议论文写作指导的关键是引导学生思考，而促进学生深度思考的关键就是要指点学生思考的路径，给学生思考的工具。如何引导学生展开思路，深入思考？我们的教师常常忽视这个问题，甚至失语。把题目带进课堂的目的，不仅要提出写作的要求，更要激活学生的写作过程。能够激活，就是写作的种子。因而，我觉得要让学生写好作文，第一步应该是教师带着种子进课堂。

　　那什么叫写作的种子？就是能激发学生的写作欲望，能激活学生的写作体验，能把学生带进并且能推进学生写作过程的写作教学原点。它可以是一个故事，可以是一个情境，可以是一个素材，可以是一个案例，可以是一句名言。比如，身边新近发生了一件引发自己诸多思考的事件，教师完全可以拿它作为学生写作的一个引入点，可写记叙文，亦可写议论文，在学生真正开始写作前做好情境式写作材料分析。

以一个典型的时评类作文题目为例，探讨当我们想要学生写的时候，应该怎么做。比如下面这则材料，"2017 年 12 月，'佛系青年'词条刷遍朋友圈，火遍网络。'佛系青年'跟宗教没有任何关系，就是借这个符号讲一种怎么都行、不大走心、看淡一切的活法。约车，司机到门口也行，自己走两步也行；'双 11'，抢着也行，抢不到也行；饿了，有啥吃啥，凑合就行；干活，说我好也行，说我不好也行……有人说：这个短语恰当地描述了一些中国'90 后'的心态和生活方式。有人说：这种淡然随性挺好。有人说：这是懒惰，不思进取"。教师本人应先对这则材料有自己的思考，并有鲜活的思路。在写作之前可尝试先让学生讲述自己对材料的理解，教师在这一过程当中加以回应引导，鼓励大家积极提出自己不同的见解，让学生的思维活跃起来。

传统的写作和写作教学都是个人化的、相对封闭的。我们大多数教师的做法可能都是直接将题目和要求扔给学生，然后做写作的监督者。也许，我们可以尝试把这种个体的写作空间扩大化，把学生个人的写作行为集体化，充分发挥教学现场的作用，利用作文教学情境激发学生参与写作活动的兴趣，把不想写的同学带进写作境界，让不会写的也能融进写的过程，让每个学生都喜欢写作文。

二、在别人的树上开自己的花

有一个几乎是所有语文教师在写作教学中都遇到过的问题，就是学生写作无从下手，没有素材可写。学生在考场作文中，或者平时的限时作文训练中，无话可说怎么办？对很多学生来说，写作常常是一种无意识的、不自觉的行为。但是，没有素材可写这个问题其实完全可以解决。很多时候，我们可以借助他物完成自己的写作，这种做法我称为"在别人的树上开自己的花"。

（一）抓住作文材料拓宽素材

对学生而言，首先可以借助的就是作文所给的材料及题目，从已有素材入手去扩大写作素材的范围。比如请以"简单，是一种美"为题写一篇不少于800 字的文章，材料如下："桃花源中人们之生活，日出而作，日落而息，至简之生活，至美之生活；中国汉字的'人'字一撇一捺，笔画简单，却意蕴深厚；现代人的生活过得太复杂，到处充斥着金钱、功名、利益的角逐，到处都充斥着新奇跟时髦的事物；而梭罗有一句名言感人至深：'简单点，再简单点。'"学生可以抓住材料的关键词进行联想。比如材料中出现了"桃花源"，学生可以就近联想到陶渊明，他所代表的不正是回归本真的简单隐逸生活吗？而由陶渊明又自然可以联想到王维、孟浩然等人。由中国的隐逸文人又可以联想到西方的梭罗，他的《瓦尔登湖》，还有海德格尔"诗意地栖居"。有些同学可能课外阅读知识储备跟不上，那么，我们还可以借助一个离自己最近的写作材料库，就是语文课本。这则材料谈"简单"，那么与关键词有关的课文又有哪些呢？学生可以迅速定位，如《布衣总统孙中山》中的孙中山，衣食住行追求简朴，作为一名国家领导者实在难得。而由此，学生又可以援引到现实生活，生活中哪些人、现象与他相似或相反。如此一来，作文可写的东西自然就多起来了。

（二）赋予经典材料灵性与魔力

材料是支撑思想的架子。没有材料，思想就立不起来。我们可能只拥有有限的材料，但作文题却是无限的。因此，学生必须以有限的材料应对无穷的作文。那么，要摆脱学生写作文无话可说的困境，第二种方法就是让学生学会使用经典材料。经典材料常用的有经典的历史人物材料、事实材料、思想材料。下面以经典历史人物素材为例做一解析。

凡是经典的历史文化名人及其具有示范性的人生行为、经典的思想、具有象征性意义的事物或场景等，都可以被视为经典材料。但是，我们也常常发现学生同时使用一个素材，呈现出来的水平却有高下之分。这是因为准备材料和使用材料之间还有一个步骤，就是思考材料。以有限材料应对无穷话题，关键是变通运用，而要做到变通，又在于思维要活、视角要广。在做到切合题目需要的基础上，还要将材料与现实人生结合起来，挖掘出材料对现实人生的意义。

以经典素材"苏轼"为例，假如我们认真思考苏轼，并从他身上挖掘"现实意义"，我们至少可以有以下观点认识。首先，总体上来说，苏轼一生坎坷，三遭贬谪，在接连不断的迫害中依然能自寻良药以自适。他给我们的现实意义有：旷达的人生观，他应对各种境遇时强大的适应能力，正是现代社会焦虑一代所欠缺的。其次，他多才多艺、多姿多彩的人生也给予我们现实启示：丰富的人生，需要不断地创造，在不同领域进行尝试与探索。最后，他旷达、乐观的人格核心也给予人们现实启示：要做自己的主人；要懂得依归本性，不要和自己过不去等。学生记得某个人物素材不是难事，但要将其恰当地运用在作文当中就有难度了。教师应该引导学生在积累素材的过程中，多对这一素材进行思考，结合现实生活，是否有新的收获。

（三）模仿优秀作文提升语言高度

特级教师任富强指出，根据初高中学生的心理特征，我们在写作教学中既应重视情感、审美、具象等文学性因素，丰富情感体验，展示少年人的绮思丽想，又应重视实证、逻辑、思辨等科学理性的因素，培养其缜密思考、理性分析的能力。如何提升学生的理性思辨能力，并让它很好地体现在学生的作文里，正是高中语文教师要突破的一大难点。

鲁迅曾经说过，应该怎么写，必须从大作家们完成了的作品中去领会。巴金也曾说过，我不懂什么是文章的作法，就是滚瓜烂熟地记下了几百篇经典文章，然后自然而然地就会写文章了。也就是说，要想写好文章，有一条路径是已经出成效且可以肯定的，那就是模仿优秀文章。既然是模仿，自然是可以模仿作文的各个方面了，从标题到结构，从句子到语段。

以标题为例，在平常的写作课上，总有一些学生一开始就卡在了作文标题上面。有些学生养成了写完作文再想标题的习惯，有些学生每次作文的标题都大同小异，如写时评，就用"为……点赞"或"论……"这样千篇一律或者范围过大的标题。毫无新意不说，就是在表现观点上也是有欠缺的，不醒目。因而，教师可以从模仿标题开始，让学生学习优秀范文。我曾总结过 2018 年的高考优秀范文的题目给学生，让他们找共性，如"执国之手　与国偕长""你我之梦，中国之梦""青春梦扬，圆梦中华"等。学生很容易发现这些多是四字短语的组合，然后能很快地结合自己的写作材料进行模仿并升级自己的标题。

对大多数学生而言，如果是时评写作，写够 800 字基本上不成问题，但要拿到高分就难了，那是因为作文写不出深度。其实要想写出有深度的作文，也是可以通过模仿来达到的。以两个较有深度的语句为例：很多时候，我们的教育不是在欢声笑语中传递爱的情感，而是在一本正经的劝告或声色俱厉的教训中传达出关心。"共享单车"的背后，是我们每个人愿意分享、乐于服务他人的美好情愫。这两个句子之所以会显得有深度，有一个共同的特点，就是能由表及里。学生要写出这样的句子，可以模仿句子的句径以达成："……，本质上是……或……，竟然能（不能）……或……，并不是……，而是……又或……的背后，是……/表面上……，实则是……"如果学生能从优秀语句中提炼出这些写作句据为己用，对提升其作文的深度会有很大帮助。

三、总结

在语文教学中，作文教学既重要又有难度，尤其是高中语文的作文教学。

让教与学双管齐下，让教师摆脱作文教学的困境，让学生有话可说，体现出思想深度，非一朝一夕可成。唯有把教师的教与学生的学相融合，突出学的地位，才能真正取得好的效果。因而，教师首先要把学生带入写作情境，把学生引入写作状态，激发起学生的写作欲望，然后，从不同角度帮助学生拓宽写作素材，再使学生写出深度。这样，我们的作文教学才能达到教有所教、学有所学的境地，而不是两相受累。

参考文献：

[1] 黄厚江. 作文课的味道：听黄厚江讲作文 [M] . 上海：华东师范大学出版社，2016.

[2] 罗晓晖. 高中作文要义：思维、材料和技巧 [M] . 上海：华东师范大学出版社，2012.

[3] 王玲湘. 语文教育的"大"和"小"：为生长而教 [M] . 上海：华东师范大学出版社，2017.

用心引领，让"阅读"有效提升学生的语文核心素养

新丰县第一中学　易瑞

一、倡导语文"核心素养"的社会背景和现实意义

在教育部 2014 年印发的《关于全面深化课程改革，落实立德树人根本任务的意见》中，"核心素养"这个概念首次出现。"核心素养"是指学生应该具备的适应终身发展和社会发展需要的必备品格和关键能力。同时，普通高中课程标准修订，也将核心素养作为重要的育人目标。

根据《高中语文课程标准》，语文核心素养包括四个维度：语言建构与运用、思维发展与提升、审美鉴赏与创造、文化传承与理解。这四者是语文必备品格与关键能力的综合。《语文课程标准》指出"要努力建设开放而有活力的语文课程""培养学生广泛的阅读兴趣，扩大阅读面，增加阅读量，提倡少做题，多读书，好读书，读好书，读整本书"。作为语文教师，本人也深知阅读对学生产生的积极影响。

本人认为，在不同的学段，我们的语文课程与教学只有使学生在语文核心素养的四个维度上都获得全面的发展，取得长足的进步，我们才可以说学生的语文核心素养得到了切实的提高。但目前的阅读情况令人担忧。多少教师常常抱怨学生连课文都不看，哪里还敢指望学生阅读文学经典。多少教师语重心长地跟学生讲阅读文学经典的作用，然后用心地开列高中生阅读书目，布置阅读任务，开展阅读周、阅读月交流等活动，可是真正落实或主动参与阅读的学生并不多，这又浇冷了多少教师那颗曾经火热的心？多少教师抱怨学生语言口头表达难以成句成章，又怎么敢奢望学生写出才思敏捷、文通句顺、思想深刻的文章。作为语文教师，任重而道远，必须恰当地指导学生进行文学阅读。学生

只有养成良好的阅读习惯,体会到阅读经典的乐趣,在阅读实践中"厚积",才有可能在说话和写作中"薄发",才能有效提升学生的语文核心素养,为其终身发展奠定坚实的人文底蕴。

二、激发学生的阅读兴趣,引导学生进行"整本书阅读"

语文课要提高学生的语文素养,就要实实在在地帮助学生学会阅读,提升学生阅读的兴趣和能力,让经典润泽每个孩子的心田。学生有了阅读的能力,他们的终身发展就有了扎实的基础。

英国作家斯蒂夫·艾伦说:"名著是能经受住时间考验的书,是世界上亿万读者多少年来为从中得到特别启迪而阅读的书。"粤教版的教材也选编了一些经典名篇,除了一些传颂千古的诗词篇章,小说类、戏剧类的经典几乎都是节选的,如必修4的第三单元,《红楼梦》节选了第三十三回《手足眈眈小动唇舌 不肖种种大承笞挞》(课文为《宝玉挨打》),《阿Q正传》教材选了"优胜记略""续优胜记略",《棋王》也是节选,《三国演义》节选了《失街亭》。必修5戏剧单元,教材选了《雷雨》的第二幕剧,文言文单元司马迁的《报任安书》也是节选。可以理解,教材有教材编辑的难处,其限于篇幅,难以承载更多的内容。但是现代高中生面临着严峻的高考压力,学业任务重,时间紧,精力有限,很少有学生会再跳出课本广泛涉猎,做到博览群书。由此可见,教材在学生的学习中依然居于主要地位。所谓"阅读",很多人其实就是阅读教材。那该如何引导,让学生直接感受名著的魅力呢?

(一)利用好节选的经典篇目,抓住学生的口味,让学生初步感受名家名著的魅力

阅读教学是语文教学的重点和难点。阅读教学的落脚点是文本。根据高中生目前具备的阅读能力,本人觉得应该思考如何提高他们深入阅读、鉴赏作品的能力和水平。

如在教《宝玉挨打》时,先用题目导入设悬念"集百般宠爱于一身"的贾宝玉却挨打了,为什么?谁打他了呢?众人对挨打的态度怎样?吊足了学生的胃口,促使学生急不可耐地阅读文本。学生很快就能归纳出致使宝玉挨打的几件事,找到了"幕后推手",简单地分析了宝玉挨打的真正原因。然后抓住学生比较感兴趣的话题,联系父亲打孩子的现实深入文本,解读出宝玉挨打众人不同的态度表现:长史官冷漠颐指地"促"打;贾环满心坏水地"盼"打;贾政恨铁不成钢地"狠"打;王夫人悲恸欲绝地"停"打;贾母辛辣讥讽地

"训"打；李纨忆及贾珠地"哭"打；迎春姐妹不知所措地"看"打；凤姐干练钻营地"迎"打；袭人委屈关切地"疼"打……宝钗、黛玉的表现是宝玉挨打之后学生最为关注的话题，因为这两个最关键的女子探视的情节在第34回。欲知后事如何，请听下回分解。为此，顺着学生的兴头，我来了个课外拓展延伸：阅读"宝玉挨打"后宝钗、黛玉探病的文段，分析谁对宝玉用情更真，为什么？宝钗娇羞示情地"怨"打；黛玉哀怨沉痛地"怜"打，这样子精读细读，抓住学生的胃口读片段，也不失为一种走近经典名作的捷径。

（二）巧提问题设悬念，激发阅读整本书的兴趣，由读一个章节到阅读一本书

作为中国四大名著之一的《红楼梦》，是我国古代小说中最杰出的现实主义作品，真实而艺术地反映了我国封建社会走向衰亡的历史趋势。该书全面地描写了封建社会末世的人性世态、种种不调和的矛盾，刻画了一个个鲜活的人物形象，影响巨大。在学生对《红楼梦》产生一定的兴趣后，我给学生展示了一张红楼梦的人物关系网，并设了几个问题让学生猜猜看。例如，林黛玉为什么会寄居在荣国府？林黛玉、贾宝玉有什么前世今生的故事？贾宝玉挨打之后，行为和思想上有没有变化？林黛玉和贾宝玉的爱情线怎么发展？得知贾宝玉和薛宝钗结婚之后，林黛玉说了一句什么话？十二金钗中你最喜欢哪个女子，她们的命运走向是怎么样的？贾府是怎样一步步走向衰落的？……为了让学生激起的热情能保持一段时间，我给学生定了硬性的规定，让学生在两个星期后的阅读课上进行《红楼梦》交流会，并要求他们提交一份推荐信，向未看过的同学推荐《红楼梦》这本书。在《宝玉挨打》章节中，学生对贾家的人物关系已经有了初步了解。一连串的问题，也会让很多学生欲罢不能，只想着好好利用课余时间恶补一下。只有读完整的书，才能更真切地感受到宝玉挨打不是普通的父子之间的矛盾，更主要的是社会观念等不可调和的矛盾的激化，也更能真切地感受到古代女子命运的悲惨，"父母之命媒妁之言"的根深蒂固和不可撼动，以及封建官场封建大家庭内部腐朽没落等问题。语文教材应该像一本观光手册，引导学生去理解文学和作品，并让学生在此基础上进行大量的阅读。

三、细读精读，引导学生在阅读中探析出言语表达的密码，有效地促进语言文字的运用

语言建构与运用，其实就是在强调语文课程首要且核心的目标：致力于培养学生的语言文字运用能力。高中生已经完全具备了理解和感悟语言的能力。

文本阅读教学中，要引导学生直接投入文本的怀抱，将所有的身心聚焦于文本的语言中，不能只把教学目标和教学重点停留在对课文内容、主题思想的解读上，还应该对文本的语言进行咀嚼品味。

（一）细读精读语言，读出"语文味"，读出形象与思想

在讲授《雷雨》第二幕剧时，我颠覆了以前的教学方式，直接给他们看影视作品，用影视剧代替读原著，也不再是简单地按小说的方法，让学生按故事情节找出故事的开端—发展—高潮—结局，然后从整体把握事件，粗略分析人物形象，而是重点放在揣摩戏剧的语言，让学生了解周朴园这个人物复杂的个性。

黑格尔曾说过，在戏剧中能把个人的性格、思想和目的最清楚地表现出来的是语言，戏剧人物的最深刻方面只有通过语言才能实现。为此，本人找出几个对话场景，每个场景抓一个关键词。在课堂上，让学生围绕"洋火"这两个字，结合文本解读出周朴园、鲁侍萍曾经相爱的温馨画面；围绕对"你们"的控诉，解读出周朴园的软弱与鲁侍萍在一定程度上的谅解；从"三十年的纪念"读到周朴园的良知与愧疚；又从冷冷的"指使"这个大转变中，看出周朴园的冷酷与阴险以及资本家的真面目……让学生真切地感受到周朴园这个复杂的多边形的人物。在此基础上，鼓励学生把《雷雨》全剧读完，让他们分析鲁侍萍、鲁大海、周平、繁漪等人物形象，进一步感受经典的魅力。如果在诗歌教学中，特别是写景诗中，一定要让学生抓住意象，把画面尽量优美地展现出来。这样既可以锻炼学生的语言表达能力，又能进一步提升学生的审美、鉴赏能力。

（二）发现文本言语规律，尝试把阅读转化为自己的表达资源

让学生通过对文本表达内容的语言材料和语言形式的探究，领悟语言运用的技巧，进而获得运用语言的本领。在进行散文类或文采斐然的篇章教学中，本人会有意识地引导学生去发现文本言语规律，并让学生融合个人的生活经验，把掌握的言语范式加以迁移运用，鼓励学生进行个性化表达。

每次讲授毕淑敏的《我很重要》时，除了感受文本浓烈的思辨色彩，让学生从不同角度、立场认识自我，建立积极的人生观、价值观外，重点都是放在品味语言上，并让学生通过仿写的形式，巩固所学的语言范式。比如文中的句子：（1）失去了丈夫的女人，就是齐斩斩折断的琴弦，每根都在雨夜长久地自鸣；失去了儿子的父亲，就是＿＿＿＿＿＿＿＿＿＿＿＿，＿＿＿＿＿＿＿＿＿＿＿＿。（2）假如我不在了，就像计算机丢失了一份不曾复制的文件。假如我不存在了，就像＿＿＿＿＿＿＿＿＿＿＿＿＿。

学生就会搜肠刮肚，结合自己的生活体验，有意识地按照这个语言范式编写句子。另外，结合单元的主题《认识自我》，本人会让学生仿照《我很重要》写一篇认识自我的演讲稿。一个人对一本书、一篇文章如此熟悉，才可以在写作上和其他场合的表达上，巧妙地加以运用。

四、以正确的价值观为指引，进行批判性阅读，促进文化的传承与理解

进行经典名著名篇阅读时，我们不能单纯地只做一个个"知识的容器"，毕竟很多书籍打上了时代的烙印，是有一定的思想局限性的。为此，作为读者一定不能被作者"牵着鼻子走"。若要让一本书进入我们的精神世界，那就需要我们进行深度的思考。没有思考的阅读，其效益是值得怀疑的，这就需要批判性阅读。比如读《雷雨》，我们读到了鲁侍萍的勤劳、善良坚忍、刚毅顽强、有骨气有尊严的女性形象，也读到了她根深蒂固地认为一切的不幸都是命运使然的宿命论。这个时候如果学生认识不深，教师的使命就在于帮助学生树立或坚定自己正确的价值观，就要明确地告诉学生，命运是掌握在自己手中的，当然很多人的命运也会受到时代大环境的影响。培养学生的批判性思维，去其糟粕取其精华，让他们充分享受经典精华的浸染与熏陶，吸收满满的"正能量"健康成长。

五、进行文本与影视剧的对比鉴赏，加深对文本的理解

现在有很多经典名篇名著都被拍成影视剧。事实上，这是一个不容忽视的现象。很多中学生，不看纸质文本，直接观看影视剧代替阅读。这个趋势一定要扭转，因为很多影视剧为了商业效果，为了夺人眼球，已经进行了很多的删改。当然，作为语文教师，时机适合，也可以巧妙地利用影视作品。如课堂上，本人给学生看了《祝福》这部电影中与捐门槛有关的片段：祥林嫂倾其所有，只为了洗刷"污秽"捐门槛，可是仍然被禁止参与祭祀活动，被人嫌弃，最后导致其拿菜刀怒砍门槛。这个情节书本上是没有的，可以说是一种新的创作。随之，本人就这个改编进行提问：你怎么看这个砍门槛的举动，它是否合理？学生各抒己见，结合祥林嫂的思想发展史，多数学生最终认为是不合理的，认为祥林嫂是一个受封建迷信思想毒害至深的妇女，她自认罪孽深重，只会屈服于命运，是不可能有反抗意识和觉悟的。当然，少部分学生说合理，也能自圆

其说。将文本与影视剧进行对比，可以激发学生的学习兴趣和积极性，又能使学生进一步结合文本深入思考，加深学生理解。为此，本人认为这也是一个促进开展文学阅读的好方法。

学生语文核心素养的提高离不开有效的课外阅读。在社会日新月异的今天，信息传播途径多样化，价值观多元化。由于缺少阅读的氛围和必要的引导，也由于学业的压力导致阅读时间的缺失，中学生的人文素养培养状况确实堪忧。作为语文教师，要有意识地探索行之有效的教育教学方法，用经典阅读来点亮学生的心灵，努力培养学生的阅读兴趣，让学生在阅读中汲取养分，在阅读中提高语文核心素养，提升文化品位。也只有这样，我们语文教师才能进一步体认到人生的幸福和意义，实现诗意地栖居在语文大地上的美好愿望。

参考文献：

[1] 倪文锦. 语文核心素养视野中的群文阅读 [J] . 课程·教材·教法，2017 (6)：44-48.

[2] 方智范. 语文教育与文学素养 [M] . 广州：广东教育出版社，2005.

[3] 李介玉. 阅读教学中的个人体会：转变思想、改变方式 [J] . 中国校外教育，2014 (8)：112.

[4] 吴艳芳. 对高中古典文学名著教学的探讨 [J] . 学周刊：中旬，2012 (12)：196.